法・情報・公共空間

近代日本における法情報の構築と変容

郭　薇

日本評論社

はしがき

　日本において「法」はどのように伝えられ、そこにはどのような意味が込められているのだろうか。また、その情報としての役割はどのように移り変わっていったのだろうか。本書はこれらのことを解明する試みである。

　本書は、2014年に北海道大学に提出した博士論文に大幅な加筆修正を加えたものである。2010年に犯罪被害者の要求に後押しされて行われた公訴時効制度の改正が研究の契機であった。その法改正を扱う報道番組では、「法には時効があるが、被害者には時効がない」という犯罪被害者遺族の言葉がたびたび紹介され、公訴時効制度の是非が問われていた。日本の立法過程において、一般の人が審議に参加し、議論の方向を導くことは極めて難しい。だが、公訴時効制度の改正論議においては犯罪被害者遺族の言説が重視され、その結果、ドラスティックな法改正へとつながった。遺族の言説という情報の発信が、現実の法制度の構築に一定の役割を果たしたわけである。

　これまで、われわれは、法律学の知識や制度の運用状況の正確な伝達が法情報の役割であると思い込んできた。しかし、公訴時効制度改正の過程が教えるのは、法情報が時に曖昧で、時に変質するものであるということである。インターネット空間が発達した現代社会においてわれわれは膨大な量の法情報を消費しながら日々暮らしている。インターネットは、しばしば積極的な発言を厭わない当事者と立法過程との関係を確実に変容させているように見える。こうした現代的な状況を意識しながら、法を発信する媒体（メディア）と法を使用する人々（ユーザー）双方の視点からダイナミックに法情報の実態を捉えたいと考えるようになった。

　私は、「法」をめぐるすべての表現行為が「法情報」であると同時に、法情報自体が法実務とは微妙に異なるもう一つの法と呼び得るものではないかと考えている。この仮説のもとに、マスコミによる法報道、法律雑誌の編集方針、法改正をめぐる言説の展開を、知識社会学的・歴史社会学的に分析し

てみた。本書は、法報道の書き方そのものを提示するものではない。より原理的なレベルでの法と情報の関係を少しでも描き出せているとすれば、私の狙いは達成されていることになる。

　本書の構想は、多くの方からの学恩に基づくものである。北海道大学でご指導くださった尾崎一郎教授、長谷川晃教授、また北海道大学法理論研究会と日本法社会学会の諸先生から、有益なご指摘を賜った。この場を借りて御礼を申し上げる。特に、尾崎一郎、菅原寧格、綱森史泰、阿部紀恵（敬称略）の各氏には原稿に目を通してもらい、貴重なコメントを頂いた。長い年月にわたって私の議論に付き合ってくださり感謝の言葉もない。

　本書の出版に際しては、企画の段階から日本評論社の上村真勝さんにひとかたならぬ高配を頂いた。心から感謝したい。

　　2017 年 11 月

　　　　　　　　　　　　　　　　　　　　　　　郭　　薇

iii

目　次

はしがき　　i

序　章　情報としての法的コミュニケーション ……………………… 1

第1節　問題の設定　　1

第2節　「正しい法情報」の限界──近時の厳罰化運動を素材に　　3

第1款　厳罰化立法と世論　　3

第2款　犯罪学的分析の知見　　6

第3款　立法の大衆化と情報──法情報分析の射程　　9

第3節　法情報実践としての法的コミュニケーション──本研究の方法　　13

第1款　法情報の伝達過程　　14

第2款　法情報の編集原理　　16

第4節　本書の構成　　18

第1章　情報としての法 ………………………………………………23
──法的コミュニケーションの研究

第1節　法情報とコミュニケーション　　23

第2節　日本における法的コミュニケーション論の状況　　26

第1款　「法的コミュニケーション」の類型　　26

第2款　社会統制としての法的コミュニケーション論──川島の試み　　30

第3款　田中成明の法的空間論　　35

第3節　法的コミュニケーション論の再考　　37

第1款　司法離れの「法」秩序　　39

第2款　象徴としての法言説　　41

第3款　法意識論から法情報論へ　　48

第4款　小括　　53

iv

第1部　メディア主導の法情報

第2章　マス・メディアにおける法的問題の構築 ……………………57
　　　　　──新聞を素材として

第1節　法の中にある「新聞」　62
　　第1款　原理レベル──表現の自由、情報の多様性と法情報　62
　　第2款　制度レベル──法情報に関する規制　66
第2節　記事の中にある「法」──刑事訴訟法改正の新聞を素材として　74
　　第1款　新聞における法情報の使用　77
　　第2款　考察対象としての刑事訴訟法改正　79
　　第3款　法を報道する新聞　82
結び──法情報の「社会化」　100

第3章　雑誌における法的問題の構築 ………………………………103
　　　　　──『法律時報』を素材として

第1節　法律雑誌というメディア　105
　　第1款　法律雑誌の基本概念　105
　　第2款　日本における実用法律雑誌の変遷　107
第2節　法律雑誌の大衆化は可能なのか
　　　　　──『法律時報』（1929年〜1936年）の編集過程を素材として　114
　　第1款　昭和初期の出版環境と法律雑誌　115
　　第2款　『法律時報』の編集過程　119
　　第3款　小結　133
第3節　法律雑誌と立法──戦後刑事法改正と『法律時報』　135
　　第1款　概説──刑法改正の情報発信　136
　　第2款　戦後の『法律時報』　138
　　第3款　『法律時報』の刑法改正報道（1953年〜1975年）　139
　　第4款　その後の刑事法改正と法律雑誌の関連記事　147
第4節　法律家の専門性と情報発信　152

v

第2部　ユーザー主導の法情報

第4章　「世論」という情報 ··· 157

第1節　世論と制度形成　159
第1款　制度根拠としての「世論」　159
第2款　動員機能としての世論　161

第2節　世論から法情報へ　165
第1款　立法過程と世論　166
第2款　立法者と立法事実論　170
第3款　象徴的機能からみる立法「事実」の情報　175

第5章　立法と法情報 ·· 183
──2010年公訴時効改正を素材として

第1節　法制審議会における「世論」の役割　188
第1款　問題の背景　188
第2款　審議の言説類型　193
第3款　ヒアリングの言説　204

第2節　裁判的言説と世論──足立区女性教員殺害事件を素材として　212
第1款　問題の背景　212
第2款　足立区女性教員殺害事件の裁判　213
第3款　「世論」の判断　222

第3節　公訴時効をめぐる各メディアの報道　227
第1款　時効報道の背景　228
第2款　マス・メディアの時効報道　231
第3款　ソーシャルメディアの時効報道　239

結び　報道の構造と審議　245

終　章　法情報の変容 …………………………………………………… 247

第 1 節　法情報の類型　　247
第 2 節　法情報の構造とその効果　　251
　　第 1 款　「対立」の背後　　252
　　第 2 款　法情報の特徴とその意義　　254
第 3 節　「情報としての法」に向けて　　257

1

序 章

情報としての法的コミュニケーション

第1節　問題の設定

　本書は、法学・法制度に関する情報の作成、流通とその効果（以下では法情報の実践と呼ぶ）を検討するものである。

　法情報を研究対象とした法情報学という分野がある。法情報学は、学問的には、1970 年代以後、計量法学の影響の下、法学者が議論を始めるようになったものである[1]。この分野では、コンピュータ利用とインターネットの普及を背景に電子媒体による立法・司法資料の公開と検索を促進し、また法律学習者による legal research を念頭においた学術文献や法令・判例の調査の効率を向上させることなどを目的とした、法と情報（技術）に関する研究がほとんどである[2]。こうした法情報学は、法律学習者を典型とするような、法律学への高い関心を持つ受信者に対する法情報の発信に関わる分析を行う[3]。そこでの情報の概念は、資料へのアクセスあるいは情報の量的側面に注目する傾向を有する。ただ、法情報学が法学教育の一環として、法解釈などの伝

1　1973 年に『法律時報』45 巻 5 号に掲載された Klaus Hopt 氏の「アメリカ合衆国における法情報学の発展」（154-155 頁）は日本最初の法情報学の紹介である。
2　法情報に関する教科書の多くは「法情報」を直接に定義せずに、具体的な資料の様式を紹介するような形式になっている。例えば、指宿信『法情報学の世界』（第一法規、2010 年）、加賀山茂＝松浦好治『法情報学──ネットワーク時代の法学入門』（有斐閣、2006 年）など。また、リーガル・リサーチの場合でも、リサーチの対象となる法情報はいずれもその資料出典、形式、役割など情報実践の角度から整理されている。いしかわまりこ＝藤井康子＝村井のり子『リーガル・リサーチ〔第 4 版〕』（日本評論社、2012 年）を参照。これらの法情報分析は日本の法情報状態を知るために基本的な文献だと思われる。

統的な法律学の作業の補助的なものとして位置づけられてきたことに関わっている。つまり、送信側にある専門家と受信側にある一般人との間で法の捉え方に共通するものがなければ、そのような法情報学アプローチは成立しない。

本研究は、こうした既存の法情報学アプローチと異なり、法（学）情報の収集に対して消極的な受信者に注目し考察を進めていく[4]。第2部で詳細に紹介するが、その背景には、近年刑事法など日本の法改正で見られる「感情立法」、すなわち不定形かつ不安定な世論やメディア言説が立法をめぐる公的な議論に取り込まれて新規立法や法改正に至る現象がある。こうした「感情立法」においては、法律家が発信した法律学の知識による法改正への提言いわゆる「正しい法情報」以外に、一般の社会構成員やメディアが独自の法意識によって構築した法に関する言説（情報）も散見された。法律学の補助業務として既存の法情報学のアプローチは、後者の問題を扱うことがほとんどない。そこで、本研究は、国家法の立法活動をめぐるマスコミなど社会向けの情報環境による法言説の形成に注目する。法律学習者と違って、一般の社会構成員は実際に法について語る機会が必ずしも多くないため、彼・彼女らがおかれた法情報状況は、従来の法情報学のアプローチでは分析しきれない。したがって、法情報の実践過程に関する新たな分析枠組みの導入が求められることになる。

本書は日本の「感情立法」の代表例である刑事法立法をめぐる事例研究を通して、法情報の形成やその性質についての分析を行う。このような課題を設定する背景には、近年の刑事立法において日常生活における不安感など個人の体験・感情を重視する傾向があるからである。まず、法情報の「質」が

3　近年、自然言語あるいは人工知能など工学的知見の導入に伴い、情報の収集を超えて、法的推論に関するプログラムの作成、ということが法情報学では注目されている。例えば、〈特集〉「法情報学最前線」人工知能学会誌23巻4号（2008年）498-536頁を参照。

4　法情報の社会学的意義を論じる優れた研究として、正村俊之『情報空間論』（勁草書房、2000年）を挙げることができる。そのなかでは、「法の言説に従って、抗事実性（規範）がありながら、社会的性格を失ったわけではない」（305頁）という法情報の意味性が言及されており、「法の相対的な自律性をもたらしたのは、法の自己準拠的な形式と抽象化という情報圧縮様式である」（256頁）とされる。

問題化された近時の刑事立法の大衆化から論を起こそう。

第2節　「正しい法情報」の限界——近時の厳罰化運動を素材に

第1款　厳罰化立法と世論

　日本では、1990年代後半より、刑事政策の厳罰化が顕著になった。その厳罰化現象としては、検察官の求刑についても、裁判所の量刑の相場が引き上げられていたことについても言及されているが[5]、最も特徴的なのは、刑法・刑事訴訟法を含む刑事法関係の法改正が頻繁に行われたということである。厳罰化現象として理解されている日本の法改正としては次のような事例を挙げることができる。まず少年法が改正され、2000年に検察官送致年齢が16歳から14歳に引き下げられ、2007年には場合によっては14歳未満であっても少年院送致が可能になった。次に、2003年には「心神喪失者等医療観察法」が成立したが、これは「再犯防止」という社会治安の視点から心神喪失者への管理を強化したものであった。重罰化という側面から見れば、2001年の刑法改正により「危険運転致死傷罪」が新設され、2005年の改正に伴い、加重された場合には懲役と禁錮刑の上限が20年から30年へと大幅に引き上げられた。そして、2010年には、殺人事件などの重大犯罪についての時効廃止を含む公訴時効をめぐる改正が行われた。

　現在の刑法と刑事訴訟法は、成立してから上述の立法期までまったく改正されなかったわけではない[6]。だが、これまで法律学等の専門家の議論が中心に行われていたのに対して、上述の立法議論では、「政治化」や「刑罰積極主義」へと傾斜しつつ、司法実務や具体的な救済手法から離れた「体感治安」や「感情」といった形で表現されるものに注目が集まった点に特徴がある。2000年の少年法改正のきっかけは、1997年の「神戸連続児童殺傷事件」

5　裁判の量刑について、2000年以後死刑や無期懲役の判決が増加したという指摘がある。河合幹雄『終身刑の死角』（洋泉社、2009年）65頁を参照。

6　山口厚「刑法典——過去、現在とその課題」ジュリスト1348号（2008年）4-5頁参照。なお、現行刑法は1907年公布、1908年施行、刑事訴訟法は1948年公布、1949年施行。

4

であった。当時、事件を起こした少年は 14 歳であったことから、検察官へ逆送されずに医療少年院送致になったわけだが、このような司法がとった対応に対する不満から、「少年法は甘すぎる」という世論が湧き起こった。「心神喪失者等医療観察法」に関しては、2001 年に発生した「大阪教育大付属池田小事件」が背景にあり、「社会には危険な精神病者が徘徊し、そうした人間は処罰を受けることがない」という非難が法改正の審議を促進した。先取りになるが、第 2 章での新聞報道の分析によると、危険運転致死傷罪、公訴時効改正等、法改正をめぐるマスコミの報道が活発であったことも判明している。また、犯罪の認知件数の統計上は、殺人、傷害などの犯罪や万引き等の軽微な犯罪件数の双方とも増加しているわけではないにもかかわらず、立法の動向は当事者経験に基づく報道の言説に同調しているかのような傾向が見られた[7]。

　以上の厳罰化の傾向に対し、日本の法律家（法学研究者、法曹または法学の立場から発信する人をここで法律家と呼ぶ）は当初批判的な姿勢を見せていた。1998 年 7 月に始動した法制審議会少年法部会に合わせて、法学部の学生等法律学習者向けの法律雑誌『法学セミナー』（527 号）は「厳罰化で解決するか」と題した少年法の特集を掲載し、当時の少年法に関する立法動向への懸念を示した[8]。そこでは、「被害者の保護」、「少年審判の公開」、「被害者の精神的ケア」など、少年法の枠では解決できない論点が当時の少年法改正論議で強調されたことに対する違和感が示されている[9]。いかに「厳罰化」に対抗できるかという点に、法律学関係者の関心が向けられていたようである[10]。2003 年に公刊された『法律時報』（75 巻 2 号）の「最近の刑事立法の動きとその評価」と題した特集は、より理論的に厳罰化立法の課題を法律学

7　例えば、宮澤節生「日本のポピュリズム刑事政策は後退するか――討論者として」日本犯罪社会学会編『グローバル化する厳罰化とポピュリズム』（現代人文社、2009 年）（20183-200 頁を参照。

8　そこでは、法学研究者、弁護士、裁判所の調査官など法律専門家の少年法改正論以外に、心理カウンセラー、中学校教諭も参加した座談会「非行少年たちの実像」、非行少年へのインタビュー記事「調布事件で犯人とされた M 君に聞く」非行少年事件現場からの論考も取り上げ、厳罰化の効果を否定的な立場であった。

9　川崎英明「少年法改正論議をどうみるか」法学セミナー 527 号（1998 年）35 頁を参照。

の観点から整理したものである。冒頭の趣旨説明を担当した刑法学者の井田良は、そうした立法の傾向は「これまで一般に承認されてきた、刑法実体法に関する基本原理を根底から動揺させるインパクトをともなっている」と評価し、そのインパクトについては①「実害の生じる以前の段階にまで刑法的規制を及す傾向が、法益思想ないし『侵害原理』と正面から抵触するものでないか」、②「『被害者の保護』の旗印のもとに重罰化・厳罰化の傾向を示し、結果主義的性格が強めている」と指摘した[11]。

ただ、近年の法学者の議論からみると、厳罰化の現象を単に批判するのではなく、「世論」に応じようと努力する動きもある。井田良は、「根本的価値観を共有しない社会構成員」による法益をめぐる多元的な理解を認め、「ほぼ必ず裁判所で刑を言い渡されるような高度に当罰的な行為のみを類型化した刑罰法規だけが立法的に正当化されているとはいえない」として、刑罰機能の多様化や法益の拡大を主張した[12]。それに対して、まず価値の共有に対する深い懐疑に陥った人々の『幻覚』（「体感治安の悪さ」）を解消し一定の合意（社会意識）を得たうえで、法益の範囲を拡大し「刑事裁判から疎外された被害者の悲鳴に近い『屈折した異議申し立て』」に配慮しようといった、世論の理性化を求める議論もある[13]。少なくとも 2000 年前後に見られた厳罰化への反発にとどまらず、世論を受け入れる態勢を示したといえる。

法に関する社会の認識は、民主的な立法を実現するために必要な素材である。ただし、こうした「世論」を法的な言説に転換するのは容易ではない。刑法学者の亀井源太郎は、2009 年に公刊された法律時報の特集「刑法典施行 100 年——今後の 100 年を見据えて」において、立法活性化が刑法学・法

---

10 2000 年に公表された『法と民主主義』（352 号）は厳罰化に対し「修復型司法」といった解決案を打ち出した。それは、「修復型司法」を通して、加害者である非行少年の社会復帰を被害者の権利保障と調和し、お互いの理解と対話が両方のケアに効果的であることを論じた。また、斉藤義房が 2001 年に公表した「少年法の『厳罰化』潮流に抗して——少年法『改正』法成立と今後の課題」にも修復型司法に期待している。

11 井田良「刑事立法の活性化とそのゆくえ——本特集の趣旨」法律時報 75 巻 2 号（2003 年）5 頁を参照。

12 井田良『変革の時代における理論刑法学』（慶應義塾大学出版会、2007 年）35-37 頁を参照。

13 梅沢進哉「厳罰化・被害者問題と刑法の存在理由」森尾亮＝森川恭剛＝岡田行雄編『人間回復の刑事法学』（日本評論社、2010 年）22-27 頁を参照。

6

学に与えた課題を、刑法学がいかに「民意」（世論）を吸い上げる（あるいは吸い上げるべきではない）ことにあるとの指摘をしている[14]。しかしながら、その前提にある不特定多数の意見を代表する世論の実態は何か、という事実問題について従来の法律学とりわけ法解釈論はさほど関心を持たない。「世論」を理解するため、どのような情報を選択し、どのように解読すべきか、といった基準は既存の法律家の言説ではほとんど検討されていない。実際に、上述の法律家の論文で「世論」とされているものも、著者である法律家が立法審議、司法の関連資料やマスコミの世論調査あるいは報道から掘り出したものの、それらの情報はなぜ世論の実態を説明しうるかについての説明は欠けている。また、条文や判例など司法データを中心にした従来の法情報学は、具体的な事件に関わる新聞の報道内容まで言及する場合もあるが、世論の形成メカニズムまで論じているものは少ない。つまり、法に関わる世論をめぐる法律家の議論は、著者個人の情報活動に依存し、その情報活動に関する分析は不十分と言わざるをえない。そのため、法学系の論文における「世論」は、時に個人の経験談に過ぎない場合がしばしばある。

第2款　犯罪学的分析の知見

　厳罰化をめぐる世論の形成に関しては、法律学（刑法学）のほかに犯罪社会学的な検討も注目に値する。そこでは、刑事裁判など司法過程との関係を超えて、社会現象としての厳罰化を分析し、その原因と効果を広く検討するスタンスが見られる。犯罪学の文献によると、以上の立法動向は、日本の特有事例ではなく、英米圏を中心として先進産業国においても蔓延しているようである[15]。日本に限らず、厳罰化現象を分析する際に以下のようなファクターがよく言及されている。

　まず、統制主体という視点からの政治過程や政治家行動の分析が見られる。例えば、Anthony Bottoms は 1995 年に初めて populist punitiveness という用語を提唱し、厳罰化を促進する政治、公衆、メディア三者の相互作用により形成されているポピュリズムを指摘した。彼は、政治家が、市民の不安感

14　亀井源太郎「刑法典施行 100 年──今後の 100 年を見据えて」法律時報 1009 号（2009 年）88 頁。

を煽り立て、犯罪への強硬策をアピールすることによって、支持の拡大を狙うことを論証した[16]。penal populism 概念の創始者である Pratt も、統制主体の活動から説明するというアプローチで厳罰化現象を次のように分析した。

「penal populism のプロセスでは、戦後の刑事政策を形作っていた多くの前提がひっくり返され、刑罰を運用・執行する権力構造の劇的な再構成が行われる。そこでは、より多くの刑務所が必要とされ、刑罰は、市民から隠されたところで役人によって密かに執行されるものではなく、より劇場的なものとなり、刑事司法の専門家の知識よりも一般市民の常識が優先される。同様に、広く市民の代弁者を自任する個人や市民団体と政府との関係がそれまで以上に緊密なものとなり、司法官僚と政府との結びつきが弱まっていく。その結果、そうした個人や市民団体の考えが刑事政策に強く反映されるようになる」[17]。

このような penal populism が示しているのは、立法審議においては司法官僚、法曹、法学研究者など法律学の教育背景を持つ、法律関連の業務を行ういわゆる法律専門家の意見よりも、「世論」や「一般常識」も名乗る市民団体やメディアの言説に比重が置かれるということである。

次に、厳罰化意識を支える社会の構造も検討対象に加えられてきた。Carland は、公衆の思考に「表出的な処罰志向」(expressive punitiveness) が存在することを主張し、政治がその志向を取り上げ、公衆の代弁者としての自分をアピールに利用する場合があり、厳罰化が進行することは単なる政治

---

15 英語の文献として、アメリカの厳罰立法と「政治問題化」について、Stuart A. Schneingold (1991), "The Politics of Street Crime : Criminal Process and Cultural Obsession", Temple University Press と Zimring, Franklin E. (2001),"Imprisonment rates and the new politics of criminal punishment", Garland, David. ed."Mass Imprisonment-Social Causes and Consequences"Sage 所収、国際的な厳罰立法の頻発を言及したものとして、Julian V. Roberts = Loretta J. Stalans = David Indermaur = Mike Hough (2005),"Penal Populism and Public Opinion-Lessons from Five Countries", OxFord. 日本語の文献に関して、日本犯罪社会学が主催した国際シンポジュウムの議論を整理した、日本犯罪社会学会編『グローバル化する厳罰化とポピュリズム』(現代人文社、2009 年) は今でも日本の厳罰化現象を理解するために欠かせない一冊である。

16 Bottoms, Anthony (1995),'The Philosophy and Politics of Punishment and Sentencing', in C. Clarkson and R. Morgan (eds) The Politics of Sentencing Reform, pp.17-49. Oxford.

17 浜井浩一「グローバル化する厳罰化とポピュリズム」日本犯罪社会学会編『グローバル化する厳罰化とポピュリズム』(現代人文社、2009 年) 6-7 頁を参照。

8

主導にとどまらない、と指摘した。その後の著作で、Carland は拘禁刑等社会的排除の傾向が強い厳罰主義的刑事司法が現代社会の基本構造・文化（刑罰的福祉国家）を反映し、それを具体化した社会制度としての「統制の文化」（Culture of Control）を指摘している[18]。この「統制の文化」の理論は、日本の厳罰化に関する研究にも応用されている。Carland 理論への支持を示しながら、浜井浩一・Ellis は「最新の犯罪被害実態調査の結果と刑務所人口の増加によって、日本の公衆と裁判官の態度のなかに、世論に支えられた新たな権威主義（popular authoritarianism）が確かに現れている。それらは、刑事司法に関する既存の再統合的でインフォーマルな観念からの急速な変化を生み出し、それらはよりフォーマルで応報的になり、いかにも Carland がいう『刑罰的福祉国家（Penal welfare state）』のようにみえる」と述べた[19]。

　さらに、厳罰化の背景には現代社会における法律学など政策設計に関わる専門家、いわゆるプロフェッショナルのあり方も関係しているとされる。もともと、専門家（集団）には日常の素朴な厳罰・応報感情に対する緩和措置の役割が期待されている。それに対して、厳罰化に表れている処罰志向の抑制の弱さには、立法の決定過程における専門家の権威の弱体化が関係しているかもしれない。モラル・パニック[20]を引き起こすようなメディア報道により、公衆において犯罪への不安が高まり、従来の専門家（集団）への信頼が揺らぐとともに、政治家も専門家の見解に依拠するより、公衆に直接に働きかけるようになる[21]。そうした知見を踏まえると、厳罰化が専門家（集団）への不信と結びついていると推測できるのである。

　厳罰化への対策として、多くの犯罪学者や法学者は犯罪率や判例などを用いて、刑事現象の「実態」に関する多角度の情報環境を構築するよう呼び掛けている。ただ、「民主的」「科学的」な価値判断が前提とされながら、犯罪学の議論において、なぜそのような情報観が望ましいのか、そもそもそのよ

18　David Garland（1997）, Governmentality' and the problem of crime : Foucault, criminology, sociology, Theoretical criminology 1 (2), pp.202-203.

19　浜井・前注 17 を参照。

20　モラル・パニックについて、竹村典良「モラル・パニック」藤本哲也編『現代アメリカ犯罪学事典』（勁草書房、1991 年）93 頁参照。

うな情報観が実現可能なのか、についての議論は乏しい。「民主的」「科学的」の言説が法学や犯罪学にとって不可欠であることは確かだが、Penal populism においては専門性が批判の対象となり、法学や犯罪学的言説は中立的というより一利害関係者の「主張」と見なされてしまっている。なぜ実証的あるいは法学的な言説を支持しなければならないのか、その妥当性については、改めて検討を行う必要があるだろう。

第3款　立法の大衆化と情報──法情報分析の射程

　以上の法学や犯罪学の研究によれば、厳罰化の現象は単なる被害者団体の戦略でもマスコミ報道の効果でもなく、法情報の様態や立法過程の変容や法学の地位など複数のファクターの相互作用の産物である。それを適切に理解するため、立法をめぐる複雑なファクターの相互作用を反映するような切り口が求められる。

　立法をめぐる情報環境の変化に注目することで、厳罰立法の原因を検討することが可能である。なぜなら、厳罰化の立法を、以下のような複数の局面における情報の問題として理解できるからである。

　第一に、情報の性質と世論の関係である。一般メディアによる刑事法報道・ワイドショーまたは刑事関係の文学・映像作品は、刑事司法の現象を個人の体験や日常の治安感覚などの犯罪被害者文脈で再構成し、司法・立法の実務に触れたことのない人にも刑事立法への関心を喚起する効果がある。日本における刑事立法ラッシュにおいても、高頻度のメディア報道や、社会の話題となった事件の影響力を無視することはできない。メディアの作用に関して

21　Franklin E. Zimring, American Youth Violence 128-129 (1998) は、アメリカの厳罰立法過程について以下のように述べた。それは、少年の暴力犯罪への政治的慣激に駆られて進められてきた結果、現在の移送制度をなにか具体的に改善するためというわけではなく、少年の暴力犯罪率の高さは「現行政策になにか問題がある」ことを示すに十分な証拠であり、「厳罰化こそが万能の解決策である」という短絡的な考えから、移送制度を改正する立法が続いた、という。日本の場合、2000年の少年法改正において法案作成・提出において主導的役割を果たした自由民主党・杉浦正健衆議院議員は、朝日新聞のインタビューに対して、「選挙運動を通じて、有権者は少年法改正を望んでいることがよくわかった。<u>法制審にかけると、哲学的な議論から始めることになり</u>、何年もかかる。刑事処分対象年齢の引き下げは、<u>専門家よりも政治家が決めるべき問題。だから、議員立法にした」（下線筆者）と答えている。

は二つの側面、すなわち①マスコミから伝えられた断片的、情緒的な法（特に刑事法の運営に関する）理解が厳罰化現象の流行を促すこと、②ソフトニュースとして、わかりやすいかつ刺激的な被害者物語を構成することが指摘されている[22]。日本では、被害者の思い・社会の不安に関する「感情」言説が優位に働き、司法・犯罪データがニュースに取り上げられない傾向があることが指摘されている[23]。犯罪報道の構造を素材に、少年法改正の世論形成を検討した大庭絵里の研究では、加害少年への描写は精神障害、経済・家庭環境など「特別な事情」のある人間像から、中立的な表現で犯罪を起こす「普通」の少年という非行少年のイメージへと変化し、また社会的要因より事件を起こした少年個人の行動に注目するようなニュース・ストーリーが定着したことが検証されてきた[24]。そうしたストーリーが日常生活における不安感と結びつくことで、非行少年に対する厳罰化の論調がうまれていることが明らかにされている。

　これらの研究からわかるように、厳罰化立法の浸透はメディア産業の発展と関係している。その関係は、人々の社会認識が実際の個人経験よりメディアの情報に依存していることに由来している。したがって、メディア報道の言説分析は立法の情報環境を解明するために有用なアプローチである、と考えられる。

　第二に、立法過程と世論の関係である。立法における法の議論は、裁判過程と違って、ある案件における具体的な救済を論点にしたコミュニケーションを展開していくことができない。立法過程とは、法をめぐる公共的な議論を通じて、様々な言説を取り入れた情報をもとに法を形成し修正するプロセスである。近時の日本の立法改革では、パブリックオピニオンの導入など、

22　Julian V. Roberts, Loretta J. Stalans, David Indermaur, and Mike Hough（2005）, "Penal Populism and Public Opinion-Lessons from Five Countries", pp.164-174, Oxford.

23　大庭絵里「少年事件とマス・メディア」後藤弘子編『少年非行と子どもたち』（明石書店、1999 年）は、モラル・パニックとそれに対するマス・メディア報道の影響を指摘している。また、「犯罪ニューズにおける犯罪の波——なぜ犯罪の減少は人々の話題にならないのか」犯罪社会学研究 38 号（2013 年）97 頁。

24　大庭絵里「メディア言説おける『非行少年』観の変化」神奈川大学国際経営論集 39 巻（2010 年）155-164 頁を参照。

立法に関する情報の収集を重視する姿勢が見られる。その狙いは、立法の背景となる社会問題への理解を深め、それに応じるように法改正を行うためである。ところで、「感情立法」現象の出現は、法に関する意見など情報量を増やせば解決できる問題ではないことを示した。むしろ、世論の形成に関わる人々の認識を、どのようにシンプルな「娯楽化」された刑事法のストーリーから、複雑な、かつ専門的な刑事法の知識に向けさせるか、という課題が切実である。短絡的な質問表から人々の意識を抽出する、新聞やテレビでよく使われる世論調査においては、刑事法に対する本当の「意見」を知ることができないといった批判もある[25]。しかし、そもそも「真」の世論はどこにあるのか？ マスコミの報道や娯楽作品における刑事法イメージの真実からの乖離を嘆き、それに「反現実」のラベルを貼ることだけでは近時の刑事法立法において法・法システムに人々が託す期待を見失うおそれがある。Penal Populism あるいは「感情立法」における法情報の「アンバランス」は、法と社会の関係を検討する糸口にもなりうる。

　第三に、世論に対する法律家（集団）の自己反省が挙げられる。法動員という視点からみると、刑事法の関連報道が増加することは決して悪いことではない。専門的知識の背景を問わずに、広い範囲で刑事法問題に関する議論ができる、つまり立法世論の活性化、すなわち民主的回路の拡大に繋がる点から、厳罰化の運動を評価することもできるのである。したがって、問題は、合理的か感情的かという区別ではなく、立法に必要とされる法的コミュニケーションの性格にある。法継受国としての日本では、これまで西洋から法律制度を導入し、従来研究者や法曹は立法審議をリードする立場におかれていた。法学的な技術は制度設計に必要なため、立法過程の審議に不可欠な言説である。また、司法行政や立法過程において日本の検察官など法律専門家は依然として強い影響力を持っている。

　浜井・Ellis の刑事法立法過程分析は、諸外国の厳罰化運動でみられる専門家の弱体化が、日本ではほとんど見られないことから、日本の厳罰化運動については「市民運動や世論と検察官の共同作品」と判断した。それは、検

25　前注22・Julian V. Roberts, Loretta J. Stalans, David Indermaur, and Mike Hough を参照。

察等法曹が刑事法立法過程に依然として優勢な地位を保持していて、「世論」による厳罰化の風潮に抵抗する十分な力を持ちつつ、「日本の国民性として、官僚もいわゆる『空気を読む』傾向が強いことに加えて、検察官もそれを望んでいるからにほかならない」[26]、ということである。

この分析が正しいとすれば、単に立法過程がマスコミに同調しているかどうかというよりも、専門家の社会認識がどのようになっているのか、特にどのような情報素材によって形成されるに至ったのかという点が、重要な問題になる。そうしなければ、厳罰化の議論変化を専門家 vs. 素人という図式へと単純化して理解してしまうことになる。日本の刑事法改正で見られた法律家の排除という傾向は、法システムに対する不信ではなく、市民による司法や立法への多大な期待とその期待に戸惑う法律家との相互作用から理解する必要がある。ここでの課題は法律学の理論を社会に注入することではなく、逆に、法律学の論点がどのように社会の期待に応答しうるか、ということにある。

本書は、特に立法過程をめぐる法情報の形成を意識する。立法を、社会の一員として守るべきルールを形成する過程であると考えるならば、立法に参加する人々は、社会の意味を理解し、さらに構成してゆく存在として理解される。そこでは、法に関わる情報として、法律学の専門知識だけではなく、多様な立場から示される立法への意見も含まれることになる。こうした立法に対する社会の理解を反映する情報を収集・理解し、法制度に織り込むことを、立法過程に関わる法律家の役割とみなすとすれば、法律家の情報使用も検討しなければならない。

このように、情報過程の検討を通して、単なる資料の整備および提供ではなく、メディア報道の傾向、立法世論の形成過程、そして法律家の役割を同時に捉えることが可能になる。この点で、本書は、単なる法情報のメディア研究ではない。法社会学の研究として、その狙いは、法情報の実践を通じて、日本の法律学・法律家と立法の変化との関係を探ることにある。上述の整理

---

26 浜井浩一＝Tom Ellis「日本における厳罰化とポピュリズム──マスコミと法務・検察の役割、被害者支援運動」日本犯罪社会学会編『グローバール化する厳罰化とポピュリズム』（現代人文社、2009年）118-119頁を参照。

からもわかるように、立法に関わる情報環境を検討の対象とした理由は、それが、世論、法律専門家、立法設計者または他の社会構成員が同時にアクセスでき、複数の主体の相互作用を最も反映されやすい空間として捉えられるからである（図1）。

(図1)

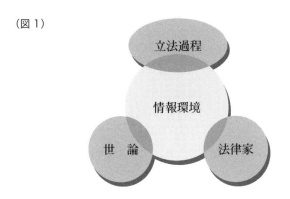

第3節　法情報実践としての法的コミュニケーション
　　　──本研究の方法

　本書では、法情報の問題を、情報がどのように公式の法制度運営に関わっているのか、誰が情報の発信者なのか、そしてどのように情報を取得、理解、発信しているのか、といったいくつかの問題群に分解し、法情報の構造とその効果を検討することにしたい。そこには、法情報が主としてどのように編集され、また法情報のどのような側面が法学・法制度の実践に影響するかという問いが含まれている。その出発点には、制度情報を冷静に吟味しながら、他者を説得しようとする熱心な読者、いわゆる民主的・伝統的な市民像が現在の法情報の実態と適合的なのかという懸念がある。したがって、本書は法律学習の情報ではなく、社会一般向けの法情報を重点的に検討する。ここでの「社会一般向けの法情報」は、特定の情報類型を表すわけではない。直接法的空間に参加する機会や意欲の少ない、かつ情報へのアクセスが保障されても専門的な理解に到達しづらいという状況にあるごく普通の一般人の法情

14

報収集、または彼・彼女らに向かう法情報の発信、流通過程を検討の対象とする。本書は、法情報環境の構造をダイナミックに捉えるため、以下の「情報の伝達過程」と「法情報の編集原理」の二つの側面から法情報の実践を分析する。

第1款　法情報の伝達過程

メディア論[27]は、新聞やテレビや出来事に意味を付与し体験を知識に変換する記号の情報システムとして理解する。この立場からすれば、すべてのモノ、コト、ヒトが情報の発信装置と化し、社会はメッセージ性を持つコミュニケーションの過程とされる[28]。逆に、その考えによれば同一の社会現象に関する情報は複数のメディアを通じて「伝達」（transition）できるということになる。したがって、メディア間でコンテンツが共有されているとしても、異なるメッセージを生み出す可能性がある。そうした発信—伝達—理解を含む広い情報環境の概念を取り入れると、法情報の形成にはより複雑なファクターが影響していることがわかる。

ここでの情報過程とは、発話者が手持ちの法理念を活用し、法をめぐる素材を編集し、法に関わるコンテンツを発信してゆくことである。そうした法イメージを情報として扱う場合、ここでの情報使用は、人々が①法制度につ

27　情報の伝達媒介の特性を中心にメディア・コミュニケーションを分析するアプローチは、メディア技術論あるいはメディア環境論と呼ばれるものである。ここでは佐藤卓己『現代メディア史』（岩波書店、1998 年）1-7 頁を参照する。

28　メディアとリアリティの現象について、W・リップマン『世論』（1922 年）は、その研究の基礎となる問題提起を行った。擬似環境論はそれを受け継ぎ、マス・メディアが外的現実と個人の認識をどう媒介し、個人の現実像をどう形成しているかという問題を原問題として研究した。竹下俊郎『メディアの議題設定機能——メディア効果研究における理論と実証』（学文社、1998 年）第 2 章を参照。現在、その問題提起は、コミュニケーションの効果研究といった学問分野にまで発展してきた。コミュニケーション効果研究は、コミュニケーションを社会過程として把握しようとするものである。一般的に、次の二つに分類されている。第一は、コミュニケーションの当事者間で、メッセージの伝達過程としてコミュニケーションをとらえる観点、いわゆるメッセージの送り手の側からこの過程を解明する観点である。第二は、メッセージに含まれる「意味」の交渉や交換の過程として、メッセージの意味の生産やその解釈といった社会的な「相互作用」としてコミュニケーションを扱う立場である。本論では、このうちの第二の観点に焦点を当て、法における現代社会におけるメディアの構造転換とそのインパクトについて検討する。

いて意見を述べる（「意見の発信」）、②法に関する情報を収集し（「情報の取得」）、③法について吟味する（「内容の理解」）、という三つのプロセスを指す。

① 意見の発信

「法情報の発信者は誰なのか」、答えは明確ではない。それは法情報に含まれる多様な機能に関わる。詳細な論述は第1章に譲るが、法学は制度設計に寄与しうるため、誰とでも関わるといった公的側面を持っている。したがって、司法の専門知である一方、教養としての法学は、ある意味で一般の読者を獲得できる可能性がある。また、アクセス面では、ネットなど通信技術の発展や高等教育の普及と共に、一般の人さえ世界中の法制度に関する文献をある程度入手・解読することが可能になる。そして、SNSなどソーシャルメディアを通じて、誰でも法制度に関する意見を生のまま、（すなわちマスコミの編集を経ずに）社会に発信することができる。そういう意味で、感情立法をめぐるコミュニケーションは、実際に法情報の「適切な」発信者、つまり法学が占めていた優位な発信源としての権威を揺るがせる現代の模様を描出するような現象でもある。現在の日本社会では、誰が法を発信するのか、またその受信者は誰なのか、いかに自分の意見に結びつけるのか、といった問題群を改めて確認する必要があると思われる。

② 情報の取得

法情報提供ルーツの拡大と同時に、法が専門的かつ複雑に分化していくにしたがって、一般人が法を知りえないことが常態化しているといった状況に、われわれは直面している。例えば立法をする際に、現行法の仕組みに対する一定の知識なくしては、具体的な制度の設計ができないことは自明なことであろう。一般人がつねに様々な法の情報を積極的に学習するということは考えにくく、むしろ日常生活の中に何らかの形で法をイメージしているものと想定される。日常生活で「法を知る」ということは、公式的な司法過程や法学教育にアクセスするというよりも、むしろ様々なネットワークを一気に縮約し法のイメージを象徴的に把握しようとすることだといってよかろう。

そのような法イメージを支えているのは、公式的な法システムに属する情報に限定されない。なぜなら、日常生活で人々は、役所の法令の提示、法の関連書籍など権威ある法情報から、新聞やニュース、またはネットの書き込

み、法関連の娯楽作品まで、あらゆるジャンルを通じて情報としての法に触れることができるからである。法意識の形成に関しては、人々の情報収集のパターンを検討する必要もある。

③　内容の理解

情報ジャンルの拡大にもかかわらず、いざ法使用の場面になると、観察者（受け手）はそれぞれの情報形態を選別し、利用する。情報の発信源はもちろん、観察者（受け手）自身の働きも一定の役割を果たすかもしれない。要するに、人々が様々な情報の意味をいかに理解しているのかということは法情報の効果と関わっている。例えば、刑事法の分野で、その事件に関する情報は、制度に関する有意味な知識なのか、それとも人間ドラマなどフィクション作品のネタになるのか、視点が異なればそれに応じて法に対する評価も変わってくる。また、実際の法使用（特に法運動）、法制度に対する被害者（遺族）の不満が、問題提起ための戦略的言説なのか、実際に制度設計に導入すべきファクターなのか、答えの違いに応じて法制度のあり方も変化する。

第2款　法情報の編集原理

以上は、伝達過程つまり法情報が置かれた外部の環境についてである。ただ、法情報の形成を明らかにするためには、法情報として発信された内容がどのように決定されるか、つまり編集の過程にまで遡る必要がある。上述のように、これまで日本における法情報の研究は法学研究・司法実務のニーズを中心に展開してきた。その中に、こうした「編集」作業は、無論法律学の教育・職業背景を持つ者、いわゆる「専門家」が担うことが多い。その特徴を踏まえれば、法情報の編集原理を理解する際には、まず専門知識を扱う法律の学術出版に注目することが有益である。

学術出版の研究は、編集者を「Gatekeeper（知の門衛）」として位置づけ、編集者が当該学術領域における情報（知識）の発信を管理し、評価を左右する重要なアクターであることを指摘する[29]。学術出版の過程は、発行者（編集者や出版社）の自己認識、専門家との関係、社会貢献または商業性に影響される[30]。そうした学術出版過程から法情報の構成を分析することを、本書では「編集の視点」と呼ぶ。編集の視点からみれば、法情報の課題は、一つ

の法主題のコンテンツをいかなる表現を通じて読者に伝達しやすいものにするかということになる。法情報の編集プロセスとは、テキストの構成・配置・流通、すなわち、情報編集者のアイデンティティを反映するものであり、情報の生産者（著者）と情報の消費者（読者）との間の橋渡しの役割を担っている。法情報は内容的に専門知としての側面があるからといって、以上のような学術出版の市場状況も法情報の質に関わるのである。

　ここでは、こうした学術出版研究の知見を踏まえつつ、社会の関心に関わるファクターを「法的統合の評価」、法領域（学術あるいは法実務）の維持に関わるファクターを「法解釈の論理」と呼び、法情報の編集原理を捉えることにする。

① 「法的統合の評価」

　例えば新聞のような総合的な情報発信者がどのような形で、いかに「法」を表現しているのかなどは、有用なヒントとなるであろう。そこには、社会の中で法が置かれている位置を確認するという意味で、「政治や経済特に文化的領域との関係で、法のバックグラウンドがどのような意味を持つか」という点が常に意識される。本書でいう「法的統合の評価」とは、法情報における法の意義や社会機能など法の社会的貢献を表現する側面を指している。例えば、立法における参加者の戦略行動という行動の側面と、立法趣旨・目的に言及する議論の側面については、これを立法報道の「社会性」としてみることができる。

29　従来の学術出版については学問史や思想史の立場からの考察が多い。1975年アメリカの学術出版を素材に、Lewis A.Coser は Publishing as Gatekeeper of Ideas（the Annals of The American Academy of Political and Social Science, V421, pp.14-22）と題した論文の発表したが、そこで提出されたのが「Gatekeeper」という概念である。Gatekeeper の意味は、出版者（編集者）は知の「品質管理」を担当するほど影響力があり、また権力装置として学問内部の秩序を構築する役割もある。日本の研究者はその理論を手がかりにして、日本の学術出版を検討してきた。なかでも、長谷川一『出版と知のメディア論』（みすず書房、2003年）と佐藤郁哉＝芳賀学＝山田真茂留『本を生み出す力』（新曜社、2011年）が優れた実証研究として注目に値する。

30　Lewis A.Coser（1975）,"Publishing as Gatekeeper of Ideas、the Annals of The American Academy of Political and Social Science", V421, pp.18-19. また、佐藤郁哉＝芳賀学＝山田真茂留『本を生み出す力』（新曜社、2011年）第1章を参照。

② 「法解釈の論理」

　本書では、「法解釈の論理」を、言説の発話者が、法条文の構成や法概念に対して解釈を表現することを指す[31]。「法的統合の価値」と違って、「法解釈の論理」は、「法情報の質」の評価を明らかにするために有意義な視点である。

　冒頭で述べた通り、現在「法情報」と呼ばれているものはイコール「法学」「司法実務」に関する情報であり、その質は当然法律学的な能力に左右される。ただ、本書においては、法情報とは言っても、そのユーザーは法律家であるとは限らない。それどころか、近時の刑事法改正に見られるように、法への認識の違いによって「法」をめぐる情報はしばしば相反するメッセージを発しており、時にはそれらの論理の間には衝突や葛藤が生じる。つまり、「法」に関わる情報は、常に法律学系の教科書が提示するような「正確な」知識の体系を維持するものではない。

　例えば、新聞紙や法情報誌（法律雑誌）などの「法解釈」は、法令集・判例集・単行書と異なり、社会へ定期的に法情報を発信し、内容的にしばしば即時性が求められ、第三者である編集側の視点から法律に関わる概念を再構成するものとなる。そこでは、司法過程で見られる通常の法解釈の場合と一味違って、より広い範囲の読者（社会）を強く意識し発信する仕組みが成立している。

第4節　本書の構成

　前節で述べた通り、本書では、情報の編制も含む情報の伝達過程から日本の法情報を考察し、「情報としての法」の独自性とその効果を論じるもので

31　本論の「法解釈の論理」という概念は、佐藤郁哉＝芳賀学＝山田真茂留の学術出版研究で提示された「組織アイデンティティ」からヒントを得たものである。「組織アイデンティティ」については「組織がそれを構成する個人の総和を超えて集合体のレベルにおいて持つとされる自己理解ないし自己規定」とされる。言い換えれば、組織アイデンティティとは、組織の成員が自分が所属する組織の特徴に対する自己認識である。「組織アイデンティティ」の概念とその社会学的意義に関しては、佐藤郁哉＝芳賀学＝山田真茂留『本を生み出す力』（新曜社、2011年）36-42頁が参考に値する。

ある。本書で言う「法情報」は、活字、音声や映像などあらゆる情報形態、かつ法律専門家以外の素人による発信も視野に含めているので、きわめて広い概念となっている。こうした概念の解明は、本来想像を絶するほど膨大な資料の処理が求められ、明らかに一人の研究者の能力を超える作業であろう。本書は、代わりに複数の事例研究を組み合わせることによって、法情報の変遷から法に関わる言論空間の特徴を抽出し、日本における法情報の機能と意義を論じてみる。具体的に、以下の二つの課題を中心に展開する。

(1) 法情報とそれを掲載するメディアとの関係について、メディアの特性が法情報の表出に影響しうるか、またいかに影響するのか。

(2) 異なる法情報の間の関係について、例えば立場や形式の異なる法情報が同時に導入された際に、法議論はどのような方向に導かれるのか。

第1部は、主に(1)の問題に関する事例研究を行う。そこでは、通時的に新聞、法律雑誌の報道方法を注目し、両メディアの情報変化の要因を分析する。言うまでもなく、新聞は社会一般に向ける情報発信であるため、法律雑誌より広い読者層を有している。読者層の広さが情報へのニーズと関連しているとすれば、この両者の比較からは、単なるメディアの違いを超えた、読者の法意識の違いを読み取ることもできる。一見すると発信者の立場による法情報の分析手法であるようにもみえるが、編集者もある意味で法情報の「読者」であることを忘れるべきではない。異なるメディアの時系列の研究は、同時に法情報に対する学習過程や効果を分析することになる。

それに対して、第2部では、(2)の問題を特定の立法事例を通して分析する。すなわち、2010年の公訴時効改正をめぐる法情報の表出とその交錯に焦点を置き、複数のメディアの報道形式や相互作用に注目する。立法活動期間において、法情報の発信は相対的に集中して行われ、法情報に接触する機会も増える。本書は、あえて一般的読者個人の態度を量的に測定することではなく、実際の各議論空間における発言・発信の特徴を抽出する。それにより、実際の当事者のやり取りから法情報の使用パターン、つまり「ユーザー」の視点を読み取る。

本書の分析は概ね2010年〜2013年にかけて行われた。第2部は2010年〜2011年、第1部は2012年〜2013年でそれぞれ別の時期に主として行わ

れている。全体的な問題意識は共通しているが、第1部と第2部で、分析の視点や立脚する点が異なる部分がある。それは、発信者とユーザーとの間にみられる法情報への異なった理解の仕方を描こうとしたためである。第1部では、文献調査と現地調査を通して、各情報発信者の立場を歴史的な視点から理解しようと努めた。その際に、各情報発信者自身の特性またその形成要因に目が向けられている。第2部は一つの事例研究から、情報媒介の比較分析を行うことで、第1部とは違った各法言説の相互関係が探られる。

　第1章では、法情報としての法的コミュニケーションの性質を検討し、本書における法情報モデルの可能性を論じる。従来の法情報学では、専門家が法律学的議論を展開し、情報発信における中心的役割を担っていると考えられている。ただ、司法過程以外の法情報については十分議論されていないため、改めてその理論的基盤を構築することが求められる。

　続く第1部では、主に新聞と法律雑誌という二つの法情報のジャンルを考察対象に、時間的な軸に沿ってテキストの構造およびメディアの組織的特徴を分析し、法律家、法情報と社会の関係を検討する。

　まず第2章では、新聞における立法情報の報道状況を分析する。第1節では、情報論の観点から法学既存の表現の自由の原理における問題点を指摘し、法をめぐる取材・報道に関する情報制度を整理し、規制面から新聞というメディアの位置づけを確認する。第2節では、時系列に沿い、1880年〜2012年の間の刑事訴訟法改正をめぐる朝日新聞の記事を対象に、記事分布、発行地、文体構成、主題分類、評価立場、の五つの側面から新聞における法情報の特徴と変化を把握する。

　第3章では、法律雑誌における法情報発信の特徴を確認する。第1節では、法律雑誌、特に一般人向けの実用雑誌の歴史を整理する。刊行元また刊行趣旨の側面から明治以来の日本の法律雑誌の状況を明らかにする。事例研究として、第2節と第3節では最も伝統のある法律雑誌である『法律時報』の事例研究を行う。そこでは、特に①1929年〜1937年の『法律時報』の構成変化と②50〜60年代の刑事法改正（案）をめぐる特集記事の分析を通して専門的な情報の深化と法律雑誌としての社会的な伝達プロセスと、法律専門家の社会地位との関係を考察する。第4節では、以上の知見を踏まえつつ、日

本の法律学が持つ柔軟な学問スタイルが、現在に至るまでの法情報の環境を支えてきたことを指摘する。

そして、第2部では、立法という現象を通して、異なる性質の情報あるいは言説の間の相互作用を検討する。

すなわち、第4章では、世論と法情報の関係を検討する。一般的な理解では、法制定過程では、専門家が法律学的議論を展開し中心的役割を担っていると考えられている。だが、2010年の公訴時効改正では、例えば犯罪被害者団体等によって形成される「社会感情の変化」といった「世論」が非常に重要な役割を果たした。法情報と一般情報との境界の曖昧化は、現代の立法過程に「世論」をより反映させようとする理論の進展とも関わっている。

第5章では、2010年公訴時効法改正を素材に、具体的な立法過程における法情報の影響を分析する。まず、法制審議会の議事録に基づき、主に被害者団体に対して行われたヒアリングを素材とし、それぞれの発話者の立ち位置に即して実際に交わされた会話を追跡した。そこでは、審議会の席で被害者団体が、物理的被害のみならず、被害感情という認知的要素から法改正へとつながる働きかけを行っていたことを明らかにする。そして、公訴時効制度改正の目玉といってよい「足立区女性教諭殺害事件」をめぐる裁判と世論を比較し、立法問題である被害者感情に対する司法の処理とその情報効果を検討した。その結果、判決の法解釈と世論の法言説には、問題の関心や論証の方法など情報構造上の違いに起因する法制度の評価の差異が見られた。さらに、「公訴時効」をめぐる、①新聞の取材、②テレビの報道番組、③ネット（SNS）媒介の報道の状況を確認する。こうした現象から、法情報伝達の効果がメディアの形式に影響されるということを検証する。

終章の結論においては、以上の法情報の構造特徴を再考することで、その構造変化の傾向と制度設計への影響を検討し、そこから得られた示唆を含めたまとめをする。

第1章

情報としての法
──法的コミュニケーションの研究

第1節　法情報とコミュニケーション

　序章では、近時日本の刑事立法に関わる情報の問題群を検討し、法情報の研究はテキストの形成、発信から理解までに至る情報の環境的な面に注目すべきであることを論じた。その背景には、「情報」としての法的コミュニケーションという発想がある。そこで法的コミュニケーションとは何か、いままでの考え方との違いはどこにあるか、本章は、先行研究の整理を兼ねて、情報としての「法」の射程とその意義を明らかにする。

　法情報の性質は、従来の考えによればシンプルなものである。その考えとは、社会の構成員が法や制度に関わる情報をもつことで、自分自身および公共の利益を維持、促進することができるというものである。こうした考えの前提には、確定可能な情報という観念と、積極的に制度の知識を収集し、吟味し、議論する民主的な市民像が存在する。そのような前提はまた、表現の自由という憲法に関わる原理的な議論と、情報公開制度のような制度的実践を支える基礎でもある。しかし、法情報の形成におけるこのような想定は、果たして確かなものだろうか。

　まず、法に関する理解は必ずしも単一のものではない。序章で述べたように、刑事法改正における「感情立法」の現象は、社会が共有する不安や「安心感」などの「世論」の評価が制度設計を左右したものだが、マス・メディアなどの情報環境の条件が影響していた。法制度に関わる知識の場合、専門家の発信が媒介となることは自明な事実であるが、法に関する意見や感情を

表現する言説の場合、情報源がどこに求められ、またどのように認知しうる
のかという点は自明ではない。例えば法律専門家の場合、「一定の法律学の
訓練を経過し、法律関係の仕事に関わる」など、ある程度の共通条件で情報
の提供側を基準化できる（つまり従来の法情報学）。それに対して、「一般人
の意識」の場合、個人の司法経験や情報収集・理解の範囲によって法情報の
中身が変わるかもしれない。科学者と一般人の情報収集を検討する科学コミ
ュニケーションの研究によれば、日常の情報収集は親戚、友人など人間関係
のネットワーク（personal communication）に依存する傾向が見られるが、研
究者の情報収集は論点を中心とした実証可能なデータなどを重視するようで
ある[32]。つまり、両者はまったく異なる思考様式であり、一般人の言説には
実証のデータなど科学的な知識より複雑な「思い」が秘められていることが
言える。同じく専門知として位置づけられる現代法学についても、そうした
専門家と一般人による認知の差異がしばしば指摘されている[33]。

　また、法情報の収集と議論について多くの人が積極的であるとは限らない
ということも挙げられる。第一に、公的な制度形成、つまり政治過程に関わ
る公的情報としての一面を有する法情報の社会貢献に繋がるが、近時では、
このような政治的情報への無関心が問題視されるようになっている。政治的
な呼びかけに対する無関心は、選挙の際の投票率の低下という現象の一因と
して理解されながらも、その背後に社会の構成員における制度に関する情報
量が乏しいことや、人々の関心事の中で政治の優先度が低いことも指摘され
ている[34]。法情報に関しては、特に立法の情報が議会など政治に関する内容
から分離しにくく、したがって大衆による政治情報への無関心は立法情報の
利用に影響することが推測される。第二に、個人の法経験——例えば当事者

32　小林傳司『トランス・サイエンスの時代——科学技術と社会をつなぐ』（NTT 出版、2007 年）
　　48-49 頁を参照。

33　例えば、小宮友根はアメリカの法学者キャサリン・マッキノンによる「ホルノグラフィ」の議
　　論を素材として、日常生活における被害概念の多様化とそれに対する法規制の選別過程を論じ、
　　専門家が扱う法概念の限定した射程を示した。小宮友根「【被害】の経験と【自由】の概念の
　　レリヴァンス」酒井泰斗ほか編『概念分析の社会学——社会的経験と人間の科学』（ナカニシ
　　ヤ出版、2009 年）131-155 頁を参照。

34　Murray Edelman (1988), Constructing the political spectacle、University of chicago press（法
　　貴良一訳『政治スペクタクルの構築』〔青弓社、2013 年〕18 頁を参照）。

として訴訟に参加することや法律相談の利用など——を通じた法情報の獲得は、社会の環境に依存する傾向がある。地域によって法利用の形態が変わることは従来から伝えられており、訴訟利用が盛んな社会もあれば、個人の裁判経験の少ない環境も見られる。例えば、裁判所利用と法意識との関係を検討した日米比較研究によれば、アメリカでは裁判の経験が法制度への一般的な信頼に影響するが、日本ではその影響がほとんどみられなかったとされる[35]。このような研究が示唆するのは、当事者は、法の利用経験があったとしても、法制度全体の評価や他の法に関わる議題を考える際には、その情報を無視する可能性さえあるということである。

　以上からわかるように、法制度に関わる世論の形成を支える法情報収集には、現実の政治や司法から乖離した一面がある。Facebook や Twitter 等個人用のメディアの普及とともに、誰でも発信者になれる現在の情報環境の下では、法に関する膨大な情報が連続的かつ瞬時に形成されることになるだろう。しかし、本書はそうした情報の様態を機械的に分析しない。なぜなら、法をめぐる複数の発信者・受信者が存在しても、その解釈が立法過程において同じ影響力を持つとは限らないからである。序章で述べた通り、法情報の意義はテキストの内容だけではなく、法情報が使われた「場面」とその位置づけによって定まるといった側面も考えられる。マスコミで公表された情報、個人のソーシャルメディアでの発言、法学の学術論文に書かれた論点など、たとえ同じ内容にしてもその媒介形式の違いによって異なる効果が生まれるかもしれない。『現代社会学事典』によると、コミュニケーションとは、「人間が対人関係の中で互いの意思、感情、思考を伝達しあい、理解しあうこと」であり、したがってコミュニケーション論とは、「情報やメッセージがある人から別の人へと伝達され、その別の人に理解されるというプロセス」を分析する研究ということである[36]。こうした知見を法的コミュニケーションに当てはめれば、序章で提示した本書の立場—法情報や法的メッセージの伝達・理解（編集）過程の分析は、まさに法的コミュニケーション論の一部として

35　松村良之「裁判所イメージと裁判所経験」松村良之＝村山眞維編『法意識と紛争行動』（東京大学出版会、2010 年）51-72 頁を参照。

36　『現代社会学事典』（弘文堂、2012 年）453 頁を参照。

26

位置づけることができる。そして、法情報を検討するためには、まず法的コミュニケーションの状況を整理しなければならない。具体的には、まず日本の議論を中心に法的コミュニケーション論の問題状況を確認する。その上で、法をめぐる相互作用の範囲を再構成し、法情報を中心に展開する法的コミュニケーションの位置づけと可能性を論じることにする。

第2節　日本における法的コミュニケーション論の状況

　日本の法学にとって、コミュニケーションの観点は新たな試みではない。民法学者・法社会学者である川島武宜が、1960年代に初めてコミュニケーション論を法学に導入してから、1990年代以後法的思考、比較法または（司）法の役割等様々な文脈において、法をめぐるコミュニケーション的な側面が言及されるようになった。本節はまず日本における法的コミュニケーション論の先行研究を整理し、法的コミュニケーション論は何を問題にして、どのような類型のコミュニケーションを議論してきたかを明らかにする。それにより、本研究が置かれた理論状況を示すことになる。

第1款　「法的コミュニケーション」の類型

　日本において、コミュニケーションという表現は90年代以降社会に浸透してきた。異文化の交流やメディアの発展など「コミュニケーション」現象に対する社会的関心の高まりが背景にある。ルーマンなど特定の思想家に関するものを除いて、「法的コミュニケーション」に関わる論文の多くが90年代以後に公表されている。以下、日本における法的コミュニケーション論の特性を検討するため、いくつかの類型を紹介する。

(1)　通信手段としての「コミュニケーション」

　法的コミュニケーションは、法に関わる情報の発信や交流プロセスを意味する。葛野尋之の「刑事被拘禁者の法的・社会的コミュニケーション」では、面会・信書の自由と秘密保護電話の使用（刑事訴訟法39条1項による信書の秘密保護、2項による接見交通制限、3項による接見指定）を被拘禁者と弁護士

との法的コミュニケーションとして表現し、通信アクセスの手法が法的コミュニケーションの問題とされる[37]。

また、北川善太郎は、日本とドイツの法学交流を「コミュニケーション」の課題として認識した。その検討対象は、外国の理論（ドイツ法制度や法学）を一方的に吸収する傾向に象徴とされる日本の情報・学術・文化・思考様式で見られる「外部からの導入を念頭においた一方通行型のコミュニケーション」である[38]。ここでは、法的コミュニケーションは法学の伝達過程を意味する。コミュニケーションの接触過程や情報の流通過程を通じて、北川の論文は、ドイツと日本の関係など「コミュニケーション」という観点の必要性を指摘している。

(2)　法的思考から見る「コミュニケーション」

ルーマンの法理論を土台にしながら、法解釈学など法律専門家の思考様式を「コミュニケーション」として検討する論文は複数存在する[39]。ルーマンの理論では、社会システムの構成要素を行為主体ではなく、コミュニケーションと定義する。その狙いは、社会システムの生産を徹底的に動態化する、つまりコミュニケーションが連続的なものであり、社会をオートポイエシスシステムの一類型として描写することである。法システムについては、法に固有の合法・不法コードを利用するコミュニケーション連鎖それ自体が、環境の差異を法システムのアイデンティティとして再生産し、またそれはあくまでも法システムの内的操作を通じてのみ実現可能である、という理解が示される[40]。また、ルーマン流の法的コミュニケーション論によれば、法的コ

37　葛野尋之「刑事被拘禁者の法的・社会的コミュニケーション」立命館法学3号（2004年）42-54頁を参照。

38　北川善太郎「法的コミュニケーションの過去と現在——わたしの解釈」ジュリスト995号（1992年）55頁を参照。

39　江口厚仁「法的思考様式のアイデンテイテイをめぐって」法政研究58巻4号（1992年）、同「法・自己言及・オートポイエシス」同59巻3-4号（1993年）は、ルーマンのコミュニケーション論における法的な部分を紹介するものである。また、濱野亮「日本の経済社会の法化——法的コミュニケーションの分離という側面について」立教法学48号（1998年）は、「法化の媒介項としてのコミュニケーション」という近代法のプロセスを論じつつ、ルーマンの理論を参照している。

ミュニケーションは、当該状況が法的に認知され、それが当事者に将来の行為を選択する際に一定の意味を持つこと、つまり規範としての機能が保証されているときにこそ実現可能であるとされた[41]。

このような意味での「法的コミュニケーション」には、実際に裁判官や弁護士など法律専門家が行う法的推論を背景とした法的推論において有意義な情報の選択をすることと、当該状況が合法か不法かを具体的な法規範に従って判断すること、という二つの側面が含まれている。すなわち、複数の主体間のコミュニケーション過程といった通常のコミュニケーション概念から少し離れており、法律家内部の議論が中心となる。したがって、法学的方法論あるいは法学的組織論、特に法学という学問の性格を理解するためには有用なアプローチといえるだろう。

(3) 社会構成員の法使用（司法的コミュニケーションと立法のコミュニケーション）

2001年の司法制度改革審議会最終報告書[42]では、「国民の期待に応える司法制度の構築」、「司法制度を支える法曹の在り方」、「国民の司法参加」の理念が提示され、司法に対する市民の理解を促進するが意図された。なかでも、被害者参加や裁判員制度の導入などにより法廷で素人の意見がより直接に反映されるようになったが、他分野からも関心が寄せられており、そこでは「法的コミュニケーション」という用語がしばしば使われている。

例えば、憲法研究者である大石和彦は「『司法の国民参加』をめぐる憲法問題」と題する一文で「法的コミュニケーション」に言及しており、「一般の社会構成員と専門家との間の対等な『合意』」という法的コミュニケーションの目標を提唱した[43]。そして、裁判員制度に関しては、社会心理学者である杉森伸吉が、裁判官と裁判員が「対等」の立場で評議に参加し、「相互

40　江口厚仁「法・自己言及・オートポイエシス」法政研究59巻3-4号（1993年）404頁を参照。

41　同上。

42　司法制度改革審議会「司法制度改革審議会意見書」9頁を参照（http://www.kantei.go.jp/jp/sihouseido/report/ikensyo/pdfs/iken-1.pdf 2017年4月12日閲覧）。

43　大石和彦「『国民の司法参加』をめぐる憲法問題——司法制度改革審議会『最終意見書』を受けて」白鷗法学18号（2001年）147-148頁を参照。

コミュニケーション」を通じた「協働」の中で法的判断を行うべきと論じている。彼は、裁判員制度の導入を、ジフ構造型の専門化社会からフラット型社会へ、つまり一部の人間に高度な機能を分化させた専門家による司法から、市民倫理を判決に反映させた社会応答的な司法への移行である、と理解していた。「①自分の専門さえこなしていれば、社会貢献になるという視野の狭い思い込み、②権威や権力を振りかざす、③自己防衛や自己利益追求の優先④生身の人間への配慮の希薄化」という「専門化社会のブラックホール」の現象を批判し、「専門家と非専門家の地位格差を前提とした、上意下達の一方向的コミュニケーションから関係の対等性を前提とした両方向的コミュニケーションへの変容」を主張した[44]。

　以上のような視点から、個人や集団の意思決定における心理学や言語学の知見を応用した、円滑なコミュニケーションの促進を志向し、具体的に裁判官と裁判員における知識背景、事件情報への処理、発話用語、推論形式の差異（理性・言語中心—感性や情報中心主義）を解明し、市民による司法参加の可能性を探るということになる。

　なお、社会構成員の法理解を積極的に評価するのは、斎藤民徒が紹介した「立法を通じたコミュニケーション」である。斎藤は、オランダのティルブルク大学の Willem J. Witteveen らが提唱した議論を紹介し、人の行動を方向づける（instrumental）タイプと構成員を納得させる（communicative）タイプという二つの立法パターンを示した。彼は、一方的な命令と強制に基づく立法を「道具的な立法」、行政・裁判官・検察等公的機関の構成員以外に、社会団体や市民との対話を通じて社会の協力を喚起する立法を「コミュニケーション立法」と呼ぶ。「コミュニケーション立法」は、特に「ソフトロー」や「シンボリック立法」として、社会にとって重要な価値のスローガン——例えば「平等」「環境保護」——を提示し、解釈の余地を残しながら法規範を定立する。その効果は、シンボリック規範の認知と、一定の法に意味を与える解釈共同体の形成と、メンバー相互のコミュニケーションの促進である。すなわち、法が提供した概念の枠組みに基づき、市民自身が法実現に参画す

44　杉森伸吉「裁判員制における市民——専門家の異質性の融和」法と心理2巻1号（2002年）32頁を参照。

30

ることが期待されている[45]。

こうした法的コミュニケーションの議論は、双方向的コミュニケーションへの転換と学際的な研究が特徴である。ただし、司法民主化の動向とともに、「科学的」で「民主的」な知識の伝達が必要とされつつも、それら知識・情報自体について言及することは少ない。

(1)～(3)が示した通り、日本の学術研究で用いられている法的コミュニケーションという言葉は多義的である。すなわち、情報収集、専門家の法解釈と一般人の法使用それぞれ異なる文脈において、同じく「法的コミュニケーション」という表現が使われている。そして、(1)と(3)はコミュニケーションの過程に焦点を当てるのに対して、(2)の議論は法律家（受け手）が情報をいかに選別、理解しているのかというプロセスに着目している。

さらに、同じく法学内部の議論であるが、(1)は法をめぐる情報・理論の収集と発信のプロセスを重視しているのに対して、(2)では法学の方法論的な性質が強い上、概ね法律家（司法中心）の特徴を社会学的に理論化する概念として用いられている。(3)は、非専門家と専門家とのコミュニケーションを円滑に行う対策が提示されてはいるものの、法システムへの信頼を維持するという考えが見え隠れする。

ただし、以上の論文はいずれも「法的コミュニケーション」を主題として論じたものではない。以下では、これに対して、法的コミュニケーション自体を理論的に考察した川島武宜や田中成明の理論を精査し、既存の「法的コミュニケイション論」の到達と問題点を検討する。

第２款　社会統制としての法的コミュニケーション論──川島の試み

川島は 1964 年に知識人向けの一般教養誌『思想』に「法的過程におけるコミュニケイション──法律学と法社会学の接点」（479 号）、「法的コミュニケイションにおける記号的技術──法律学の対象に焦点をおいて」（481 号）という法的コミュニケーション論に関する二本の論文を公表した。管見の限り、日本ではこれらの論文において、はじめて「法的コミュニケーション」

45　斎藤民徒「立法を通じたコミュニケーション──ソフトロー研究における意義と課題」ソフトロー研究 5 号（2006 年）141-146 頁を参照。

という言葉が用いられた（川島は「コミュニケイション」と表記している）。

　のちに川島著作集第3巻に所収された、「法的過程におけるコミュニケイション——法律学と法社会学の接点」論文は、川島が当時の社会科学の「方法論的進歩やその研究成果」を既存の法律学に応用する目的から出発し、法現象特に裁判現象の分析法を再構成したものである。続く「法的コミュニケイションにおける記号的技術—法律学の対象に焦点をおいて」は、法的コミュニケーションを分類し、各自の機能と法的構成について論じている。晩年の川島自身は、この二つの論文に関して、「裁判規範の法社会学的研究について一つの新しいアプローチを見出したのであり、これを枢軸とする法社会学の理論を構想し始めていた」と述べ、「その後の私の研究にとっては、法律学についても、法社会学についても、一つの基本的な出発点になったのである」と位置づけている[46]。

　それらの論文では、法的コミュニケーションをいかに定義していたのか。川島は、「法的過程におけるコミュニケイション——法律学と法社会学の接点」で、「法におけるコミュニケイション」を法現象——『法』と呼ばれる社会過程の一側面——の分析アプローチとした。この論文によれば、『法』ということばは必ずしも同じ意味で使われているわけではなく、「歴史的・社会的・文化的背景」において「相互に異なる意味ないし異なるニュアンス（特にそれに伴う情緒的反応）」が含まれている、多義的なものである[47]。また、法という言葉を理解するため、社会的に共有されている法の意味を理解する必要がある、という[48]。

　川島の法的コミュニケーション概念は、「法律学ないし法解釈学」への貢献を強く意識したものである[49]。「法解釈学の興味の対象ならびにその性質を明らかにするためには、まず法的過程におけるすべてのコミュニケイションを概観し、法解釈学の研究対象をその中に位置づけておくことが必要であ

46　川島武宜「法的過程におけるコミュニケーション——法律学と法社会学の接点」『川島武宜著作集第3巻』（岩波書店、1982年）402頁を参照。

47　同上、101-102頁を参照。

48　同上、103頁を参照。

49　同上、99頁を参照。

る」と法解釈学との関係を説明し、法解釈を「サンクション決定（裁判）を
めぐる言語的コミュニケイション」という法的過程における特殊な一部とす
る[50]。

　では、具体的にどのようなコミュニケーションが法解釈の作業に含まれて
いるのだろうか。川島はその受け手と内容を規準に、「規準のコミュニケイ
ション」、「理由づけのコミュニケイション」、「先例のコミュニケイション」
という、三つの類型に分けて論じていた。その概要は以下の通りである。

　「規準コミュニケイション」とは、裁判の判断基準とされるべきものを伝
達する過程である。従来の法律学では「法源」と呼ばれるものがあるが、規
準のコミュニケーションが問題にしたのはその法源が含まれた内容を誰に、
どのように伝達するのかという過程である。そして、川島によれば、規準コ
ミュニケーションには、さらにその受け手の違いによって、「決定者（裁判官）
に対するもの」と「当該法的集団の構成員に対するもの」の二つのものを区
別できるという。次に、「理由づけのコミュニケイション」とは、法的決定（裁
判）がこの要請に準拠してなされたものであることを説明的に伝達すること
である。その上で、「理由づけのコミュニケイション」の機能は、裁判の決
定による「法的サンクション」を正当化することにあり、「法的社会統制に
とって、重要な意義を有する」とされる[51]。最後に、「先例のコミュニケイ
ション」は、将来の事件に対し同種の過去の決定を参照すべきいわゆる先例
としての決定規準を裁判において伝達するというコミュニケーションのこと
を指す[52]。先例コミュニケーションと理由づけコミュニケーションとの違い
について、前者は同じ種類の事件に対して同じ種類の決定ができるかという
後の法的決定との整合性に関係しているが、後者は具体的な案件に対する裁
判の根拠づけを分析するものである。

　法律家（裁判官）の法解釈作業以外にも、川島は非法律家の法理解につい
ても言及している。川島は、裁判官と一般構成員に向けた法的コミュニケー

50　同上、106 頁を参照。

51　川島武宜『法的コミュニケイションにおける記号的技術——法律学の対象に焦点をおいて』『川
　　島武宜著作集第 6 巻』（岩波書店、1982 年）163 頁を参照。

52　同上、174 頁を参照。

第1章　情報としての法　**33**

ションを峻別し、次のように両者のずれを描写している[53]。

　「このコミュニケイションは、一般社会人に対するものとしては、なるべく一般社会人にとってわかりやすいことばで構成されることが望ましい。しかし、このような要請をみたすことは、必ずしも法的決定者（特に裁判官）に対するコミュニケーションとしての機能にとって、望ましいものであるとは限らないのみか、むしろしばしばその反対である。裁判による社会統制を効果的に制御したいという必要ないし要請にとっては、決定規準は、一義的な明確な意味を持つことばで伝達されることが必要であるのに、一般社会人にとってわかりやすい日常用語の意味は、多義的で不明確であることを免れないからである。その結果、裁判官へのコミュニケイションという機能に何らかの重点をおく社会では、一般日常用語から分離された特殊の技術用語としての法律用語が『構成』されるに至る」

　以上の論述は、法律用語の技術性から一般の社会構成員が感じた法の「わかりにくさ」を説明している。それは、言葉の形式問題ではなく、専門家と市民といった異なる受け手による思考過程の違いである。専門用語（川島はこれを「記号」と表現）—人工的に意味を限定する分析道具によって、一義的かつ明確な法的分析ができることになる。ただし、その法的分析を支えるため、一定の特殊な訓練（法技術）が必要とされる。一方で、もしわかりやすさを求めることになると、「それらの記号は日常用語のもつ種々の意味やニュアンスや連想や情動的反応を伴い、しばしば一義的且つ明確なコミュニケイションおよび論理的思考の妨げとなり、無用の混乱を生ぜしめる」[54]ことになる、と川島は指摘した。

　川島のコミュニケーション論をどのように評価することができるのか、現在の法的コミュニケーション論にどのような貢献を果したのか。その意義について、ここでは以下の3点を挙げておきたい。

　第一には、川島のコミュニケーション論は法学の領域開拓を意図するものである。川島の法的コミュニケーション論は、①裁判の審理過程において裁判の当事者や参加者（弁護士、裁判官、補助作業のスタッフなど）が発した言

53　同上、146-147頁を参照。
54　同上、149頁を参照。

語的また非言語的な行為と、②弁護・判決で見られる論証いわゆる法解釈、の二つの研究対象を想定しているように思われる。そこからわかるのは、法解釈の内容（条文間・先例との整合性）だけに注目するのではなく、法解釈はどのように行われるのかを社会的行為として捉え直した。したがって、川島の議論は、コミュニケーションという分析概念によって、社会学・心理学など「外部」のアプローチを援用し、法学の領域拡大すなわち法社会学の成立に貢献したという点で評価されなければならない。

　第二には、ことばの技術を検討の中心とする川島の議論は、あくまで限定的に「法的コミュニケーション」を扱っている。その特徴は、法律学の作業は日常用語を排除した特殊な解釈作業であるという診断である。川島のコミュニケーション論の射程は、本人が強調した裁判理論というキーワードと関係している。裁判は、制定法、条理等一定の規準の存在を予め前提としているが、法解釈を行うのは専門家の作業であり、非専門家の言説は意見や心情等非法学的なものとしてしか認定されていない。したがって、川島の「裁判」では、発信者（法曹）と受信者（主に当事者）との間の違いがそのまま維持されている。川島が提示した社会統制としてのコミュニケーションにおいては、参加者の対等な関係が理念的に含まれていたとしても、専門家と一般人の差異が必ずしも縮むわけではない。その結果、法学者と一般人それぞれの認知パターン、カテゴリーを固定化してしまう側面がある。

　第三に、川島の理論は法学者の社会的優位を反映するものである。アクセスの平等という価値に着目すると、例えば2000年代以後の司法コミュニケーション論とは異なり、法学者から一般社会構成員への一方通行的な情報伝達が前提となっている。他の論文では、実際の立法を論じる際に、世論（調査）への非難を行い、法律学の教養化を求めているものも散見された[55]。それは、専門家と一般人の対等的なコミュニケーションよりも、学者個人の素質に期待し、発信者の意図に従って法制度の趣旨を法情報として受け手である民衆に伝達することを志向する。川島の法的コミュニケーション論はいわゆる啓蒙的な性格を有している。受け手の特徴にも言及されているものの、

55　川島武宜「家族法の立法過程における法律家の役割」『川島武宜著作集第6巻』（岩波書店、1982年）304-337頁を参照。

川島のコミュニケーション論においては、社会構成員と法律家とのコミュニケーションは法廷という特定の場におけるものに限定され、法律家の解釈を介した間接的なものにすぎないのである。

第3款　田中成明の法的空間論

　田中成明は強制的命令システムという従来の法理解から、「日常社会生活における法の第一次的な機能は、国家の権力行使と直接結びつかない社会レベルにおいて、私人相互の自主的活動を促進するための枠組と指針を提供する」[56] というコミュニケーション論を中心とした法理解へと視座を転換する。そこでの法的コミュニケーションは、「法的議論を典型とする法実践を背景的条件として、自主的な交渉や理性的な議論によって他人との相互関係を調整するフォーラム」[57] ということになる。

　田中は、法的コミュニケーションについて、「法律専門家だけではなく一般の人々の間でもリーガリズムが内的視点から共有されている知的地平においてはじめて、法的議論の合理性・正当性基準を論じることが政治的社会的にも意味をもつ」と論じていた[58]。法的コミュニケーションにおいては、各議論領域の参加者を相互に承認・受容した上で、一定の制度設計（手続面と対象面）の上で、法をめぐる背景的な「共通観点」（合意）を形成することによって議論の質を維持することが必要とされる[59]。

　田中の法的コミュニケーションモデルは次のような特徴を有している。第一に、裁判外での法的議論・交渉など非制度的次元で行われる法的議論が活性化し、それが制度的次元（特に裁判）での判断——例えば60〜70年代の

56　田中成明『現代法理学』（有斐閣、2011年）50頁を参照。

57　ここで引用した定義は、田中成明『法的空間——強制と合意の狭間で』（東京大学出版会、1993年）の第一章（35-39頁）「法をどうみるか」に依拠している。その時期、田中は裁判外での法的紛争の自主的解決における交渉を念頭においたようであり、その後、実践的議論に合わせて対話的合理性の基準を追求したものの、日常社会の法意識を法システムの議論に取り込むという発想に変わりはない。田中の「議論（・交渉）フォーラム」理論の発展経緯について、本人が2013年に公表した「実践理性の法的制度化再考——『議論・交渉フォーラム』構想の再定位のための覚書」『現代法の変容』（岩波書店、2013年）3-43頁は参考になる。

58　田中・前注56、57-58頁を参照。

59　同上、362-372頁を参照。

公害訴訟判決における政策性——にも大きな影響を及ぼす可能性が理論的に
論じられるようになったことである。その結果、公権力または専門家言説の
みに焦点に当てる従来の強制的サンクションモデルと違って、当事者も含む
一般の社会構成員における法をめぐる言説の領域も法学研究の対象になりう
る[60]。第二に、法的コミュニケーションに関して、現実生活における合理的
な判断[61]を参考にして、それぞれの法的議論の領域における社会の認識の解
明が重要な役割を担うことになる。

　以上のように、田中による法的コミュニケーションの理論は、法学内部の
知識の枠組みを横断して、法的議論の統合機能の実現のために法の意味を総
合的に考察するところに重要なポイントがある。また、これと並んで注目す
べきは、裁判官や法学者など法律専門家による一般人による法的議論への介
入について積極的に理解する点にある。田中モデルは、60 ～ 70 年代の政策
志向訴訟の出現を背景に、裁判官など法律専門家の思考様式を社会効果（政
策形成）への配慮によって修正し、社会的機能を拡大させようとするもので
ある。ここでは、社会のリアリティの認識が、法律専門家のバランス感覚に
依存するものから、法廷弁論のような法的な「場」で構築されるものへと替
わっており、法律専門家中心の構造が改善されているように見える。

　ただ、田中のモデルでは、法律専門家と一般人（layman）との間のコミュ
ニケーションの可能性に対する見方が楽観的にすぎるかもしれない。それは、
裁判を法的コミュニケーションの具体的な現れとする捉え方と関連している。
いうまでもなく、従来の法に関わる議論とは、裁判という特殊な空間におけ
る、専門的な訓練に基づく事実の認定と条文の演繹を中心とするものであっ

60　田中モデルにおける法的議論の広い射程は、法学における紛争処理の研究に有力な方法論的基
　　礎を提供するものと見られる。例えば、和田仁孝＝太田勝造＝阿部昌樹編『交渉と紛争処理』
　　（日本評論社、2002 年）第 9 章参照。

61　田中モデルにおいては、アリストテレスの知の見方を参照しながら、法学は専門知識の枠に依
　　拠する「理論知（episteme）」ではなく、現実の事情による明確する「実践知＝賢慮（phronesis）」
　　に関わる学問領域として位置づけられる（田中・前注56、366 頁）。法的議論も、単なる演繹
　　による論証ではなく、合理的な議論による具体的な紛争解決に関わるものとされる。その議論
　　による合理性は、また熟議民主主義（deliberative democracy）とも重なり、すなわち公的事
　　項をめぐる社会一般構成員の理性的な議論による意思決定を重視する具体的制度設計にも繋が
　　っている。

た。しかしながら、例えば、第2部で検討対象として取り上げる公訴時効改正のような近時の刑事立法では裁判外の法言説がマスコミなどにおいて活発に展開され、その際に感情（sentiments）ないし情念（passions）の契機が法改正への関心を喚起した側面がある。そのような感情による問題提起が成立していたとすれば、感情が法的な問題としていかに再構成されたのかも重要な問題である。というのも、感情は法解釈の論理（「理性」）とは異なった形で秩序理解に関っているからである。これに対して、田中モデルにおける法的コミュニケーションは、法的議論の合理性を重視する反面、実際の世論で見られる多様な法言説を排除してしまうおそれがある。「実践知」としての法的議論においては、法律専門家の解釈活動という法的な思考が一般社会に対して説得力を有していることが想定されている。しかし、「感情立法」のような現象はそれでは説明しきれない。

　結局、田中のモデルから見る法的コミュニケーションは二つの効果がある。第一は、法律専門家の影響力が拡大するという点、第二は、裁判以外の紛争解決まで司法システムの射程に入れるという点である。逆に、法というシステムがなぜ必要とされるかなど、専門知としての法学の社会的背景についての理論的な検討が十分とは言えない。

　上述のように、日本では法的コミュニケーションをめぐる言説は多様である。ただ、外部的な視点から法律学あるいは法システム自身の営みを反省するといった発想は共通している。コミュニケーションという用語は法律学本来のものではなく、他分野（心理学や社会学）のものである。また、当事者や一般の社会構成員の法理解も法的コミュニケーションに含まれる。田中成明は、司法中心のモデルの限界を認め、「立法レベルの交渉にでも（法的）視野に入れる」と論じているが、多様な言説が前提となる法的コミュニケーション論の実態的な分析には至っていない。

第3節　法的コミュニケーション論の再考

　法的コミュニケーション論はいったいどこから出発すべきだろうか。本書では、先行研究と同様に法言説に着目し、法言説の形成、すなわち法の認識

をめぐる異なる主体間の相互作用を「法的コミュニケーション」と捉えることにする。

　ここでの相互作用とは、どんな個人の行動でも、彼・彼女が属する社会の構造に影響され、いかなる社会の制度も個人の選択によって再構成される可能性があるという動態のプロセスを意味する。相互作用論は、もともと社会学の創始者の一人であるジンメルが提唱してきたものである。相互作用論を通して、個人がどのように「社会」を理解し、また社会がどのように形成されるかを同時に観察することができる、とジンメルは考えていた[62]。

　ジンメルの影響を受けたアメリカの社会心理学者ミードは、1925年の論文「自我の発生と社会的統制」において、さらに相互作用に関する分析の枠組みを具体化した。その論文の論点を整理すると、相互作用のモデルについて以下のように理解することができる。第一に、数人の協力で成り立つ行動を「社会的行動」と呼び、そのような行動が働きかける対象を「社会的対象」と呼ぶことができる。第二に、この「社会的対象」は多くの違った個人のそれぞれの異なった行為に対して応える性格を持つ。「社会的対象」はそれと関わる個人の行動が、もう一人別の個人にとってはっきり見えている場合にしか成立しない。例えば、ある人が「財産」を持っていて、その財産が他の人にとってどういう意味を持ち、どう関わり合うのかを理解したときに初めて、その「財産」は「社会的対象」となる。第三に、「自我」は、ある個人が自分以外の他人の役割を想像できるときに、初めて発生する。自分以外のメンバーがどのような行動をするかの傾向を知り、また自分がどのように行動すれば他のメンバーによって「正しい」と見なされるかも知っている。そのときに、「自我」は自分にとって一つの「社会的対象」となる。第四に、相手からある種の反応を引き出すために使われた「音声をともなう身振り」が、人間集団に共有されるようになると、それは社会のメンバーにとって共通の意味を持つ「象徴」となる。身振りが「自覚された意味を持つ象徴」にまで高まると、それは「社会的対象」として一定の広さの社会集団を組織することができる。個人が他人と協力して行うことについて、自分以外の個人

62　Georg Simmel (1917),"Grundfragen der Soziologie"（居安正訳『社会学の根本問題』〔世界思想社、2004年〕28-32頁を参照）。

の役割をも考慮して、お互いに行動を統制するようになる。このような「社会的対象」の範囲を更新し拡げることで、社会性の獲得に繋がって行くことになるとされる[63]。

　以上の相互作用の立場から、法的コミュニケーションに関する課題は次のように提示できる。

　①　「法」は、法的判断者（認識主体）の〈外〉に客観的に実在する存在——例えば条文、裁判所、法律専門家など現象——であるとしても、〈個別の判断による法（法イメージ）の形成〉という、認知的側面もあるように思われる。もし法を社会的な構築物とすれば、社会における法制度や法律学の位置づけが問題になるだろう。

　②　法的判断者は、ある共通の「枠組み」を通じて、法に対する認識を構築する。そのような共通の「枠組み」は、社会における法の存在意義を示す機能を持つ。そうであるとすれば、共通の「枠組み」をどのようなものとして把握し、あるいは構想するかが分析の要となりうる。

　③　法と個人の関係が法（司法）へのアクセスの過程と捉えられる一方、法の学習・理解という行為とその産物も法文化の一部となる。その中で、法と法でないものをどのように区別するのか、常に確認の作業が行われている。つまり法学の特性が法的コミュニケーションにおける「法的なもの」の認識から再定義できる。

第1款　司法離れの「法」秩序

　こうした相互作用の観点から、まず上述の論点①に関連して考察したいと思う。すなわち、法を観察する際に、司法を中心に考えてきた法使用をめぐるアプローチは果たして十分なのか、という問いである。

63　Mead, G. H. (1924-1925),"The genesis of the self and social control", International Journal of Ethics (35), 251-277（日本語訳は船津衛＝徳川直人編訳「自我の発生と社会的コントロール」『社会的自我』〔恒星社厚生閣、1991年〕）を参照。上述のようなミードの社会観は、以後のアメリカ社会学に絶大な影響力を及ぼした。1970-1980年代に法の象徴機能を本格的に論じたシンボリック相互作用論の研究者Joseph R. Gusfieldも、ミードの方法論の延長線で法の社会意味を論じていた。70年代のシンボリック相互作用論の発展に関しては、船津衛『シンボリック相互作用論』（恒星社厚生閣、1976年）10頁を参照。

40

　第一に、直接的な法制度利用とは異なる法情報への接触は、より日常的に行われている。特に、日本の場合、裁判所を利用したり法律専門家に相談したりするのはごく一部の人の特殊な経験である。直接法制度を利用する（以下は法利用という）以外に、社会の構成員が情報メディアを通じて制度の内容を知り、法改正の動向を把握することは少なくない。つまり、日本社会では法制度の低利用率、あるいは訴訟経験者が少数にとどまっていることから、法に関わる認識の獲得は、メディアなどを通じて現れる法に関する情報が重要なリソースになっている。

　弁護士と依頼人の相談にしても、法廷での事実認定にしても、共通する作業は既存の法的要件から抽出した論点（トピック）を構成し、有意義な事実を選択していくことである。こうした法的なストーリーの作成は、長年に渡る法学教育と実務経験を必要とする。特に、法制度の利用行動における法的コミュニケーションは、法学教育と実務の背景を持つ法律専門家が多く参与することによって、法的なストーリーに有利な方向へと流れる傾向にあるということは、日本でも検証されている[64]。こうした研究を情報形成の観点から見ると、法情報は議論の文脈に大きく依存していることが読み取れる。すると、司法以外の法に関わるコミュニケーションが存在すれば、理論的に司法以外の情報源から法情報を構築することも不可能ではない。

　第二に、法秩序に対する社会構成員のイメージは司法制度の評価からのみ形成されるわけではない。すでに言及したように、訴訟や立法など法的現象とそこで行う行動が正しいものか否かは、より大きな当時の社会的表象空間に照らして判定される。この社会的表象空間は、法律あるいは法システムの背景として長期にわたって存続し、人々の理解と反応を限定していくもので

64　ここで問題となるのは、誰でも法に関わる議題を語ることができるかということである。当事者の声を反映すべきという理念の下で裁判員裁判の制度は設計されたが、当事者の声が問題なく聞かれているかという点はまた別の問題である。社会学的アプローチから当事者言説の伝達問題を検討したものとしては、小宮友根「法的推論と常識的知識」人文学報・社会学437号（2011年）63-66頁、また、こうした研究を概観した論文として小宮「『法廷秩序』研究の意義について」法社会学66号（2007年）162-86を挙げることもできる。また、法言説の構造研究では、法専門家の解釈が当事者言説を抑圧する裁判の側面を検証した研究も存在する。日本の刑事裁判に関しては、小野坂弘「日本の刑事裁判における事実認定論の批判的考察」法政理論35巻1～3号（2002～2003年）を参照。

ある。既存の法意識調査でも、こうした理論を支える知見が存在する。松村良之の法意識研究では、裁判経験と法意識の相関を検討した結果、「日本人は、裁判所を経験することによって、上記（経験した裁判所—引用者注）の裁判所への支持に非常に顕著な変化を生じさせることがある。しかし、裁判所の経験は裁判所に対する心理的障壁をほとんど変化させないし、法意識一般（特にその基底となる権利意識、遵法精神など）への影響はほとんど見られない」という[65]。松村はまた、その現象を「法意識の独立変数として長期にわたる政治的社会とその解釈が正しいとしたら、単なる訴訟、弁護士の利用など特定の紛争処理場面だけが法の儀礼空間なのではない」と指摘する[66]。

　第三に、法に関する理解いわゆる法意識は、独自の規範として人々の行動に影響を与える。後で述べるが、日本ではこれまで、この問題は川島武宜が最初に「日本人の法意識」という言葉で、近代化という転換期の法運用を説明する際に扱われてきたが、最近では当事者の法意識ではなく、情報としての法制度が持つ効果を検証する研究も現れた。Richard H. McAdams は、当事者同士の紛争処理のほかに、裁判や立法など法実践が一定の価値判断や行動指針を示す「メッセージ」を発信しており、法に関する情報を共有することで人々の法遵守を促す効果すらあると指摘する[67]。こうした立場から見れば、明確に内容を提示する条文の公開には従来の社会規範を変えるほど秩序形成の力がある。

第2款　象徴としての法言説

　司法から離れた法の意味空間を確認した上で、次に法秩序をいかに観察できるのかという点に関わる論点②について検討する。また、論点②の課題を兼ねて、法を理解する枠組みとその機能についても検討を加える。それは法の受け手問題、つまり誰がどのような法理解を持ち、またそのような法理解

65　松村良之＝村山眞維編『法意識と紛争行動』（東京大学出版会、2010年）71頁を参照。

66　同上、71頁を参照。

67　詳細は、拙稿「法の表出効果に関する研究動向——評 Richard H. McAdams、The expressive powers of Law : Theories and Limits, Harvard (2015), 322pp」北大法学論集67巻5号（2017年）215-231頁を参照。

がいかに法の形成・適用に影響を与えるかという問題である。司法から離れた法の意味空間に関しては、法の象徴機能論がすでに存在する。ここでは、その知見を参照しながら検討を進める。

　周知のように、社会の象徴は、社会的事実の認識問題として、社会学の基本問題といっても過言ではない[68]。同様に、法の象徴性については、多くの異なった分野の観察者たちが極めて多様な問題関心から言及している。本研究の関心から、まず日本の研究者が法の象徴機能をいかに理解したのかという点について、日本における法システムの象徴機能をめぐる研究状況から確認する。

　日本では法の象徴的機能に関する検討は、1980年代後期から行われている。1988年10月明治大学で行われたシンポジウム「日米における法の象徴的機能の比較」では、象徴的機能の概念の創始者である Joseph R.Gusfieldha がアメリカの象徴的機能研究に関して "The Symbolic Order and Legel Control of Alcohol in the United States" と題する報告をしており[69]、それに対して千葉正志が "A Glimpse at the Symbokic Function of Japanese Law" と題して日本法（学）における象徴機能の考えを示した。千葉によると[70]、法と象徴との問題は三つの次元に分けられるという。それらは、①「『象徴』それ自体の性質を探究するものである、つまり文化的現象とりわけ法の属性としての象徴とは何であるかを一般的に探究するものである」、②「何が法をシンボライズするのか、換言すれば、法を表現するための社会における文化的手段すなわち法のシンボルを問うものである」、③「法が何をシンボライズするのかという問題で、これは社会において特に法が象徴する文化的連想観念である」[71]。千葉は、①は記号論分野の問題であると考え、②③こそが法

68　象徴的なもの、あるいはイメージというのは、人文科学においてはかなり伝統的な問題であり、それ故必ずしも流行のテーマというものではない。ここでの象徴とは、世界を了解する形式を指す。社会学の視点で象徴の相互作用は、社会をいかに再現するというプロセスに沿って認識される。

69　Joseph R.Gusfield の飲酒運転研究は、第4章の第2節で紹介する。

70　千葉正士『法文化のフロンティア』（成文堂、1991年）第1章「現代日本法の象徴的機能」を参照。

71　同上、14頁を参照。

のシンボリック理論の中心課題になると主張した。特に、③の課題は法文化研究の一環として考え、天皇制や政教分離などの制度における現代社会の統合を象徴する法の意味を指摘している[72]。このように、千葉の法的象徴機能論は、文化人類学の観点から象徴を法文化の結果あるいは表現形式として捉えている。そこで、千葉は当該社会（日本）について「法は何を象徴したか」という問いに答えようとするが、「法の象徴は誰に、いかに形成されてきたか」という象徴機能の発展・変容（法使用の当事者視点でもある）に関しては不十分な検討にとどまっている。

　このように、日本における法の象徴的機能への関心は、まずは法文化論の延長線上にあったが[73]、70年代に現れた公害訴訟など訴訟型法運動を念頭に、社会運動との関連で捉える動きもでてきた。すなわち、神長百合子の『法の象徴的機能と社会変革——日系アメリカ人の再審請求運動』は、日本の法社会学的な研究としては、象徴機能を理論的基礎とした代表的な著作である。そこではシンボルとしての法の性質が二つの類型に分けて整理されている。第一に、「立法であれまたは判決であれ、個々の法または一連の法に盛り込まれた政策が特定の政治的・社会的価値を象徴するというあり方である」という類型がある[74]。そこで彼女が象徴性として挙げるのは、アメリカの大恐慌時代における社会保障政策に含まれた「大きな政府」というメッセージであるが、これは特定の法・政策における政治的な判断や立法趣旨、あるいは立法目的に当てはまるといえよう。第二は、特定の目的を超え、理想的な秩序としての法のイメージを強化する機能に関するものである[75]。神長はバークの理論を引用しながら、法は「公的に共有された動機」であって、秩序と無秩序の境界を表明するため「われわれは人々の行為やその行為が行われる場に名称を与えたり、判断を下したりする」、脱事実的な「詩的な意味」と呼ばれる価値判断を持つものであるとされる。そして、こうした法イメージ

72　同上、24-28頁を参照。

73　千葉正士＝北村隆憲「法の象徴的機能研究とガスフィールドの意義」法律時報60巻10号（1988年）72-75頁を参照。

74　神長百合子『法の象徴的機能と社会変革』（勁草書房、1996年）208頁を参照。

75　同上、207頁を参照。

44

を支えるため、法服、規定された手続、専門的な法律用語などの外的な形式も役立つことが指摘されている[76]。

　彼女は、こうした立場から、訴訟活動（下線筆者）を中心にした社会運動が単なる紛争処理ではなく、「意味のレベルにおける社会変革」をもたらす可能性もあると指摘する[77]。日系人の再審請求運動は、法の象徴的性質をめぐる戦いである。具体的に言うと、この運動は、法の再解釈（再審）を通じて、日系集団の権利主張を社会問題化し、同時に法の持つ規範的シンボルを用いて自らの主張に正当性を付与することを企図していた。こうした二つの法的象徴機能は裁判の過程を通して同時に作用している。この議論は、法を社会的シンボルとして把握することで政治活動の一環（資源）として位置づけるものである。

　このような理解も、司法離れの「法秩序」という状況に親和的である。すなわち、法言説の使用において、現実の問題ないし紛争を解決する目的の側面以外の、法を語るという行為が独自の意味を持つことがわかる。

　だが、核心的な点での問題関心を共有しているが、これより先の神長による法の象徴機能の具体化についての記述は本書の法的コミュニケーション論の関心とはやや異なったものとなる。第一に、法の象徴性については、神長が裁判とその関連状況を重視する立場であるのに対して、本書は法の伝達を情報の側面から一貫して構成しようとする。第二に、訴訟型の法運動は特定の法律を適用とするものであるゆえ、意味の再構成（法解釈）を行う際には現行法の条文に制約される。司法活動や条文の解釈方法に限って、法的コミュニケーションが成立している[78]。もっとも、新聞、テレビ、ネットなど言論空間においては、法改正を議論の視野──法の形成過程に関わる──に入れるため、「既存の司法実践」を超え、法的コミュニケーションの論理に関する制限がより少ない。

　情報という側面に注目しながら、法の象徴性を論じたのはマーレー・エー

76　同上、209 頁を参照。

77　同上、265-266 頁を参照。

78　小川浩三「論証の論証」グンター・トイブナー編／村上淳一＝小川浩三訳『結果志向の法思考──利益衡量と法律家的論証』（東京大学出版会、2011 年）220-221 頁を参照。

デルマンである。エーデルマンは、アメリカの政治情報に基づき、「行政システム」（Administrative system）の一環としての法的言語（Legal language）すなわち、複数の言語的形式（「奨励的言語」Hortatory Language、「行政的言語」Administrative Language、「取引的言語」The Language of Bargaining）の一貫した言説が社会に「安心感」を与えるという、象徴的機能を指摘する[79]。彼は、ミードの社会心理学（特に象徴化 symbolization の理論）を援用し、「政治的なものごとやできごともまた、非連続的でときに矛盾した存在であり、それに意味をもたらす記号表現と文脈によって構成されたものだという認識」を示した[80]。彼が、法改正などの政治過程における「政治的、法的」な言説という側面と、資源配分と集団の反応という事実面とが釣り合っていないことに着目したことは、本書の関心と関連性を持つ。そこで例としてあげられているは、アメリカにおける税法の運営についての言説である。彼によると、法規制の持つシンボリックな面について、人々は例えば支払い能力に応じた課税制度など公正性という法の象徴的な面に対して強い反応を示すが、そのことがかえって収入分割、多重信託など別の課税上の規準に関わる議論を制することがある、という[81]。エーデルマンは、こうした現象を法または政治言説の「鎮静効果」（to quiet）と捉えている[82]。

　法言説について、エーデルマンは次のように論じている。①執行により、法はルールの演繹によって、関係者相互の役割あるいは評価を固定させる。「法がドグマ化するところでは、反抗は異端（heresy）とされるに至る」[83]。これを通じて、心理的レベルで人々の規範意識が確立されていく。②法の形

---

79 Murray Jacob Edelman（1964）, *The symbolic uses of politics*, University of Illinois Press, pp.46-49.

80 具体的には、『政治の進行に如何なる象徴的要素が関わり、象徴の作用がエリートと大衆の行動にどのような影響を及ぼしているのか認識するためには、まず、象徴のもいくつかの一般的特質を考察し、象徴の成立と、象徴がもつ意味を規定している諸条件を考察しておく必要がある』（注31・6頁）、または、*Constructing the political spectacle*（1988）University of Chicago Press, p.20〔日本語訳は、法貴良一『政治スペクタクルの構築』〔青弓社、2013年〕）を参照。

81 Murray Jacob Edelman（1988）, *Constructing the political spectacle*, University of Chicago Press, pp.23-29.

82 ibid., p.17.

83 ibid., p.71.

成（立法）は「様々な社会集団の存在を正統なものとして認定することに他ならない」ので[84]、その議論は、社会全体の人々（観客）（下線筆者）に向けた法制度のコミュニケーション空間（舞台装置）を構築する作業である。③法的言説の形式は政治的行動に影響を及ぼし、また用語の使い方は一定の社会的役割に根差している。ここで、法的言語は客観的法と「曖昧な」法解釈という二面性をもっており、その使い分けが秩序の安定をもたらす。法の意味は、「組織が自己の行為に正当化を施す」[85]ことで柔軟に変化するが、「素人にとっては、そのような影響は、（法の客観的側面である）神話的な規範からの偶発的かつ悲しむべき逸脱にみえる」[86]、という。④ニュース報道に関しては、政治または法に関する情報収集のルートとして法を含む政治的コミュニケーションの一部であるが、「政治ニュースにおける高頻度のテーマである、選挙戦や議会の論争、高官たちの言明についての報道があふれかえって、それが実行に移されないうちはどれもみな人々の生活の向上に何の意味も持たない。つまり、公表された言語では、その実行性は知りようがない」[87]とされる。なぜなら、ここでの言語は「『現実の』世界を描写することではなく、それが過去を再構築し、現在の観察できるわけではないものごとや将来の可能性を喚起することに由来する」とされるからである[88]。

　法言説が制度運営の実態を正当化してしまう「鎮静効果」に関して、エーデルマンは、政治・法のシステムの運用が一般人の理解を超えていること、特に法情報に関する認知のギャップがあることに注目している。要約すると、政府または法の情報は社会の共通規範でありながら、客観的な問題解決を述べるものではなく、形式的なシンボル操作においてその権威性を維持する、ということになる。法的言語のようなシンボル（「客観的ルール」）を通じて、受け手は不安から脱出することができ、法的秩序の「正当性」を植え付けられるのである。一般人と専門家との間にある情報理解のギャップとは、偶然

84　ibid., p.156.

85　Murray Jacob Edelman（1971）,"Politics as symbolic action : mass arousal and quiescence", Academic Press, p.139.

86　ibid., p.141.

87　ibid., p.141.

88　ibid., p.143.

的な例外というよりも、ある政治・法秩序を維持するために機能しているものである。

以上のようなエーデルマンの議論は、以下のような意義を持つと思われる。

第一に、エーデルマンは政治過程における法言説の機能を明確にした。彼の分析はマクロ的であり、新たな方法論を提唱している。当時のアメリカの社会学におけるシンボリック相互作用論の影響を受け、世論調査など数理的分析ではなく、実際の法言語の使用場面から法をめぐる人々の異なる理解を明らかにするものである[89]。エーデルマンの法言説の理論は、言語のレトリック面から法の機能を分析する点でも評価することができる[90]。

第二に、初期のエーデルマンは発信者、特に政治家や法律家の戦略に着目することで、個人（受信者）の主体性を軽視する結果になってしまう傾向があったが、エーデルマン自身が1984年に発表した『政治の象徴機能』の再版の後記でその点を認め、改めて社会的弱者である個人の怒りや感情的な言動が、社会運動に対する促進的な機能を持つことについて言及している[91]。ただ、彼は象徴論の立場からすれば、発信者と受信者という区分が必ずしも重要な問題ではないということも指摘する。なぜなら「ある象徴のもつ意味はその象徴自体に内在するものではなく、その象徴を注視する人々と彼らが置かれている社会的状況に由来するものである」からだ[92]。個別の発信者と受信者との間の言語より、コミュニケーション全体の特徴を捉えるところに彼の理論の特徴である。その結果、言語の変化が行動の変化をもたらすとい

---

89 法貴良一「訳者後記」マーレー・エーデルマン『政治の象徴作用』（中央大学出版部、1998年）325頁以下を参照。

90 同様の立場から、法について言及をしたものとして、例えば Joseph R.Gusfield（1981）, *The culture of public problems : Drinking Driving and the Symbolic Order* がある。その第一部では、統計に代表される科学が「秩序のある世界」という神話を作り出すことを検証している。すなわち、政治の世界に提供されると、データの内容に「リアリティ性」というシンボルが付与される。そしてデータの収集、問題設定やサンプルの適切さに関する情報が遮断され、法改正と連関すべき因果関係に取って替わってアナロジーが提供される。法についても、科学と同じようにある一つの世界観を構築するに過ぎないとされるが、伝達レベル（社会向け）では集合体的感覚（the sense of the collective）として、社会の規範的秩序を作り出し、集団的に承認された判断基準として人々に理解されることになる。

91 法貴・注89、301-302頁を参照。

92 法貴・注89、301頁。

う考えではなく、言語も行動もコミュニケーションの一部であり、言語の意味はそれが現れる具体的な文脈と関連する行動とによって決まるとされる。例えば、社会的弱者である個人の言動の影響は彼・彼女らが属する運動の性質によって左右される[93]。法システムの権威が、司法また行政活動の運用とは別に、情報伝達の過程において構築されていることの発見は、興味深い。

第三に、エーデルマンが用いた法象徴論は「法は何を象徴する」を解明するのではなく、「法の象徴はいかに形成され、どのような役割を果たした」に着目する法過程論である。こうした検討から、社会の「共通価値」と権威ある専門知という二つの法の象徴が読み取れる。エーデルマンの理論によれば、こうした二つの側面は常に連動しており、社会秩序の安定を図る「鎮静効果」を果たす。ところで、序章で述べた通り、近年日本において、マス・メディアで扱われている法に対する共通の理解と専門知としての法的見解との間にズレを生じており、それがドラスティックな法改正をもたらした面もある。法的な象徴がどうして対立していたのか（あるいはなぜ調和できなかったのか）、またそうした関係はどのような効果をもたらすことになるのか、これらの問いに対して従来の説明は十分ではない。この問いを論点③法的コミュニケーションの射程において検討することにしたい。

第3款　法意識論から法情報論へ

法律家の法的思考と社会の法理解との差異について、日本の法律家は以前から意識していた。1960年代後半、川島武宜は、日本法と「西洋近代法」とを比較したうえ、実定法規範を厳格に適用するような「西洋法」イメージに対し、法律の「規範性の不確定性」、すなわち、法律が必ずしも厳格に適用されず、事情により柔軟な運用がなされる、いわゆる「日本人の法意識」のテーゼを提示した。その背景には、日本では法を「伝家の宝刀」とみなし日常的に適用するものではないとする考えがあるとされる[94]。川島の仮説は、日本は明治以後近代的な法律制度を導入し、成立させたにもかかわらず、実

93　Murray Jacob Edelman (2001),"The Politics of Misinformation", Cambridge University Press, pp.83-99.

94　川島武宜『日本人の法意識』（岩波書店、1967年）第2章第2節を参照。

際の人々は前近代的な意識を有しているため、他人物の無断使用や紛争処理における訴訟忌避などが行われており、近代的な法制度は日本社会の中に浸透しきれていないとするものである。このように『日本人の法意識』は、日本社会の近代化を実現するため、法制度の趣旨に一致するような法意識を浸透させるよう、日本社会に発信する狙いもあった（「近代主義の啓蒙」）。先述した法の象徴機能の理論が、法律専門家の柔軟な法の理解と、素人たる受信者の厳格な法理解という、構造的な二面性を強調したのに対して、川島は、その二面性を文化的でいずれ変わるべきものとして捉えているといえる。

　法意識論は、発表当時の賛同から、現在では懐疑的な反応が多くなっている。法意識論に関する批判は、概ね①「社会と法のズレ」に関する検証手法は適切なのか、②「社会と法のズレ」は日本法の運営に影響を与えるかという、二つのテーマに分けることができる。

　第一に、①について、川島の法意識論は、サンプルの代表性または分析手法において、社会科学としての厳密さを欠いているとの批判がある。つまり、川島という「日本人の法意識」は、本当に日本社会に特有な実態なのかという点で疑問がある。仮に、訴訟を当事者間の合意によって非公式に処理するということが日本だけの現象ではないとするなら、法意識論をどの側面でどの程度一般化できるかという問題が生じる[95]。そうした批判から、集団内の共通意識以外の説明因子をコントロールするため、法意識論のより具体化する検討が必要とされる[96]。法意識に関わる基本概念の曖昧さ[97]が、研究の展開に混乱をもたらすという批判もなされた[98]。

　第二に、②について、制度のユーザーとしての日本社会の構成員が制度趣旨とは異なる法理解を持つという点で文化面での差異が西洋との間で存在し

95　大木雅夫『日本人の法観念』（東京大学出版会、1983年）218-219頁を参照。

96　六本佳平『法社会学』（有斐閣、1986年）212-213頁。または、「日本の法社会学と法文化」日本法社会学会編『法社会学の新地平』（有斐閣、1998年）を参照。

97　法意識を「法感情」、「法意見」と「法知識」に分解し、それぞれの枠に従って検討を進めることを提唱した（六本・同上、193-206頁）。六本による法意識の分節化が日本の法社会学での実証研究に影響力を有した。こうした分析枠組みは、精緻ではあるが、逆に新書としての『日本人の法意識』の社会へのメッセージ、すなわち「権利精神の啓蒙」というメッセージ性を弱まるおそれもある。

98　六本・前注96、213-215頁を参照。

たとしても、それが、たとば訴訟率というデータの変化に大きく相関するわけではないという批判がある。このような批判によれば、法制度の利用頻度は、訴訟のコストあるいは制度へのアクセスの便利さ等、いわば制度面が決定的な要因となるとされる[99]。そして、このような立場からすれば、法に関する行動は意識以外の因子に左右され、「法と社会のズレ」という認識の問題ではない。

批判①の通り、川島の法意識論における概念的曖昧さは確かに存在する。ただし、法のコミュニケーションという観点からみれば、その「曖昧さ」にはまた個人の法行動との相関で、別の意味が含まれているともいえる。尾崎一郎は、70年代以降の法意識論を整理した上で、「日本社会は、〈法を嫌う文化であるにもかかわらず70年代以降法を使うようになった〉(から、川島の法文化・法意識は間違っていた)のではなく、〈川島が60年代の日本社会について指摘した法と人々の意識との乖離に象徴的に現れている法と社会の根本的な懸隔という文化的枠組みがあるからこそ、いまなお法は道具的に用いられるにとどまっている〉、と解釈できる」という法意識論の出現に隠された法文化の存在を説く[100]。

批判②のような法意識が個人の行動に直接的に作用する効果を限定的に捉える考え方は、川島理論の社会的意味を過小評価している。こうしたアプローチは、当事者の法使用とりわけ司法の場面を前提とするが、第1款で述べたように、制度・資源整備の不足が訴訟率の低さと関係するとしても、立法過程における有権者のように間接的に法と接触する集団の行動を説明することはできない。法システムにおける社会概念の内実は訴訟の当事者や関係者が置かれた社会環境よりはるかに複雑なものである。

日本人の法意識論には、法的コミュニケーションにおける非専門家情報の効果についての検討も含まれている。なぜなら、西洋から移植した法制度に

99　ジョン・ヘンリー「裁判嫌いの神話[上下]」判例時報902号（1978年）14-22頁、907号（1978年）13-20頁を参照、またダニエル・フット「日本における交通事故紛争解決と司法積極主義」『外から見た日本法』（東京大学出版会、1995年）183-216頁を参照。

100　尾崎一郎「日本における法文化の変容と法のクレオール」長谷川晃編著『法のクレオール序説——異法融合の秩序学』（北海道大学出版会、2012年）40-41頁。

対して日本の人々がどのように受け止めてきたのか、すなわち法意識論の課題は、西洋法に関わる情報の伝達を通して論じることもできるからである。法律専門家以外の一般人であれ、他の社会の構成員であれ、法といかに接触し、理解するのかに注目する点で、法的コミュニケーションの分析と日本人の法意識論と重ねる部分が少なくない。

川島は、「われわれ自身の社会において国家の法律がどのような機能を果たしてきたか、社会生活の秩序づけにとって、国家の法律以外の諸要素がどのような機能を果たしてきたか」という問いを出発点として、社会統制という視点から日本人の意識と法制度（西洋）のズレを論じた[101]。川島の法意識研究は、日本の社会においていかに（西洋的な）法的コミュニケーションを浸透させるか、といった法の普及（啓蒙）という実践的な意味も有していた。ある日本の社会科学史に関する研究は、川島はローカルな紛争処理という法実践（法解釈）に注目しながらも、伝統的な日本社会や価値観を克服するという当時日本の社会科学全体に共通した近代化の課題に参画したと指摘した[102]。

では、川島はなぜ法意識といったコミュニケーション論的な課題にこだわったのか。アメリカを含む西洋の社会では、法律家は司法実践を通して法知識の独占的な組織集団として、長く発展してきた歴史を持ち、一般の非法律家に対して、高い自律的な権威を維持してきた。それに対して、日本では明治維新における西洋制度の導入以後も、法知識は必ずしも社会の実践と結びつかず、まずは学問的素材として習得されてきた。つまり、法情報が裁判など司法制度の運用より先に広まり定着し、独自の意味を持つに至ったといえる。新書という大衆が入手しやすい媒体を通して発信されることから、川島の法意識論に対しては、法律学の専門知だけではなく、現代社会の教養知という側面が期待されていたことがわかる。これは、司法を通じた特定事件の処理に志向した法律学的知識以外に、「文化的」や「思想意識」といったより一般的な側面を通じて法の性質を語ったのである。法情報を社会的一般言

101　川島武宜『日本人の法意識』（岩波書店、1967年）5頁。

102　アンドリュー・E・バーシェイ／山田鋭夫訳『近代日本の社会科学』（NTT出版、2007年）81-82頁を参照。

説まで拡張する試みと理解するなら、川島の法意識論は専門知と社会意識とを統合するものでもあったことがわかる。逆に言えば、法意識論の出現は、一般人の観念を無視できない日本の法律家の社会認識も反映している。

実は、そうした社会に対する細かい配慮を内包する法意識論は、日本社会における法律家のあり方とも関係している。民法学者の内田貴は、「日本は典型的な拡散型モデルの社会であり、とりわけ法知識を備えた優秀な人材を中央省庁が多数擁するという社会であった。その人材が、その知識を活用して法律や精緻な政省令を整備し、事前規制型の社会を築いていたのである。規制を受ける社会の側にも、企業を中心に、法知識を備えた法的リテラシーの高い人材が豊富に存在し、それが戦後日本社会の制度運用を支えていた。ときに日本社会は、アメリカとの対比で法律的ではないと言われるが、それは紛争解決に司法が利用されないだけで、実は、法的リテラシーの極めて高い社会であった」[103] と述べ、日本における法使用の特徴に応じた法情報の拡張（「法知識の分布」）の実態を指摘した。もしその知見が正しいなら、法意識論の出現は当時の日本社会における法律学の「教養知」としての位置づけと一致しているように見える。

関連して指摘しておきたいのは、日本における法情報の読者状況について、興味深い実証研究が存在する。日本人の紛争処理行動をめぐる 2003 ～ 2005 年の法意識調査によると、87％の紛争経験者はその紛争の争点をめぐるメディア（本とインターネットに限る）情報収集に関して、「どちらでも調べなかった」と答えた[104]。このように、特定の紛争処理に関する場合でも法知識に関する積極的な学習行動があまり見られないとすれば、日常生活の法情報収集はさらに消極的なものであると推測できるだろう。こうした消極的な情報

103　内田貴「法科大学院は何をもたらすか　または法知識の分布モデルについて」UP2006 年 4 月号、http://www.utp.or.jp/todai-club/2006/04/10/eeacoioaeithieaiieeuyaycyeeaae/ を参照（2013 年 12 月最終閲覧）。

104　濱野亮「情報収集行動」村山眞維＝松村良之編『紛争行動調査基本集計書』（有斐閣学術センター、2006 年）109-112 頁を参照。ちなみに、「調べた」と答えた人の中に、「本とインターネットの両方で調べた」は 2％、「本のみで調べた」のは 5％、「インターネットのみで調べた」のは 6％である。そして、本とインターネットとを比べると、ほとんど同じ比率である。また、本で調べた人ほどインターネットでも調べる傾向がある。本で調べた人の 3 割近くがインターネットでも調べ、インターネットで調べた人の 25％が本でも調べている、ことになる。

収集の結果、専門家言説や専門的見解を取り扱う傾向の強い書籍（専門サイト）以外のマスコミなどの一般的情報発信が、素人にとっては重要な情報源になっている可能性がある。ただ、その結果、人々の得た知識は多様で、かつ時として「不正確」なものとなる。藤本亮は、日常生活関わり、かつ、全国ニュースで大きく取り上げられた法律問題を素材に、法知識の正解率と法関心との関係を調べたところ、「法関心が高いからといって顕著に法知識が高まるわけでもない」ことを見出した。また例えば家族法の分野について、法律学的な正解とは異なる「拡散的な知識（情報）」を人々は有しており、法理解が多元的であることがうかがえる[105]。このような藤本の法知識研究は、専門家と一般人との間にある法知識の差が必ずしも日常的に接触したメディアの情報によって埋められているわけではないことを示している。むしろ、法情報自体が人々の情報収集の様態から影響を受けて多様な内容を持つ面もあると思われる。すなわち、人々の多様な法意識は、法情報の収集・理解過程の多様性によって規定されている面がある。

第4款　小括

　本章では、法的コミュニケーションの概念を介して日本の法情報の現状と分析課題を概観した。要点は、以下の通りである。

　①　法的コミュニケーション論は、従来司法活動を中心に展開されてきたが、法情報を通して法を理解する場面もまた、「法」という規範をめぐる社会実践と捉えることができる。それはある程度司法の場面から独立したものであり、その内容も法律学の専門知と必ず一致するとは限らない。

　②　情報としての「法」は、その伝達や共有によって、一定の社会的価値を維持する機能を果す。日本の法学者が注目してきた「法意識」自体が、日本社会に法の理念を浸透させるための専門家と一般市民との間のパイプ役を果たす象徴的な側面を有している。

　③　日本の法律家は以前から法情報の流通過程に関わり、法情報の伝達によって法（西洋法）の理念や知識を非専門家の人々に伝える役割を担っている。

105　藤本亮「法知識とその測定の課題」松村良之＝村山眞維編『法意識と紛争行動』（東京大学出版会、2010年）29-44頁を参照。

法情報の流通は単に専門家間の情報交換にとどまらず、一般の人々における
法のイメージを構築する側面も備えているのである。

第1部

メディア主導の法情報

第2章

マス・メディアにおける法的問題の構築
——新聞を素材として

　前章では、理論的な側面から法的コミュニケーションと情報との関係を整理した。それをふまえて、本章は、新聞というマス・メディアによる報道により構築される法情報のメカニズム[106]を解明する[107]。

106　インターネットおよびフェイスブック、ツイッターなどSNS媒体の発展普及と伴に、情報の発信者と受信者との境界線が曖昧になる傾向がうまれている。新聞やテレビなど、伝統的なマス・メディアも自ら公式のフィスブック、ツイッターのアカウントを作成し、読者とのコミュニケーションを行っている。したがって、メディアの企業規模や受信範囲などのみに注目して、メディアを性格づけるのは困難である。この点、本論で言う『マス・メディア』とは、法制度など公的な話題をめぐって一般市民に発信し、当該社会で見られる集団意識の形成に一定の影響を与えうるメディアのことを指す。ただ、実際に、そうした『マス・メディア』の代表格が新聞、そしてテレビであることに変わりはない。

107　新聞は大衆向けの法情報ジャンルとして最も伝統的かつ影響力の強いマス・メディアである。まず、新聞は、歴史的に見ても、法情報の伝達史を検討するのに最適な素材である。新聞も法律と同様に、近代西洋の影響の下、明治期から日本に現れた。ラジオ（1925年日本で初放送）、テレビ（1940年日本で初放送）さらに携帯電話、インターネット等行ってきたソーシャルメディアに比べて、新聞は明治期の立法から現在まで法制度に関する情報発信を把握できる唯一のマス・メディアである。また、日本における新聞の普及度は著しい高い水準で推移している。日本新聞協会による2013年全国メディア接触・評価調査では、成人人口1000人当たりの発行部数は424.5部までのぼり、各国と比較すると最も高い数字であることがわかる（http://www.pressnet.or.jp/data/circulation/circulation04.html　2017年4月12日閲覧）。同じく調査によると、新聞部数の減少や、ネット・携帯による「新聞離れ」の現象が囁かれつつも、週に一度も新聞を読んでいない30歳以上の世帯がかなり珍しいのよう（7.8％）である（http://www.pressnet.or.jp/adarc/data/read/data02.html　2017年4月12日最終閲覧）。さらに、日本のメディア産業の特徴は、主要な新聞とテレビ局がグループ（系列）として結び付いていることで、各メディアの間に情報源・取材体制の同質化すなわち新聞と放送局の密接な関係が黙認されていることも指摘されている（鈴木健二「日米で同時進行する『マスメディア集中排除原則』の見直し」成蹊大学文学部紀要39号（2004年）53-86頁を参照）。したがって、日常生活の主要な情報源としての新聞は、非専門家向けの法情報を検討する際には欠くことができない素材である。

58 第1部　メディア主導の法情報

　前章で述べたように、学術上共通の定義がないものの、法的コミュニケーションは、「法に関わるメッセージ」と「受け手と送り手との間の伝達プロセス」により構成されていると考えてよい。一定の手段を通して、ある法現象に関わる情報が新聞の発信者から受信者に伝えられる過程は、マス・メディアによる法に関する報道（以下では法報道と呼ぶ）であり、法的コミュニケーションの一つとして理解することができるだろう。

　報道による法的コミュニケーションの効果に関しては、これまでは、主として①秩序の維持、②資料の提供、という2点から論じられてきた。そこで、①についてまず検討しておくと、法報道は、法システムの知識の獲得、司法制度に対する信頼の醸成、公的刑罰の周知による違法行為といった、民衆に対する啓蒙・教育効果を有している。それは、とりわけ法報道と密接な関係にある犯罪報道の歴史において顕著である。イギリスの犯罪報道史を検討した村上直之は、近代の犯罪報道が、16世紀の大衆向け「タブロイド紙」以来継続的に見られる公開処刑的文化と、19世紀イギリスの警察広報における犯罪者の個人史や動機に関する言説を礎としていることを明らかにした。村上によると、処刑や裁判の情報を伝えるパンフレットから始まった犯罪報道は、リアルタイムで犯罪者に対する評価／処罰という公的儀式に参加する感覚を与え、公的秩序に関わる道徳的教戒の効果を持った、という[108]。日本でも類似した現象が観察される。松永寛明によると、明治政府は、新聞雑誌などのメディアへの法令の掲載や、新聞記者に対する（民）刑事裁判の傍聴の許可によって、社会の信頼を形成するという統制手法を用いていたという[109]。

　第二に、法報道には、社会構成員が持つ法制度についての意見や感情を読み取り、制度に対して社会認識（世論と言い換えることも可能）を提供する、いわゆる「資料提供」としての側面が存在する。詳細は第4章に譲るが、現代の立法が依拠するデモクラシーとは「人々の自由な意見の表明＝理性的な

108　村上直之『近代ジャーナリズムの誕生──イギリス犯罪報道の社会史から』（岩波書店、1995年）37-41頁、232-234頁を参照。
109　松永寛明『刑罰と観衆──近代日本の刑事司法と犯罪報道』（昭和堂、2008年）112-127頁、163-168頁を参照。

世論の形成＝能動的市民による公的な意思形成」という一連のプロセスであり、マス・メディアの報道には、そうした「理性的世論の形成」に判断材料を提供する機能を有しているとも理解できる。現代社会においては、人口増加や生活領域の拡張によって、人と人との直接的なコミュニケーションのみでは他の社会構成員の事情を知ることが困難であるため、マス・メディアのような間接的なコミュニケーションが必要となる。社会の意識・意見を提供するものとして、マス・メディアの情報は、民主的立法過程にとって不可欠な資料である。

　ただ、「メディアによる理性的世論の形成」は必ずしも自明的ではない。これを支える理論的基盤として、情報の「中立性」や「公共性」といった近代マス・メディアの倫理が重要な役割を担っている。それは、メディアに国家権力と対峙しつつ、国民に広く、必要な情報を提供することで、事実関係を中心に、多様な立場を配慮した記事を構成することが求められている[110]。実際の状況はともかく、少なくとも記者や報道機関の立場を感じさせず、感情的あるいは煽情的な表現を回避するといったことが、そうした理念の根底にはある。前述した教育機能と異なり、資料提供機能を重視する法報道は、特定の価値を伝達することではなく、ある現象を情報の受け手に想起させ、自主的に議論や意見が形成されるようにすることを目指している。

　以上のように、法報道には多様な機能が含まれており、それぞれ異なる法的コミュニケーションの類型とつながっていると本書は考えている。すなわち、第一に、広く法制度の論拠（argument）を提供する言論活動、つまり「発話者が自らの知識・情報を動員することによって、適用すべき法のあり方を論ずること」という世論提示、第二に、「いまここ」で現れている法律や裁判過程が承認した秩序を伝達する広報活動、つまり「裁判、立法など法現象

110　ジャーナリズムの理念に関する基礎的な文献として、Commission on Freedom of Press The Hutchins Commission（1974), *A free and responsible Press : A General Report on Mass Communication : Newspapers, Radio, Motion pictures, Magazines, and Books*, Chigago : University of Chigago を参照。日本新聞協会が日本語に訳し、『新聞の自由と責任——新聞、ラジオ、映画、雑誌等大衆通信機関に関する一般報告書』（1948 年）として公表している。また、世論とメディアの関係を理解するには、花田達朗『メディアと公共圏のポリティクス』（東京大学出版会、1999 年）が示唆に富む。

60　第 1 部　メディア主導の法情報

の報道記事が法制度の内容や理念を記録することによって、法秩序の再確認を行うこと」、の二つの法的コミュニケーションが少なくとも法報道に含まれている、と推測できるのである[111]。

　注意すべきなのは、異なる法的コミュニケーションに含まれる法言説においては、しばしば「衝突」が見られるということである。例として、裁判の公開原則または公開の裁判を補強する手段としての報道機関の取材・報道による公的な情報アクセスの保障と、個人のプライバシー保護との関係を挙げることができる。憲法 82 条 1 項が裁判公開の原則を定め、その趣旨は「裁判を一般に公開して裁判が公正に行われることを制度として保障し、ひいては裁判に対する国民の信頼を確保しようとすることにある」とされる（最大判平成元年 3 月 8 日民集 43 巻 2 号 89 頁）。ただし、その情報公開と当事者の情報の流通を制約するプライバシーの原理との関係はしばしば競合的であると解されている[112]。とりわけ犯罪報道では、当事者およびその関係者の個人情報を扱うことが避けられないため、プライバシーの侵害および名誉毀損のおそれが常に争点となる。すなわち、犯罪の動機や原因を求めて個人の生活事情を暴く集団的な関心と、個人のプライバシー権とは相容れない。そもそも、犯罪や裁判に関する報道は、法現象をめぐる公的議論に対して中立的、理性的な言説を提供するものとして誕生してきたわけではない。初期の犯罪報道においてすでに見られるように、受信者の感情（「共感」）を喚起させ、新聞の読者を獲得するというメディアの関心は法報道の出現に関わっており、それは、近代の立法者が期待する社会の意識を認知するための法報道とは必ずしも一致しない。新聞報道は、単なる記者・取材協力者の意図を伝達するにとどまらず、法現象をめぐる異なる言説を考慮し、報道する価値のあるものを選択することで成り立つ。

　序章で言及したように、近年大衆の感情を刺激するような報道傾向が立法に与える影響が、しばしば問題視されている。1980 年代以後、メディアの「タ

111　当然、法報道においては多様な手法がが併用されているので、すべての法報道が教育・啓蒙機能と資料提供機能に当て嵌まるわけではない。本論は、必ずしもこの二つの機能以外の部分を排除しているわけではない。

112　萩屋昌志「裁判公開の現代的課題」龍谷法学 31 巻 1 号（1998 年）85-89 頁を参照

ブロイダイゼーション」、すなわち「新聞記事や放送番組において、その内容がビジュアル化、あるいは娯楽化へと急激にシフトしてきたことや、さらに記事やナレーション部分が極端に圧縮されてきた現象」がそれである。そうした「タブロイト的な」報道の特徴としては「人物描写中心的」「センセーショナリズム」また「犯罪報道が多い」ことが挙げられる[113]。この命名からもわかるように、そうした「新たな」報道形式は、もともと公開処刑の文化から始まった犯罪報道の延長線上にあると理解でき、例えば視覚的・感情喚起的な側面において法報道の秩序維持効果と親和的であると思われる。近年テレビ・ニュースが視覚的手段を積極的に導入し、複雑な政治状況を単純化してビジュアルに伝えるワイドショー的な政治報道が流行している。これについては、出来事（event）をめぐる議論を大衆受けのよい論点に矮小化する、いわゆるポピュリズム的議題設定を含んでいるという指摘もある[114]。むろん、こうした効果は、必ずしもメディアが意図したものではない。しかし、聴衆の関心を意識した選択によって意図せざる効果が発生しているのである。

　これまでの先行研究は、少年法など個別の立法過程に関する研究が多いが、法改正報道全体の変遷とその効果に関する検討は少ない。報道に値する法現象は何か、そして法現象はどのように報道されたのか、それはこれまでの法学的立場から論じた法報道像と同じものなのか、本章はそうした問題を探求するため、以下のような手順に沿って考察を進めていく。まず、これまでの法報道に関する法学の立場を確認することで、法報道の「法的」位置づけを明らかにし、次いで、刑事立法過程をめぐる記事の経時的変化を整理することで、法情報構成の変遷を分析する。こうした作業により、日本の法報道における法的コミュニケーションの特徴が明らかになるはずである。

113　林香里『マスメディアの周縁・ジャーナリズムの核心』（新曜社、2002 年）38-44 頁を参照。また、タブロイダイゼーションの概念形成については、同書第 2 章の注 2（393 頁）を参照。

114　大嶽秀夫『日本型ポピュリズム──政治への期待と幻滅』（中公新書、2003 年）198-208 頁を参照。

第1節　法の中にある「新聞」

　現代社会では、いかなる報道活動も、国家の情報政策・制度による裏付けなくしては不可能である。法に関わる報道もその例外ではない。本節は、法・制度に関わる情報発信とりわけ新聞に着目し、日本における法報道の規制状況を整理し、分析をする。

第1款　原理レベル──表現の自由、情報の多様性と法情報

　法学における新聞またはマス・メディアに関する研究においては、概ね表現の自由の保障が前提になっている。日本の最高裁は、博多駅事件において、「報道機関の報道は、民主主義社会において、国民が国政に関与するにつき、重要な判断の資料を提供し、国民の『知る権利』に奉仕するものである。したがって、思想の表明の自由と並んで、事実の報道の自由は、表現の自由を規定した憲法21条の保障のもとになる」と述べ、さらに「このような報道機関の報道が正しい内容をもつためには、報道の自由とともに、報道のための取材の自由も、憲法21条の精神に照らし、十分尊重に値する」と判示した（最大決昭和44年11月26日刑集23巻141号1490頁）。このように、報道機関としての新聞は、表現の自由の保障手段と密接に関わっている[115]。メディアの報道は、「知る権利」の行使を国民から負託されていると見なされる。それゆえ、メディアの報道活動は「国民の知る権利の代行」とも目されている[116]。

　表現の自由を保障する必要性について、憲法学者である駒村圭吾は以下の根拠を挙げている[117]。①まず、個人の自己実現である。自分にとって「良き

115　例えば、芦部信喜は報道の自由を「一般に、報道機関が印刷メディア（新聞・雑誌）ないし電子メディア（放送）を通じて、国民に『事実』を伝達する自由」と述べている（『憲法学Ⅲ』〔有斐閣、2000年〕282頁を参照）。

116　蒲島郁夫＝竹下俊郎＝芹川洋一『メディアと政治〔改訂版〕』（有斐閣、2010年）66-67頁を参照。

117　この問題をめぐっては実に膨大な学説の蓄積がある。詳細の整理は別論に譲る。ここでは、主に駒村圭吾『ジャーナリズムの法理』（嵯峨野書院、2001年）第1部を参照する。

生き方」の選択とその実現のためには、自分の意見を表明し、他者や社会と結合していくことが必要とされる。②次に、思想の自由市場（free marketplace of ideas）の形成と維持に表現の自由が欠かせないことが根拠とされる。ここでは、合理的かつ正確な情報を与えられることによって適切な判断ができるという前提がある。そのような理想的な情報を入手するため、多数の意見の競争を促進し、その競争に勝ち残った意見が社会全体の方向を決めるべきとされる。③そして、自己統治を可能にするために表現の自由が必要であるとされる。これによると、個人の情報空間との接触においては、単なる情報の交換と収集ではなく、自ら理性的討議を行うことが期待されている。その結果、「表現の自由」は、私的な「欲望」を超えた、公的情報を重視する傾向があるとされる、という3点の内容である。

　自己実現といった根拠が主に個人の自律に関わるものだとすれば、後の二つは、社会における情報の流通と密接に関連しているように思われる。したがって、情報活動に関する理解は、表現の自由に関する議論の中でも重要な意味を持つ。例えば、情報を自由に表明すること（情報の発信）に加え、利用可能な情報を自由に活用することを公権力によって妨害されないこと、すなわち情報収集の消極的自由が、表現の自由には含まれる。

　そして、機関の情報活動であれ個人の情報活動であれ、「収集（取材）―発信（編集）―受信（理解）」という情報伝達過程において、メッセージの内容を損なわないこと、つまり情報源（例えば取材対象である個人や法人）の意思を重視する傾向がある。1997年大阪地裁堺支部は、地方公務員である小学校の校長が地域の新聞社の取材を拒否した事件において、博多駅事件で示された取材の自由を引用した後、「……取材の自由とは、報道機関の取材行為に介入する国家機関の行為からの自由をいうにとどまる。それ以上に、取材を受ける側に法的義務を生ずるような取材の権利をも当然に含むものではない」と判示した（大阪地堺支判平成9年11月28日判例時報1640号148頁）。そこからもわかるように、法的な立場はメディア機関の報道活動に特別な地位を与えているわけではない。

　ただ、言うまでもなく、現代の情報活動では、個人での自己表現以上に、印刷メディアを媒介とする企業行為が特に重要な位置を占めている。新聞に

64 第1部 メディア主導の法情報

よる情報活動は、個人の情報活動よりもより広い不特定の他者と連動して、事業として情報を生産している。その意味で、メディアの法的地位は、個人の表現の自由によって基礎づけることはできないという主張もある[118]。すなわち、マス・メディアが個人ではない以上、人権としての表現の自由ではなく、公共の利益への高い貢献度からその自由が保障されるべきという考え方である。メディアの役割は社会全体に共有されるに相応しい情報を公平に提供し、情報の多様性を維持し、その結果個人の自律的な生き方を支えるべきである。日本の放送制度における集中排除原則はまさにそうした観点から、情報の独占を防止するように設計されているといえよう[119]。

　新聞による法情報の発信をめぐっては、法学関係者の発信力も考察の視野に入れる必要がある。日本の裁判所は、法律専門家に関し、いわゆる発信者の特性による影響力をある程度認めている。例えば、裁判官や検察官の情報活動について、彼らが有する公務員という身分には中立・公正の立場や国民の信頼を維持するという要請が付随しているのであり、その点で表現の自由が一定程度制限されるのはやむを得ないと解されている。寺田裁判官事件において、最高裁は三権分立の憲法精神から司法権の担い手である裁判官は「外見上にも中立・公正を害さないように自律・自制すべき」であるとし、「憲法21条1項の表現の自由は基本的人権のうちでもとりわけ重要なものであり、その保障は裁判官にも及び、裁判官も一市民として右自由を有することは当然である。しかし、右自由も、もとより絶対的なものではなく、憲法上の他の要請により制約を受けることがあるのであって、前記のような憲法上の特別な地位である裁判官の職にある者の言動については、おのずから一定の制約を免れないというべきである」と判示した（最大決平成10年12月1日民集52巻9号1761頁）。裁判官の発言に権威があることが前提にあるからこそ、こうした判断もまた成り立つのである[120]。

118　長谷部恭男『テレビの憲法理論——多メディア・多チャンネル時代の放送法制』（弘文堂、1992年）137頁。また「座談会　通信・放送法制」ジュリスト1373号（2009年）95-116頁を参照。

119　鈴木秀美「融合法制における番組編集準則と表現の自由」阪大法学60巻2号（2010年）25頁。曽我部真裕「マスメディア集中排除原則の議論のあり方」法律時報83巻2号（2011年）93-94頁を参照。

他方、弁護士については、職務による特別な制限が認められず、その発言は一般人と同じく表現の自由が原則に保障されている。ただ、最高裁は、マス・メディアを通じて他の弁護士を批判し弁護士会への懲戒請求を呼びかけた事件において、被告人である弁護士の言論と番組後の視聴者による懲戒請求との因果関係を認め、「控訴人が本件弁護団の弁護方針、弁護活動に対する批判的見解を述べるのは、表現の自由の範囲内においては何ら咎められるべきものではないが、テレビという大きな影響力をもつメディアの番組において専門家として（下線筆者）発言する以上、発言内容に慎重を期すべきは当然であり、正確かつ客観的な情報を提供した上で、自説を披瀝すべきであったと考える」と付言した（最二小判平成23年7月15日民集65巻5号2508頁）。その立場は、弁護士による情報の提供は一般人の情報発信とはやはり異なり、専門家の情報が持つ高い伝達効果があることを肯定したものであるといえる。

　それでは、法律家以外の法情報の発信者は法的にはどう位置づけられるだろうか。上述のように表現の自由という理念には、メディアの報道による公的な議論の促進という価値が含まれており、多様な意見の反映を要請する。とすれば、法情報の発信者を拡大し、議論を活性化することもまた望ましいということになる。すなわち、単なる公的機関（行政も司法も）の情報公開にとどまらず、法律家以外の法情報発信による法情報の発信にも一定の意義が認められることになる。例えば、家庭、職場・学校、友たちとの会話において、裁判や立法の現象を語る法言説は必ずしも法律（学）の知識や訓練に基づくものではない。個人の発信活動である以上、名誉毀損のような私人間の関係を規定する法令に触れない限りは、法的介入にはなじまない。

　要するに、法情報を統治に関わる公的な言論と見なすならば、公的な議論の活性化に有意義な情報ということになる。ただ、「よい」法情報とされるものは、必ずしも読者の評価による淘汰という思想の自由市場がもたらすものではなく、日本では裁判官など法律専門者として自己規制することで提供

120　本論の主題と離れるため、詳細は割愛するが、少なくとも判決の反対意見または学者の評釈を見る限り、裁判官は政治的立場を超えて通常の職務を行えるのであり、その政治活動（言論）の許容範囲は緩和すべきであるという意見も多く見られる。裁判官の政治活動について、棟居快行「裁判官の独立と市民的自由」ジュリスト1150号10-16頁が詳しい。

66 第1部 メディア主導の法情報

されている面があることを否めない。一方、専門家以外の法言説は、表現の自由によって保障されているものの、その質に関しては既存の法学的アプローチにおいて明確的な判断基準が与えているとはいえない

第2款 制度レベル──法情報に関する規制

新聞は、情報公開のメディアの一形態（発信者）として法によりしばしば言及される。新聞は、特定の報道機関の報道活動であり、その資格や活動に関して一定の条件が定められている[121]。日本法では、公的な情報が発表される場として、政治／法的コミュニケーションにおける最も権威あるメディアとして新聞が理解されている[122]。

新聞による法情報に関する報道については、発信者、報道形式または内容による規制がなされており、やや複雑な様相を呈している。本章は、情報論の立場から、法規制がいかに報道に影響しているについて、把握することを試みる。一つは新聞がどのような情報を掲載できるかということに関する内容的規制があり、もう一つは新聞がどのような形態で「法」を報道しうるかということに関する形式的規制がある。以下では、司法（裁判）と立法という二つの法過程について、それらの規制の具体的な態様を概観する。

---

121 新聞に言及した法令は以下のようなものである。
　　まず、新聞の公表機能に言及したものとしては、水防法（1949年）10条1項；気象業務法（1952年）11条；放送法（2010年）31、52条；新聞社を定義する（ニュース若しくは情報の頒布を業とする事業者またはこれらの事業者が法人である）放送法（2010年）31・52条；実名報道の禁止規定として少年法（1948年）13、61条、その他、ポルノ禁止法（1999年）第13条；刑事訴訟法453条；刑事補償法24条；宗教法人法12条；地方自治法263条；文部科学省著作教科書の出版権等に関する法律5条；都市借地借家法臨時処理法12条；行旅病人及び行旅死亡取扱法9条；陪審法109条；労働関係調整法10条の3;労働関係調整施行令10条の3;刑事収容施設及び被収容等の処遇に関する法律（2005年）；犯罪捜査規範（国家公安委員会規則、1957年）；道路運送法第82条；朝鮮総督府交通局共済組合の本邦内にある財産の整理に関する政令の施行に関する総理府令12条；旧日本占領地域に本店を有する会社の本邦内にある財産の整理に関する政令の施行に関する命令15条；等々がある。また、報道形態に言及したものとして、公職選挙法148条3項；郵便法22条の第3種郵便規定；会社法939条；一般社団法人及び一般財団法人に関する法律（2006年）；日刊新聞紙の発行を目的とする株式会社の株式の譲渡の制限に関する法律；土地区画整理法77条5項；電波法施行規則11条3項1号；電気通信事業法施行規則19条；個人情報の保護に関する法律（2003年）50・35条；等等がある。

122 駒村・前注117、10-12頁を参照。

第2章　マス・メディアにおける法的問題の構築　67

(1)　裁判の公開

　司法過程の報道においては、事件報道また犯罪報道の一環としての裁判以外の場における当事者の日常生活や警察の捜査活動に対する取材が重要な情報源であるが、こと法情報に関しては裁判情報へのアクセスが議論の中心となっている[123]。現在日本国憲法は、被告人の権利として「公平な裁判所の迅速な公開裁判を受ける」(37条)こと、裁判の対審・判決の公開(82条1項)と、実質的公正さを確保するための公開裁判の原則を定めている[124]。ここでは、まず裁判の公開という理念が実際にどのように展開してきたかを、時系列に沿って整理する。

　江戸時代には、裁判が非公開である一方、身体刑を中心に刑の執行が公開されていた。明治期に入ると、刑事司法制度の合理化により公開刑が廃止され、代わりに刑事裁判の公開が行われるようになった。国家体制の公正さを示すため、犯罪報道が政策的に導入され、新聞記者の法廷傍聴が許された。ただ、犯罪報道の内容については、太政官布告(1868年)、新聞紙条目(1873年)、新聞紙条例(1875年、1883年)などにより、「刑事司法の正当性を揺るがしかねない要素は排除されて」いた。具体的には、新聞紙条例では予審に関する事項を公判開始以前に掲載したり、傍聴禁止の訴訟について記載したりことができなかった(新聞紙条例、16条)。

　その後、明治憲法では、安寧秩序・風俗を害するときには裁判を非公開とする規定が置かれた(59条)。また、1909年の新聞法においても、予審の内容や公開停止の訴訟弁論以外にも、検事の差し止めた捜査や予審中の事件に関連した事項の報道が禁じられた。最高裁は、「刑事事件ないし刑事裁判という社会一般の関心或いは批判対象となるべき事項」に関わる場合、当事者

123　裁判と刑事報道の関係に言及した研究として、松永寛明『刑罰と観衆——近代日本の刑事司法と犯罪報道』(昭和堂、2008年)宮野彬『刑事裁判のテレビ報道——ガイドラインと実験的試み』(信山社、2001年)等を挙げることができる。

124　ただ、条文としての「公開裁判」にも関わらず、特に海外の研究者(とりわけアメリカの法学者)は日本における法曹集団の閉鎖性、裁判情報の乏しさからその「公開裁判」の実態に対して疑問を投げかけていた。もっとも、裁判が公開されている度合いを測定し評価するのは本論の問題関心ではないため、この点について省略する。なお、裁判の公開について概観を与えるものとして、田北康成「裁判員裁判における取材・報道の制約とメディアの役割」田島泰彦編著『表現の自由とメディア』(日本評論社、2013年)220-230頁。

の実名も含めて情報の公表を求める場合があるという認識を示している（最三小判昭56年4月14日民集35巻3号620頁）。また、現行刑法230条の2の2項では、「公訴が提起されるに至っていない人の犯罪行為に関する事実は、公共の利害に関する事実とみなす」と規定されている。したがって、裁判の公開は、被害者の権利としてのみではなく、公的議論にとっても意味があることであるという理解が、法システムに存在していると言うことができる[125]。

　以上のような報道の内容に関するもののほか、取材対象である裁判の参加者に関する制限もある。例えば、検察審査会法（1948年）では、会議の非公開（26条）を定め、加えて検察審査員、補充員、審査補助員が評議の秘密や職務上知りえた秘密を漏らしたときなどに、六月以下の懲役または50万円以下の罰金を科する規定を有しており、取材が制限されている。

　また、情報源としての訴訟記録に関する取り扱いにも規制が及んでいる。訴訟記録は、情報公開法の対象からはずされており、具体的なケースに応じて公開する仕組となっている。民事訴訟の法廷でメモを取ることは事実上解禁されたが、記者クラブ所属の報道機関にのみ撮影、記者席における傍聴、書類等の交付が許可されることになっている[126]。そして、刑事訴訟記録の閲覧については、刑事訴訟法53条1・2項（訴訟記録の原則的開示と抽象的閲覧禁止事由を定める）に従って、刑事確定訴訟記録法（1987年）で具体的な手続が定められている。それによると、裁判記録の保管は検察官が行うこととされ、また「裁判所若しくは検察庁の事務に支障のあるとき」（4条1項）は閲覧を拒否できることになっている[127]。

　形式的規制としては、現在の法廷は、写真撮影や放送中継、映像という報道形式に一定の制約が課されている。現在、法廷で写真撮影を行うには裁判所の許可が必要だが（民事訴訟規則11条、刑事訴訟規則215条）、開廷中の写

125　裁判・事件報道が公的情報であるべき理由について、駒村は①公権力に対する批判的監視；②緊急の社会防衛上必要な情報、③犯罪が行われた環境に対する社会の反省、3点を挙げている。駒村・前注117、231-233頁を参照。
126　レペタメモ事件（最大判昭和39年5月27日民集18巻4号676頁）を参考。その解説に関しては、例えば田北康成「裁判員裁判における取材・報道の制約とメディアの役割」田島泰彦編著『表現の自由とメディア』（日本評論社、2013年）228-229を参照。

真撮影またはテープレコーダによる録音は禁止状態であるといわれる[128]。

　もともとは、憲法28条「公開裁判」の精神に照らし、法廷では審理中もカメラ撮影が行われていた。戦後の日本の法廷では、「法廷のスタジオ化」が指摘されるほど、取材中の写真・映像使用の普及が著しかったとされる[129]。しかし、1950年代以後、裁判所は写真撮影を規制する姿勢を強めてきた[130]。その後、メディア側の反発[131]にも配慮し、開廷前2分間に限るといった条件の下で、日本全国の裁判所で法廷カメラ取材が認められることになった[132]。また、法廷のスケッチが写真・映像の代わりに司法報道で使われることもしばしばある。ただ、個人情報に対する配慮といった理由で、スケッチによる描写も当事者あるいは法廷の模様を精確に表現しないものになっている[133]。

　この延長線上で、法廷の取材・報道では、具体的な対象に関する特定の写

127　刑事確定訴訟記録法の第4条第2項では、弁論が非公開で行われた事件、終結して3年が経過した被告事件の他に、「3　保管記録を閲覧させることが公的秩序または善良の風俗を害することとなるおそれがあると認められるとき」、「4　保管記録を閲覧させることが犯人の改善及び再生を著しく妨げることとなるおそれがあると認められるとき」「5　保管記録を閲覧させることが関係者の名誉又は生活の平穏を著しく害することとなるおそれがなると認められるとき」を閲覧不許可事例としている。その条文は、包括的なものであり、メディアの取材に対応するものではないが、判例上では記事取材を目的とするジャーナリストの閲覧請求に対して3、5号該当を理由に不許可処分を下したケースもある（最三小決平成2年2月16日判時1340号145頁）。このように、閲覧の運用には、報道・取材に対して厳しく制限されてきたとも言える。

128　松井茂記『マス・メディアと法　入門』（弘文堂、1998年）254-263頁。

129　山田隆司『記者ときどき学者の憲法論』（日本評論社、2012年）212-213頁を参照。

130　1949年施行の刑事訴訟規則215条「公判廷における写真の撮影、録音又は放送は、裁判所の許可を得なければ、これをすることができない。但し、特別の定のある場合は、この限りでない」；その後、1953年の刑事裁判官合同中央会議で、特に撮影の必要があり、かつ被告人に異議のない場合には、開廷前に限り許可する、という見解が出された。そして、上記のような法廷写真の許可制と憲法25条「裁判の公開」との関係について、最高裁は1985年北海タイムス事件で、法廷での写真撮影について以下の考えを示した。「公開開廷中における写真撮影は、裁判所の許可なく、かつ裁判長の命令に反して行われたもので、法廷等の秩序維持に関する法律2条1項前段に該当する。これに同条の制裁を科した第1審裁判所の決定を維持した源決定は正当であり、憲法の規定に違反するものでないことも明らかである」と判定した。

131　前注で述べた北海タイムス事件は、記者が提訴によって裁判所の見解に挑戦したものである。

132　日本新聞協会・最高裁判所「『法廷内カメラ取材の標準的な運用基準』に関する了解事項」（1990年）http://www.pressnet.or.jp/statement/report/901206_90.html および同じく「法廷内カメラ取材の標準的な運用基準」（1991年）http://www.pressnet.or.jp/statement/report/910101_88.html

70 第1部 メディア主導の法情報

真規制も設けられている。裁判員制度を導入した際、裁判員の個人情報の流出を防ぐため、裁判員法101条1項により「個人を特定するに足りる情報を公にしてはならない」と定められた。その結果、「裁判員の顔などが法廷内で撮影され、テレビや新聞で報道されることはありません」と裁判所がホームページで説明することになった[134]。写真の代替として使用される法廷のスケッチでは、裁判官と比べて裁判員の顔をぼかすなどの手法でメディア側が対応している[135]。

　以上要するに、明治以来原則として法廷の公開が憲法に定められているものの、司法機関側（裁判所または検察）はそれを制限することについて一定の裁量権を有していると考えられている。個人情報や「審判の秩序」に対する配慮から、報道可能な内容や形式に一定の制約が加えられているのである。

(2)　立法の報道

　立法の報道は、裁判報道ほど定型化していない。これには、立法過程の複雑性――法廷のような特定しやすい場面が存在してはない――が作用しているのではないかと考えられる。憲法41条は立法権を国会に帰属させているが、国会法・内閣法の規定をみると、議員発議・委員会提案（議員立法）以外に内閣提案（内閣立法）も存在する。そして日本ではこうした内閣立法の数が圧倒的に多く、国会における法案の実質的な修正などが活発になされていないとの指摘もある[136]。立法をめぐる情報には、国会審議以外に、行政側の情報公開、議員活動、または社会団体の活動[137]も含まれることになる。また、提案段階における法的議論は、法律案をめぐる実質的な議論でもあり、関連する法務省や提案者の動向も立法報道の対象になりうる。したがって、国会審議のみではなく、法律案の作成から審議さらに施行後の効果まで立法に関する情報には様々な要素が存在する。

133　山田隆司「法廷写真とイラスト画――裁判報道における禁止と容認」情報研究：関西大学総合情報学部紀要36号（2012年）91-118頁を参照。

134　裁判所による裁判員制度についての紹介サイト：http://www.saibanin.courts.go.jp/qa/c6_7.html（2017年4月12日閲覧）。

135　山田・前注129、211-216頁を参照。

136　福元健太郎『立法の制度と過程』（木鐸社、2007年）第2章を参照。

第2章 マス・メディアにおける法的問題の構築 71

　これまでのところ、立法報道としては選挙・政治報道のタイプが多いようである。明治の立法期には、裁判事件の報道と違って、法制度自体に関する議論が情報規制の対象とされた。「新聞紙条例」（1873年）では、「法律」と「政治」を並べて、「妄りに批判」することを禁じ、当時無署名の投稿が多かった新聞体制の中で、政治法律に関しては投稿者氏名を明記するように定められた。こうした体制は戦時の情報統制によって強化されたが、戦後の民主化の下で「国民の知る権利」に反するものとして批判されるようになっている[138]。

　まず、多様な情報の流通という社会的利益の考え方のもとに、1999年制定され、2001年4月に施行された「情報公開法」は、現在の日本における行政についての情報環境の基本を定めた法である。これとの関係で、立法報道に関しては、司法報道よりも情報へのアクセスがしやすくなる傾向がある。実際に、「情報公開法」では、立法に関する審議は情報開示の範囲内とされており、内容的にも形式的にも制限されていない[139]。例えば、内閣立法の実質的な審議場面である法制審議会の議事録は、法務省のホームページで無制限に公開されており、ネット上で容易に閲覧できるようになっている。

　また、国会の立法審議に関しても、憲法57条では両議院の審議の公開と会議記録の保存・公表・一般公開が規定されている。また、議会・委員会傍聴のみならず、法案資料や議員の政治資金関連の情報も、情報公開同様の開示手続の策定など情報アクセスの便宜が図られつつある。1991年以後のものに限定されるが、委員会審議の議事録等は「国会会議録検索システム」（www.kokkai.ndl.go.jp）を利用して入手することもできる。

137　社会団体の活動を通じて、社会の関心を高まり、法改正なされるケースである。行政府が行政施策として取り上げ難い事項の場合、議員立法の形を取ることもある。例えば、被災者生活再建支援法（平成10年法律第66号）がこれにあたる。また、近時の刑事法改正では、内閣立法にも関わらず、社会団体を法制審議会などに参加させ、議論を行っていた。したがって、こうした社会団体の活動に関する報道も一定の意味での法情報と言えるだろう。ただ、もし社会団体の活動も含めた形で立法の姿を描くとすれば、立法報道の射程が活動の展開に依存することになる。したがって、本論での立法報道はあくまでも公的な審議（行政、国会）とその関連の出来事を中心に扱うことにする。

138　宇賀克也『新・情報公開法の逐条解説〔第6版〕』（有斐閣、2014年）7-11頁を参照。

139　駒村・前注117、10-11頁を参照。

72 第1部 メディア主導の法情報

　議員の場合には、情報公開以外にも、新聞報道に関する規制が存在する。特に、本章が関心対象とする新聞などの活字メディア[140] については、選挙報道・選挙評論に関わる報道が問題となる。公職選挙法148条は、選挙の期間中および選挙の当日には、特別な条件を具えている新聞紙・雑誌だけに、「選挙に関し、報道及び評論を掲載する」ことを許し、それ以外のメディアは選挙の報道・評論ができない。ここで選挙の報道・評論ができるための条件とは、「イ　新聞紙にあっては毎月三回以上、雑誌にあっては毎月一回以上、号を逐って定期に有償頒布するものであること。ロ　第三種郵便物の承認のあるものであること。ハ　当該選挙の選挙期日の公示又は公示の日前一年（時事に関する事項を掲載する日刊新聞紙にあっては、六月）以来、イ及びロに当該し、引き続き発行するものであること」（同条三項一号）である。以上の条文の趣旨は、「虚偽の事項を記載し又は事実を歪曲して記載する等表現の自由を濫用して選挙の公正を害してはならない」ことにあるとされる（同条一項）が、その狙いは一定の経営規模のメディア（新聞紙・雑誌）に限定することによって、選挙宣伝の乱立を防止することにある[141]。逆に、マス・メディア企業にとっては、地方また個人の放送メディア（個人ブログ、映像チャンネルなど、所謂素人の報道者など）よりも、立法過程の法情報を扱うことが比較的容易であるといえる。

　なお、ここで規制対象となる「報道又は評論」に関して、「選挙目当ての報道・評論」と「公平な選挙報道・評論」とが区別され、後者を促進しつつ前者を排除するという狙いがあることが指摘されている[142]。法に関する発言

140　注意すべきなのは、テレビ、ラジオなどのマスコミに関しては、新聞とやや異なる規制が加えられている点である。日本では、放送に関してはチャンネル資源の希少性、また社会に対する影響力の大きさ等を配慮し、より強い編集規制を行うことが認められている。すなわち、内容の政治的公平性や論点の多元的解明、報道・教養・娯楽・教育などの番組構成上の調和の維持等の理由による、メディア外部（倫理委員会など）からの介入となっている。だが、本論は新聞の構成に焦点を当たるため、放送制度の規制に関しては別論に譲る。

141　本条は「新聞紙・雑誌」について直接定義したわけではない。通常の判断基準は、①一般民衆に頒布することを主目的とするものであること、②有償を原則とするものであること、③反覆して発行する意思のあるものであること、④報道および評論を主な内容とするものであること、である。土本武司『最新　公職選挙法罰則精解』（日本加除出版、1995年）245-246頁。

142　奥平康弘「理論家の表現実践」鈴木秀美＝駒村圭吾編著『表現の自由II状況から』（尚学社、2011年）17-22頁を参照。

自体よりも、人の投票行動への影響によって法情報の報道に対する規制が変わるということである。これは、情報そのままよりもその効果に注目し報道する意味を有しているように思われる。もしそうだとすれば、法情報の伝達環境という視点からすれば、社会の関心度によって、情報の形式から内容編集まで法分野間の差異を創り維持しているといえるかもしれない。

　以上みたような法に関する報道規制は、現場の広い裁量の余地と対象ごとの規制の差によって変化している。例えば、裁判と立法審議に関しては、それぞれ異なる情報提供の仕組みが設けられており、さらに民事と刑事の分類も法情報の規制の差異をもたらしている。

　表現の自由や裁判の公開を論じる際に、立法と司法現象をめぐる報道（法報道）が連続した形で取り上げられることは少ない。特に法改正については、統一的な法報道というカテゴリーはほとんど成立しなかったと言って良いくらいである。本章が提唱する法報道論は、法報道を通した法的コミュニケーションの性質を全体的に捉えようとする試みである。上述の整理の通り、これまでの法報道に関する規制は、裁判、行政または選挙などの政治活動という具体的な対象場面によって異なることがわかる。そうすると、法報道に関する法的な判断は、報道される側の事情によって規定される部分が大きくなる。つまり、法学における法報道の捉え方は、基本的に発信者の視点に立っているのである。

　法規制という点では、現在の立法報道は司法報道と比べれば、取材の範囲から記事の形式に至るまで報道機関の自由度が高いように思われる。司法報道、すなわち裁判を中心に構成された法情報については訴訟関係者の個人情報に対する法制度上の配慮が強くみられるのに対して、立法報道に対しては、むしろ法的な情報を積極的に発信することで法をめぐる議論を活性化させることが期待されているようにみえる。

　法報道にしても立法報道にしても、新聞による法情報の公表という伝達の機能があることは共通している。このことは、言論の自由の観点からも評価されている。その背後には、可能な限り多くの関連情報へのアクセスを拡大することが望ましいとする発想がある。ただし、取材対象や報道形式についての制限にみられるように、法情報の質に関しては、一貫した根拠というよ

74　第1部　メディア主導の法情報

りは、法廷や立法過程の「場」それぞれの秩序（論理）の維持が優先されている面もある。当然ながら、そうした「場」の論理を維持する際には、それらの場に精通している人の観点が大きくものを言う。つまり、以上のような法学における法報道像は法律家の言説を過大評価する傾向があると考えることもできる。

　しかしながら、個人の情報活動や公的議論を促進するという表現の自由の観点から出発すれば、少なくとも公的議論の参加者たるべき市民の視点を欠くことはできない。それゆえ、「受信者」あるいは彼・彼女らの視点を代弁する立場にある報道者が実践してきた法報道の実態は、法的な視点からも決して無視できるわけではない。

第2節　記事の中にある「法」──刑事訴訟法改正の新聞を素材として

　前節では、法制度における新聞その他の報道活動の位置づけをみた。本節では、立法記事の構成を通じて、新聞における法情報の意義を検討する。

　具体的には、以下の問題を考察する。

　第一に、一般の社会発信を担う新聞がどのように立法を報道してきたかという問いである。その報道形式は、社会環境の変化にどのように影響されているだろうか。このことについて、通時的な整理によって報道情報の変化を分析する。

　第二に、新聞の立法報道において、法議論にかかわる「感情的」な言説がなぜ法報道に扱われるようになったのかを検討する。また、政治制度に関する情報アクセスの拡大が新聞報道にもたらした影響を分析する。

　第三に、専門家言説と新聞言説の関係を考察する。これは情報発信の構造に着目するものであり、一般向けマス・メディアが法律学をどのように提示しているかということに関わる。

　これまでの法学研究では新聞報道を以下のように扱うのが一般的であった。第一に、研究の対象そのものとして扱う場合である。すなわち、報道による名誉毀損などの「報道被害」をめぐって、当該報道に関する内容の分析を行うものである。社会ニュースとして犯罪事件を扱う「事件報道」または「犯

罪報道」の場合、捜査また裁判についての報道との別に、被害者または加害者の個人情報の扱い方が時として問題となり、不法行為（名誉毀損）の構成が検討されるのである[143]。

　第二に、事件背景の情報源として扱う場合である。新聞が事件の一般的な背景を知るための情報源となるということは、リーガル・リサーチの教科書では、しばしばみられる指摘である。

　以上の２点のうち、前者は人権保護の視点から報道の問題点を分析するものだが、後者は事実確認のために報道の情報を扱う。本書の立場は以上のいずれでもなく、法報道における社会の法観念・法意識の現れに着目する。すなわち、法報道を、読者の反応や取材・編集の体制に影響されながら、法をめぐる「リアリティ」（時に社会が望んでいる法のあり方も含まれる）を表現するものとして捉える。こうした視点をとることで、新聞事件のどの側面をどのように表現しているかを通して、発信者が法や人々の法観念をどう捉えているかを見ることができる。これは法報道という特定の言説類型についてのいわゆる言説分析の一種である[144]。言説分析については、日本の法社会学分野でもこれまで理論的かつ実証的な研究の蓄積があり、法現象を分析する有効な手法として使われてきた[145]。

　なお、立法の報道を政策形成の一環としてみるとすれば、立法報道の分析は政治社会学や世論研究の領域に属することになる。特に世論に関する研究は、有権者の政治行動（例えば投票）の実態を把握するため、受信者の情報収集・認知や情報の伝達効果に注目している。本書の研究デザインは以上の

143　「犯罪報道」の特徴に関しては、具体的な事例研究を扱う本論の第２部第５章の紹介に譲る。

144　メディア研究における言説分析の応用可能性については、Potter, J/Wetherell, M（1998）, *Social Representations, Discourse Analysis and Racism*, in U.Flick（ed）, *Psychology and Social : Representations in Knowledge and language*, Cambridge University Press, pp.177-200 を参照。

145　代表的な分析として、棚瀬孝雄編『法の言説分析』（ミネルヴァ書房、2001 年）を参照。理論的な検討として、和田仁孝「言説的秩序と法」『法社会学』（法律文化社、2006 年）。物語理論も言説分析と共通した点がある。物語理論の研究状況を把握する上では、雑誌『法社会学』の特集「法──その実践的基盤」（有斐閣、2002 年）が有用である。また、物語理論に関する方法論的な検討として、北村「物語記号論と法社会学の界面」東海法学 11 号（1993 年）217-257 頁を参照。

76　第1部　メディア主導の法情報

発想に影響された部分がある。なぜなら、立法報道は、政治的話題に左右される面があるからである。例えば憲法の議論に集中するメディアの報道はまさにこの点を傍証する現象である[146]。しかし、本章は、新聞における法理解の特性をより明確に抽出するため、政治的話題としてもよく取り上げられる憲法改正を研究の対象から外した。

　本章は、朝日新聞の刑事訴訟法改正関連の報道を対象に、法報道の書誌情報[147]や内容の構成を分析し、大衆へと発信された法報道の特徴を検討し、立法情報を編集、発信する行為の社会的意義を考察する[148]。朝日新聞を研究対象にする理由は、次の3点にある。まず、1879年に創刊された朝日新聞は、明治から現在に至るまで、刊行数が日刊紙の上位に維持しており（2014年の刊行部数は710万1074部である[149]）、日本の主流新聞紙として揺るぎない地位を獲得している。次に、法律に関する記事は、事実報道が中心になっており、

146　しばしば憲法9条に関する世論と法との関係について言及する記事が見られるが、憲法9条に関する議論がどの程度法的議論一般を反映するか、つまりサンプルの代表性に関しては、議論の余地がまだある。小島武司『調停と法——代替的紛争解決（ADR）の可能性』（中央大学出版部、1989年）第4章で「座談会・現代日本における法と裁判」では、行政事件や刑事事件と比べ、民事事件に関する報道が少ないとする法実務家の発言や、大きく報道された隣人訴訟に関して、「中身よりも、新聞があんなふうに取り上げなければ、別に普通の訴訟としてそのまま終わったのではないか」という研究者の指摘が含まれている。

147　書誌情報は、刊行地、刊行年、文体類型、取材対象などの一見単純なデータ要素から構成されているが、編集者の意図を探るため有用な手がかりとされる。なぜなら、これらのデータの組み合わせによって、編集事情に関する量化された新たな二次情報を生産しうるからである。例えば、報道の頻度は、当該主題に対する編集者の関心度を図る尺度になり、情報源の類型は情報の表現と立場に影響する。また事実報道、提言記事、解説などの異なる文体の特徴は、編集者によるそれぞれの情報機能の想定と相関する。これらの分析を通して、法報道を支える読者層あるいは社会的な関心を抽出するができる。

148　管見する限り、法報道の形式からその機能を論じる考察はない。ただ、法学関係者の発言の中において法報道の機能と形式について言及される場合もある。例えば、前注144・小島武司では「報道の仕方の是非」が議論され、棚瀬孝雄が「ちょうど判例速報のような形で事実だけを忠実に報告するような形で書くということが、逆に新聞の使命として望ましいかというと、わたくしはやはりそうは思いません」と述べ、「新聞の使命」について、「多少情動的に書いていく」ことを通して、「世論の注意が喚起され、また新聞の評価がきっかけになって、さまざまな世論のリアクションが起きてくる、そういったものをトータルに捉えてみると、やはり新聞の報道には判例集の公刊などとは違った固有の役割が期待されるのではないでしょうか」と新聞固有の効果を評価している。

149　日本ABC協会が発表した2014年度下期（6月〜12月）における新聞の発行部数を http://www.jabc.or.jp/circulation/report（2015年5月29日最終閲覧）を参照する。

第2章　マス・メディアにおける法的問題の構築　77

現在では情報源の所在が比較的よく明示されている。例えば『朝日新聞記者行動基準』では「情報の出所は、読者がその記事の信頼性を判断するための重要な要素であり、可能なかぎり明示する」と定められている[150]。さらに、法関連の情報に対する高い関心を持つ読者層が朝日新聞には多い。朝日新聞自身の資料によれば、官庁などの関係者や、弁護士、大学教員らには朝日新聞の購読者が多いようである[151]。

第1款　新聞における法情報の使用

　日本では、現代の新聞は明治初期に遡る[152]。最初の新聞は、政府機関紙として外国の紹介を中心に行った官板バタビアであった。こうした新聞の制作は、確かな情報源を持ち、翻訳能力と表現能力を持った知識人の集団、つまり幕府番書調所など立法調査と同じく政府の調査機関の仕事である。

　明治期に、公的な議論の場たることを期待された大新聞、例えば東京日日新聞は、政府（行政機関）あるいは議会報道の一環として法情報の報道を行った。具体的には、条文の掲載や、政治方の活動紹介である[153]。一方、形式的には、政府の発表情報が主な情報源であり、翻訳作業と漢字の多いことが特徴的であった[154]。当然のように、こうした法情報の読解には、漢学の素養と横文字を解する能力が求められ、教育レベルの高い記者（編集者）と読者層がその構造を支えていた[155]。

150　http://www.asahi.com/shimbun/company/platform/kisha.html（2015 年 5 月 29 日最終閲覧）。ただし、その内容は 2009 年 2 月 6 日の改定において付加されたものである。以前は、「情報源の秘匿は、報道に携わる者の基本的倫理であり、これを厳守する」という文面であった。2009 年前後の報道における情報源の取り扱いの相違による影響は、後で検討する。

151　朝日新聞社が公開した The Asahi shimbun MEDIA DATA 2014 を参照。http://adv.asahi.com/common/fckeditor/editor/filemanager/connectors/php/transfer.php?file=/2014/uid000026_636861707465722D322E706466（2015 年 5 月 29 日最終閲覧）

152　明治期の新聞産業に関しては、佐藤卓己『現代メディア史』（岩波書店、1998 年）第 4 章を参照。

153　法律の条文などを多く掲載した、明治期最も刊行数の多い大新聞（政治、経済などの公的な問題を扱うもの）であった『東京日日新聞』はまさに好い例である。『東京日日新聞』は、創立直後に司法卿になった江藤新平から裁判記事掲載の便宜を与えられ、明治期には官許新聞として法令の公表を行っていた。

154　西村捨也編著『明治時代法律書解題』（酒井書店、1986 年）289-296 頁を参照。

78 第1部 メディア主導の法情報

これに対して、社会記事の発展が、法情報の使用に新たな動機を与えた。明治中後期、お茶の間に人気のある事件をめぐって三面記事という形式の報道が現れた。そのような記事の狙いは、「市井無頼の悪事を叙し、陋巷男女の醜行を叙し、かつこれを潤色して以て読者を悦ばす」ことにあるとされる[156]。したがって、犯罪事件および裁判はそのような「悪事」「醜行」に関わる領域として取り上げられてきた。そのような犯罪記事には、庶民的正義感に合致し、わかりやすい文章であることが求められた。また、論説・政経記事を専門にする「硬派記者」（大記者）とは違って、「世の不正を暴き」監視役を果たす記者になるのに、高い教養と見識は求められなかった。

それでも、大正までは、専門家も新聞の記事（論説）を法情報として扱っていたことが確認できる[157]。形式的には、法情報は主に活字記事として現れたが、錦絵新聞や写真記事にも裁判関連の報道が残されている[158]。内容的には、帝国議会の成立以来、政治記事への関心が高まり、伝統的に公報の役割を果してきた大新聞以外にも、本来日常生活の情報や娯楽を中心テーマにしていた小新聞（朝日新聞、読売新聞など）もその領域に参入してきた。

ただ、戦争期に、戦時治安体制が情報伝達を含めた社会の各側面に影響を与えた。1925年から1945年までは、審理の非公開[159]などによって、新聞報

---

155 新聞の購読様態に関して、明治期では政治論説を扱う大新聞の定価が高く、個人講読は広く浸透していなかった。その背景の下、政府も地方の役所も新聞の育成と普及に力を入れた。明治5年3月に、政府「勉強進歩の一端にも相成候に付」と『東京日日』、『新聞雑誌』、『横浜毎日』を、各府県に三部ずつ買い上げたし、郵送料も格安にした。その他、「新聞解話会」という地域集会を毎月開き、公費で買った新聞を教科書にして、和尚と神主に話をさせるような指示が政府から出された。その後、社会の情報に対するニーズから、「新聞茶屋―新聞をダシにした新客引き戦略」のような新たなビジネス形態も生まれた。明治30年頃には各種新聞を揃えた「新聞ミルクホール」の開店が大流行し、「新聞縦覧所」という名の風俗営業が、昭和初期まで続いていたという。片山隆康『明治新聞ものがたり』（大阪経済法科大学出版部、1998年）178-179頁。

156 片山・同上、176頁を参照。

157 「明治、大正、昭和前期雑誌記事索引集成――大正13年～昭和5年」の中に、当時の法律文献に関する書誌的情報を記録した弁護士が刊行した『法律論題』が法律部分の索引として収録されている（第14巻）。その資料を参考する限り、少なくても大正14年まで「朝日新聞」「毎日新聞（日日新聞）」に法律関連の論説を掲載したことが確認できる。

158 木下直之＝吉見俊哉『ニュースの誕生』（東京大学出版会、1999年）238-255頁を参照。

159 小田中聰樹『刑事訴訟法の史的構造』（有斐閣、1986年）第1章を参照。

道の範囲が縮減され、立法を含めた公的活動に関する報道に影響が及んだ。

戦後も、前節で述べたように、政治・行政活動に関する情報規制は少なくとも80年代まで存続しており、他方、公害訴訟など日本社会の変化を物語る裁判が読者の関心を集めることになり、裁判報道が活性化した。50年代の立法期を除けば、法に関する新聞報道は、司法の側面を中心に展開してきたように思われる。

1990年代以後、犯罪被害者による運動や司法制度改革の動きを承けて、立法の話題が再び新聞に浮上してきた。特に刑事法に関しては、法学者、官僚など立法過程の関係者の他に、被害者関係者（遺族）の語りも新聞記事の情報源となった。被害者（遺族）の状況に対する関心の高さは、後の法改正（例えば少年法、交通事故に関する刑罰）に大きく寄与した。また、法情報は活字以外の音声・映像的な表現空間に登場し、テレビ・ラジオ番組でも法に関連する話題が取り上げられるようになっている。情報源の多元化およびメディア利用の個人化[160]が法情報環境にも一定の影響を与えただろう。

第2款　考察対象としての刑事訴訟法改正

本章では、日本の刑事訴訟法改正をめぐる新聞報道の変化を考察の主題とする。この点、①序章で述べた通り、近年来刑事立法が頻発しており、法情報に注目が集まったこと、②刑事事件については関係者の道徳評価に言及される可能性が高いこと、③訴訟法として司法制度の基本的枠組みについての理解が求められること、を意識しておく必要がある。

刑事訴訟法の立法・法改正は特別法を含め、複雑かつ多様であるが、①治罪法および旧旧刑事訴訟法の制定、②大正刑事訴訟法の成立、③戦時刑事訴訟制度の形成、④戦後現行刑事訴訟法の成立、⑤2000年以降の刑事立法期に分けるのが通説である[161]。

160　ラジオ（1927年）、テレビ（1947年）の誕生と普及と共に、日本社会における情報の媒体が複雑になってきた。ただ、戦前と比べれば、戦後各主流新聞の定期購読率は60〜80年代まで増加し続けた。新聞の講読は集会や喫茶店までのような社交的なスペースから、家や職場など読者の個人生活に密接する空間で行われることが多くなった。

80 第 1 部　メディア主導の法情報

①　治罪法および旧旧刑事訴訟法の制定（1880 年～1890 年）

周知のように、治罪法が制定されたのは、帝国議会が成立する以前であり、司法制度と法律学が極めて未発達であった時期である。明治政府は、司法省法学校教授のボワソナードに治罪法の草案（ボワソナード草案）の作成を依頼し、ボワソナードの草案に日本側からの修正を加えたものが、大政官法制部の審査を経て、明治 1880 年に公布された。したがって、その制定過程に参加できたのは政府関係者と少数の学識者（翻訳者も含む）に限られ、大衆向けの情報は極めて少ない。

その 10 年後、大日本帝国憲法と裁判所構成法の施行に合わせるため、1890 年に「治罪法」が改正され、実質的な変化が無いまま「刑事訴訟法」（旧旧刑事訴訟法）が成立した。このように、治罪法および旧旧刑事訴訟法の制定は、短い期間に行政システムがリードする体制で進められた。

②　大正刑事訴訟法の成立（1907 年～ 1923 年）

治罪法の場合と比べると、大正刑事訴訟法は議論をする期間が相対的に長かった。改正案の起草は「法律取調委員会」に託され、1913 年、1916 年、1918 年と 3 回に渡って改正案が作成された。最終的に 1921 年草案が帝国議会を通過した。また、議会、特に衆議院では、立法に関する議論が活発に展開された。大正刑事訴訟法は、明治の刑事訴訟法のシステムを維持しながら、①予審段階から弁護士の介入が可能となる、②弁護事件の範囲（「死刑又ハ無期若ハ短期 1 年」）の確定、③弁護士の権利の明文化（公訴提起後の記録閲覧、接見制限の禁止など）、④被告人の黙秘権の導入などを行った。こうした刑事裁判における人権保護の諸規定に関する実効性について議論の余地が残るが、大正刑事訴訟法で弁護権保護のための諸規定が登場したこと自体は、法律専門家から評価されている[162]。

161　以下刑事訴訟法の立法史に関する整理は、小田中聰樹『刑事訴訟法の歴史的分析』（日本評論社、1976 年）、〈座談会〉「刑事訴訟法の制定過程」ジュリスト 551 号（1974 年）、松尾浩也「日本における刑事手続の過去、現在、そして未来」『刑事訴訟の理論』（有斐閣、2012 年）を参照する。

162　白取祐司『刑事訴訟法〔第 3 版〕』（日本評論社、2005 年）21 頁。

③　戦時刑事訴訟制度（1925 年～1945 年）

ここでの戦時刑事法立法とは、1925 年治安維持法による結社行為および
その周辺行為の規制、1941 年の治安維持法の改正と国防保安法、1942 年の（（1943
年改正）戦時刑事特別法および裁判所構成法戦時特例法、1945 年戦時刑事特
別法などの一連の戦時刑事手続立法を指す。その特徴としては、①検察官に
対する全面的捜査権の付与、②控訴審の廃止、③聴取書の「証拠力」の是認
など、検察官および警察権限の拡張である[163]。

④　昭和立法（1947 年～1953 年）

現行刑事訴訟法は、1949 年 1 月 1 日から施行されたが、その成立過程に
ついては 1945 年秋頃の司法省による検討にまで遡る。1945 年当時の司法省
は弁護権の拡大を念頭に置いて改正案を作成した。その後、1947 年に、新
憲法の内容（31-40 条）に対応するための応急措置法（「日本国憲法施行に伴う
刑事訴訟法の応急的措置に関する法律」）が制定された（1947 年 4 月 18 日公布、
同年 5 月 3 日施行）。1948 年 7 月 10 日、「刑事訴訟法を改正する法律」（新刑
事訴訟法）が成立し、1949 年 1 月 1 日から施行された。

新刑事訴訟法に関して、学説では「職権主義から当事者主義へ」という好
意的な評価が見られる。その理由として、①捜査の適正化のための令状主義・
強制処分法定主義による弁護人依頼権の保障、②起訴状一本主義と訴因制度、
交互質問などの英米法的当事者主義制度の採用、③事実認定のための自白法
則、伝聞法則など証拠能力制度の採用、などの制度設計がなされたためであ
る。

しかし、1952 年には「法廷等の秩序維持に関する法律」が成立し、法廷
活動への規制が強められた。1953 年の刑事訴訟法の改正では、勾留制度の
変更が行われ、被疑者・被告人の権利をより制約した。

⑤　平成の刑事立法期（1990 年～）

1990 年代以後、日本の社会と統治構造に関する様々な改革が進行し、そ
れに伴って法制度の立法による改革が頻繁に行われてきた。刑事訴訟法をめ
ぐっては、まず国際的な治安への関心の高まりに合わせ、組織犯罪やテロ事

163　小野清一郎『日本刑事手続要綱』（日本法理研究会、1943 年）を参照。

82 第1部 メディア主導の法情報

件に対応した立法措置が取られ、また被害者運動を背景に犯罪被害者保護法など様々な法改正が行われるようになった。この時期の刑事法改正については、治安政策・治安法という特徴において共通しており、警察機関による社会への統制強化も指摘されている[164]。

以上の区分は、法律専門家側の刑事訴訟法改正に対する認識と評価が元になっていることは否めないが、新聞の法報道にそうした認識と評価がどの程度反映されているかという点に注意しつつ、考察を進めていくことにしたい。

第3款　法を報道する新聞

朝日新聞の刑事訴訟法報道について、まず立法に対する関心度を明らかにし、次に立法の内容に関する理解の様態を分析する。具体的には、以下の作業において、記事の頻度、紙面の構成、記事類型、発行元といった側面から記事の伝達過程を整理し、その上で、主題（立法過程のどの側面に着目したか）、立場（立法に対する態度）などの側面から報道の内容分析を行う。後者の検討は、法特に立法という現象に対する新聞メディアの構造（いわゆる序章で述べた法情報の編集原理）に関わっている。

(1)　立法報道への関心

図1は、朝日新聞データベース（聞蔵）[165]に記録された1879年から2012年まで刑事訴訟法改正に言及した記事を検索した結果であり、総計440件の記事が見つかった[166]。本データに従えば、刑事訴訟法改正の関連報道数は、日本における新聞など情報組織の発展に伴う発信の増加は見られず、時期による差が顕著である。ただ、ここで示した記事数は社会の関心（正確的にいうと、新聞における注目度）を全面的に反映するまでには至っておらず、記事に出現したことを示すデータにとどまっていることには気をつけねばならない。また、1897年から2012年の間の440件という記事数は決して多くないものの、新聞産業の発展に伴う記者、編集過程また読者層の変化といった諸因子による影響があったとも推測される。さらに、速報、社説、解説記事が

164　小田中聰樹「民主主義刑事法学の課題と方法——『現代的』治安法との対抗状況を中心に」『竹澤哲夫先生古稀記念論文集・誤判の防止と救済』（現代人文社、1998年）。また、内田博文「『市民的治安主義』の拡大」法の科学29号（2000年）を参照。

混在し、字数や文章のスタイルも様々であり、文章の構造も統一されていない。そうしたデータの特質を考慮しつつ、以下ではいくつかの既存の書誌情報のカデゴリーを参考に、記事の内容まで踏まえた上で検討を進めたい。

(図1) 朝日新聞における刑事訴訟法改正関連記事数の推移

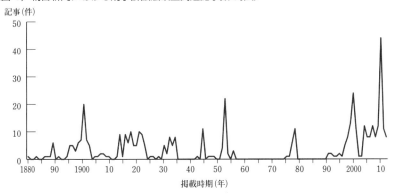

まず、以上のデータから、一定の報道数が集中し、かつ一定の記事変動の

165　新聞に関しては、書誌情報と主題情報の記述の統一や標準化がなされた情報のデータベースがある。特に、新聞社自身が開発したデータベースには、一次情報の表示も出来るシステムが多くみられ、文献の所在そのものでもある。但し、典拠情報と所在情報は、しばしばデータベースの作成者や管理者の関心に左右されるものである。したがって、異なる新聞社のデータベースの間に、分類記号の使用の違いが生まれるケースもある。法情報に関する各新聞社のデータベースの違いは確認しなければならないが、その分析に必要とする実証研究はいまだ十分ではない。また、そのような研究は、著者の知識背景と専門能力を超えるため、本論においてデータベースの比較および複数の新聞紙の比較分析を展開しうる段階にはない。少なくとも、単独のデータベースかつ一つの新聞を素材とし、記事に関する分類規準がある程度統一されているものを対象とする。したがって、時間軸に沿って現れる記事構成の変化は、当該メディア機関が想定した法報道のあり方と置かれた取材の外部環境と依存することになる。本論は朝日新聞の立法報道を検討対象とする。データベース自身のバイアスを解消するため、以下の考察で扱った新聞データはすべて朝日新聞のデータベース（聞蔵）から採集したものであり、使用するカテゴリーも基本的にそのデータベース自身の分類を参照しながら整理したものである。

166　記事抽出の方法は、まず「刑事訴訟法」と「法改正」をキーワードとして記事の検索をかけ、その後に検索結果の書誌特徴と具体的内容を確認する作業である。また、陸軍・海軍治罪法、海外の刑事訴訟法に関する内容は、日本の刑事訴訟法の立法過程と異なる文脈にあるため、検索の範囲から外した。キーワード検索で刑事訴訟法改正の関連記事は、法学の専門性に基づく特殊な表現（専門用語）に着目することで可能となる。

波が現れたのは、1895年〜1923年、1931年〜1935年、1945年〜1953年、1998年以後、四つの期間であることがわかる。先述した刑事訴訟法改正の経緯に照らしてみると、この四つの時期は、基本的に大正の立法期、戦時体制、戦後立法期、平成立法期の期間と合致する。そして、新聞における刑事訴訟法改正の記事が、実際の立法機関の活動と連動した形で現れていることが確かめられる。その時期については、基本的に法律専門家による区分と共通しているということもいえる。一方、記事の数から見ると、各立法期における新聞報道の相違は、報道の継続期間および記事の量にある。大正立法期では28年間で144件、戦時体制の形成では4年間で28件、戦後立法期では11年間で42件、平成立法期では14年間で181件というように、各時期において報道の集中が続いた期間が異なることがわかる。1895年〜1923年、また1998年以後という二つの時期においては、相対的に立法報道が頻発しており、新聞における刑事訴訟法改正への関心が長く続いていたようである。ただ、例外的に非立法期に報道が集中したケースもある。それは1977年〜1978年で「弁護士なし裁判」をめぐる法改正に関する一連の記事である。

　立法期の報道と立法期外の報道の差、記事の類型からもてみよう。朝日新聞においては記事は大別して「報道」と論説・解説・意見などの「報道以外」の二つに分けることができる。名称からわかるように、ここでの「報道」とは事実関係を中心にした記事であり、「報道以外」は事実に関する説明、評価を主に扱う記事を指す。刑事訴訟法改正に関するテキストの多くは「報道」という分類に属していたが、報道以外の記事については、1880年〜2012年までに以下のような傾向（図2）が見られる。

　1880年〜2012年の間の、朝日新聞で掲載された刑事訴訟法改正の関連記事においても、412件（94％）が報道、28件（6％）が論説、意見など報道以外の記事というように、二つの大きな類型が見られる（図2）。各立法期における報道以外の記事の比率は、1895年〜1923年で3.5％、1931年〜1935年で0.0％、1945年〜1956年で2.2％、1998年〜2012年で11％となっている。朝日新聞では、刑事訴訟法改正に関して一貫した報道中心の傾向が見られるが、1998年以後は意見を公表する傾向が強まっている。また、立法期外にあたる1975〜1978年間では、解説1件（1976年）、社説1件（1977年）ま

た論壇記事2件（1978年）が掲載され、報道以外の記事が全体記事（38件）の21％となった。立法期の報道と比べれば、この時期は意見の掲載がより重視されていたことがわかる。70年代以後の立法報道では、議会などの立法過程の動きつまり公的な機関を中心した情報源以外の、意見の表明など個人・社会団体の発信が立法報道の構成に加えられてきた。

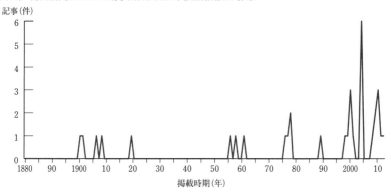

（図2）朝日新聞における刑事訴訟法改正関連論説数の推移

(2) 各時期における立法報道の特徴

以上の検討を踏まえて、次に、改めて立法期間を分けて、記事の主題および立場から、より具体的に朝日新聞の立法報道を整理する。まずは、以下の分析で用いられる用語を簡単に説明する。第一に、記事の主題とは、記事の類型を問わず、当該記事がいかなる社会現象あるいはメッセージを伝えようとしているかを意味する語として用いる。ここで検討したいのは、立法という現象をどの文脈で、いかに表現されているかということである。第二に、記事の立場とは、記事の類型を問わず、当該法改正に対してどのような態度を示しているかということである。ここでは、記者の立場だけではなく、取材協力者の立場にも注目する。記事自体の立場を判断する際に、読み手の主観的解釈を排除しにくいが、多様な立場の取材協力者の意見がどのように報道されたかについては、ある程度客観的に観察することができると思う。つまり、ここでいう「記事の立場」とは新聞の記事の中にどの程度異なる立場

の「法態度」が含まれているかどうかということである。「中立」的な記事とは、したがって当該立法に関する肯定・否定両方の立場を報道しているか、逆にまったく触れていないものを指す。それに対して、「賛成」とは肯定的あるいはほとんど肯定的な言説のみで、同じように「批判」とは否定的な立場あるいはほとんど否定的な言説のみで構成されたものである。

(1) 明治大正立法期

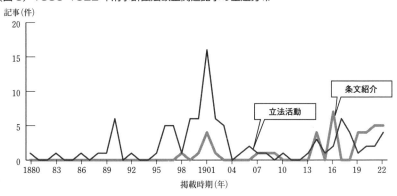

(図3) 1880-1922年刑事訴訟法改正関連記事の主題分布

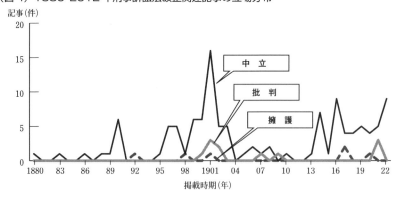

(図4) 1880-2012年刑事訴訟法改正関連記事の立場分布

第 2 章　マス・メディアにおける法的問題の構築　87

　1880 年～ 1922 年の間に、刑事訴訟法改正（治罪法改正も含め）に言及した記事は合計 114 件であり、1900 年 4 月 6 日朝刊 1 頁に掲載された「法典調査会の功績如何」という解説記事と 1907 年 2 月 11 日朝刊 3 頁に掲載された「刑法改正案」についての社説以外は、すべて報道記事であった。また、1888 年以後の記事はすべて東京で刊行されていた[167]。そして、社説や人物紹介記事[168] など以外、すべての記事の主題情報は「政治」に分類されている。刑事訴訟法立法報道の主題により二つに分けると、「立法活動」が 95 件（66％）、「条文内容」が 39 件（27％）である。ちなみに、その時期の報道にはすべて漢字のふり仮名がついており、立法記事でも漢字の使用が多いためそうしたふり仮名がよく用いられている。当時の朝日新聞は市民向けの新聞であり、そうしたふり仮名の使用も読者の状況に応じる対策と考えられる。したがって、立法報道に含まれる法情報、特に改正案の内容紹介など、当時の読者にとって決してわかりやすいものではなかったことがわかる。ちなみに、個別の漢字以外、記事全文のふり仮名つきは後の立法報道で見られなかったのである。

　立法活動に関しては、元老院、衆議院などの議会活動や、法典調査会など法務省の動きを中心に報道がなされた。それ以外に、検事や弁護士および弁護士会の活動も少数掲載された。

　立法活動の報道の多くは、100 字以内で審議の時間、参加者、審議事項の名称のみを記したものである（図 3 では灰色を表示する部分）。例えば、以下のような記事はこうした特徴を示していた。ここからわかるように、記者の署名または取材協力者の情報が表示されず、したがって法改正に関する関係者の態度を推測するのはほぼ不可能である。また紙面の一番下の段に掲載されたことから関心度の高い話題ではないこともわかる。こうした記事は国会（元老院）の動向を読者に紹介する、つまり一方的な情報の公示であった。

167　朝日新聞は 1879 年大阪で創刊され、その後、1887 年に東京に進出した事情がある。したがって、1880 年～ 1886 年に掲載された記事は大阪の発行となっていた。また、1880 年～ 1886 年における立法報道では「東京通信」の形もしばしば見られた。つまり、当時立法を報道する記事の取材現場は東京にあったことがわかる。

168　1921 年 6 月 10 日東京／朝刊 5 頁 4 段「勤続四十七年間の回顧　改善の努力に本望を遂げて大審院を去るに臨み　横田老院長の述懐」（1880 年～ 1922 年まで唯一写真付き）。

88 第1部 メディア主導の法情報

　「治罪法を改正せられるといふ噂い兼て聞い居たりしがいよー當一月より元老院にて改正案記事を開かる、由」（1883年1月20日大阪朝刊一頁3段）

　この時期には、条文の内容を紹介、解説した記事も見られ、その中には弁護士による発信が散見される。1890年までは、法務省や議会における立法論議を報道する多くの記事の重心は、会議の開催情報や人物の出席などであった。条文の内容を紹介する記事が集中的に現れるようになったのは、1890年以後であり、その後増加していた。法務省が刑事訴訟法改正に着手した1901年、改正案を議会に提出した1913年、1916年、1918年、そして改正案が通過した1922年には、論点の紹介を兼ねて条文の内容が多く紹介された。逆に、1901年から1912年までは条文内容への言及がなかった。つまり報道数は、法務省および法典調査会など立法過程の進行と連動していた。1916年6-7月における5件の刑事訴訟法改正案の記事は、法律取調委員会の出席者や審議の模様を伝え、論点も紹介している。例えば、1916年6月27日東京朝刊に掲載された「国家の誤判責任──法律取調会内の主張」と題した記事は次のように述べる。

　「……特に法律取調会に於いては刑事訴訟法改正案調査其他の関係上誤判事件に対しても注意を拂ふもの少からず最近に至り愈誤判事件に対するに国家の賠償責任を規定せざる可らずと主張する者出でたりとのことなれば従来閑却せられたる誤判事件が漸く真面目なる研究に上るに至れるを見るべし」（1916年6月27日東京朝刊2頁4段）

　また、立場面では、記事の傾向を図4に表示する。ほとんどの記事（117件、81％）では特定の立場を読み取れなかった。そこでは、反対と賛成の意見が併記されている記事が多い。これに対して、批判的な記事にしても賛同的な記事にしても、中立的ではない記事の場合は当時では単独の情報源から編成している場合が多い。弁護士会や学者の意見は、こうした形でしばしば掲載されている。また、立法者や法律専門家の立場ではなく、新聞自身が一定の評価を提示しているケースも少なからず存在した。1907年2月11日東京朝刊の社説は、刑事訴訟法（治罪法）を含む刑事改正をめぐる議論に言及し、

新聞（執筆者）の評価を明言している。

「……改正案の要領は既に本紙に詳報したり。名は改正といふと雖も、其実は全く新規の蒔直しといふも或は不可なし。改正委員の仲間に於ては、之を用つて世態人情の転進に応じ、且つ世界最進の学理に適すと称す。而して傍より之に批判を加ふる者は、寧ろこれを以って過度の改正を為すものなきに非ず。適度か、過度か、専門家ならぬ吾人の漫に判断し得る所ならねども、但し今度の改正案を以って、之を八九年前に公けにせられし改正案及三四年前の改正案に比較するに、其異なる所極めて少し……」（1907年2月11日東京朝刊3頁1段）[169]

(2) 戦後の立法
第1期　1945年〜1956年

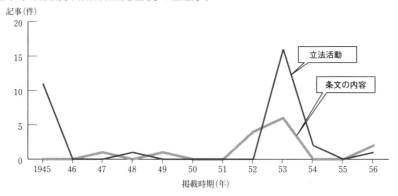

（図5）戦後刑事訴訟法改正関連記事の主題分布

169　また、そこでは、外国法を導入にした当時の日本の法制度や裁判官（法専門家）の「世間知らず」、つまり法システムと社会大衆の考えとの間にあるギャップが、問題視されていた。ここには大正デモクラシーの影響が見られるが、その時期の立法報道は審議の報道が中心であり、部分的にこうした社会環境に応じた変化が現れたとみることが妥当である。

(図6) 戦後刑事訴訟法改正関連記事の立場分布

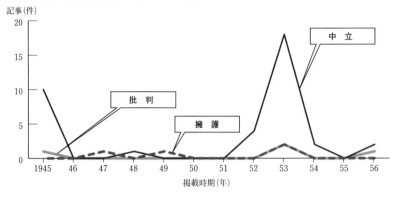

　戦後第1期の集中報道は1945年(11件)の議員法曹会の提案[170]から始まり、1953年刑事訴訟法の改正でピーク(22件)を迎えており、1956年に評論などの掲載がみられた後は、しばらく刑事訴訟法改正の報道は見当たらない。その時期の記事数(図5)をみると、総計45件の記事は、前の大正立法期と同様に、すべて東京から発信されたものであり、政治分野に分類されるが、重要なニュースとして掲載されていた(第一面の掲載は34件、76％)。

　大正立法期の報道が法典調査会[171]の活動から報道を開始したに対して、1945年の報道も1953年の報道も議会の提案のところから報道に取り組んでいた。1948年の刑事訴訟法改正に関しては、「きょうの両院」などの100字以内の議会通報[172]以外に、1948年5月27日東京朝刊一面に掲載された「新刑事訴訟法案提出——法案」では法案の内容が詳しく紹介している。また、内容部分に関しては「天声人語」の短評[173]というような形での言及もあった。大正立法期の報道に比べ、国会審議の形式的な過程より、条文の内容に踏み込んだ報道の姿勢が見られる。

170　1945年12月1日朝刊1頁4段「刑事訴訟法改正法案　議員法曹会より提案」。
171　法典調査会の機能はその時期から法制審議会に引き継げられてきた。
172　1945年12月9-14日朝刊1頁「きょうの両院」；1948年5月27日朝刊1頁5段「新刑事訴訟法案提出__法案」。
173　1947年8月5日朝刊1頁「天声人語」。

図5の中で、立法活動中心の報道は31件（69％）、条文紹介中心の報道は
14件（31％）である。それは、報道自身が立法・議員の動向以外に、論点に
即して展開する新たな手法を取り入れた結果である。特に1952年〜1953年
の刑事訴訟法改正の報道では、警察制度、検察権の拡大、訴訟の促進、犯罪
捜査などの論点に関して、単なる審議の結果だけではなく、制度の経緯や各
説でも紹介していた。そのような記事では、国会での発言以外にも、直接審
議に参加していない検察、警察、裁判所、学者の見解を紹介するケースがみ
られた[174]。例えば、1953年7月8日東京朝刊に掲載された刑事訴訟法改正
をめぐる記事「『犯罪捜査権』のあり方——四氏の意見」である。大正立法
期の報道と比べたら、記事の構成上の最大の特徴は、複数の取材や解説の組
み合わせによって法改正を報道することである。検察、公安の法実務側の意
見とそれに対抗的な学者や弁護士の意見を同時に示すなど、できる限り特定
の立場に偏らない意図がうかがえる。

　そのような報道の変化が当時の立法過程の議論にいかなる影響力を持った
かということは新聞の記事のみからは判断できない。ただ、法的議論の構成
ということから考えると、少なくとも以下のような指摘ができるだろう。

　まず、立法報道の主題の拡大は、従来の政治・政策の形成としての面だけ
ではなく、憲法との関係など法内部の整合性や社会生活との関係など多様な
面を組み込むことを可能にした。1953年の刑事訴訟法報道では、法律研究
者を含む法曹全般への取材に基づく記事が掲載され、検察権・警察権の強化
への警戒など法学研究の関心テーマも取り入れられている。

　また、従来の報道に解説または論説を加えることは、新聞自身の立場を強

174　1953年1月19日朝刊1頁「政府、提出法案の検討始む　「占領」の行過ぎ是正　労働、警察
　　制度の改革へ」

　　1953年2月16日朝刊1頁「検事の指揮権を強化　刑訴法＿刑事訴訟法改正案」

　　1953年2月24日朝刊7頁「執行猶予を拡張　刑法など改正案国会へ＿刑事訴訟法改正案」

　　1953年6月4日朝刊1頁「刑訴法三たび国会へ　裁判所側　訴訟促進の再改正要望＿刑訴法」

　　1953年6月18日朝刊1頁「改正点の追加困難　刑訴法＿刑訴法」

　　1953年7月6日朝刊1頁「解説＝刑事訴訟法の改正案＿刑訴法改正案」

　　1953年7月8日朝刊3頁「『犯罪捜査権』の在り方　四氏の意見＿刑訴法改正案」

　　1953年7月17日朝刊2頁「刑訴法改正案の論点＿刑訴法改正案」

　　1953年7月18日朝刊1頁「小野元教授が賛成　参院法務委員会＿刑訴法改正案」

化する効果がある。明治大正期の立法報道で条文内容に多く言及した際に、特定の人物(議員、弁護士(会)、学者)の発言または編集者自身の立場を示すものであった。これに対して、解説報道が集中的に現れた1953年の記事(図6参照)を見ると、いずれの解説も無署名であり、制度の紹介にとどまり立法への賛成または批判を明言することがなかった。特に50年代においては、国会審議以外の議論も含め、異なる情報源を整合し特定の立場を擁護しない法報道のスタイルがあった。ただし、そうした記事の構成は一見客観的に見えるが、実際に新聞の編集による法情報へのコントロールの強化を読み取ることができる。なぜなら、こうした記事の作成では、新聞側による情報の選択がますます求められるようになる。明治・大正時期の場合、情報のバリエーションが少ない議員・法務省に限られているため、新聞の内容は立法の「客観的な」進展や取材協力者の意見に依存せざるをえなかったが、以上のような1953年の検察権また治安維持への新聞の取り込みは、立法活動から条文解説への重心を移行することによって、編集者の工夫がより刑事法改正の記事に反映されたようにみえる。

第2期　1977年〜1978年　「弁護士抜き公判」の法改正

1977年10月から1978年2月まで、訴訟促進に関する刑事訴訟法特別改正についての報道が集中的(17件)に掲載された。この5ヶ月の法改正報道は、法務省あるいは法制審議会の動向を中心にしたものだが、これまでの立法報道とは異なる特徴を有していた。

第一には、立法報道の背景として特定の事件類型に言及されていたことである。すなわち、1960年代後半から1970年代までの日本赤軍などの過激派によるハイジャック事件に関する訴訟の長期化の問題である。当時、関連訴訟において、弁護士が訴訟を引き延ばすために、意図的な法廷への欠席や代理人の辞任などを繰り返したため、改正案には、訴訟の迅速化を促進し、弁護士の戦略的な不在または被告人がそれを承知した場合、弁護人が欠席した場合でも訴訟を行うことができる、所謂「弁護士抜き訴訟」の規定が設けられていた。このことは、法改正についての報道の形式にも影響を及ぼした。図7はその時期に掲載された論説・社説以外の記事を主題類型から整理した

(図7) 1977-78年刑事訴訟法改正をめぐる記事の主題分布

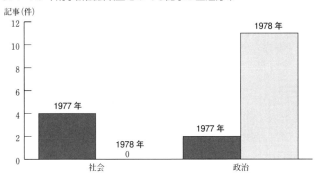

(図8) 1977-78年刑事訴訟法改正をめぐる記事の立場分布

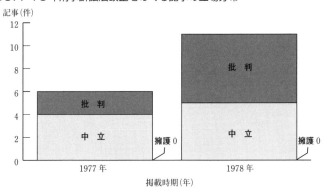

ものである。これによれば、これまでの立法報道はほとんど「政治」に分類されていたが、1977年〜1978年の立法記事には「社会」を主題にしたものが現れたことがわかる。ただし、「社会」に分類された記事の内容は、法務省の法制審議会や弁護士会への取材によるものであり[175]、従来であれば政治に分類された素材によるものであった。

(朝日新聞 1978 年 2 月 8 日東京朝刊 4 頁)

　第二に、条文の内容に関する解説が強化され、一般の報道記事においても、解説や論点の紹介がより多く取り入れられている。戦後第 1 期に見られた「立法活動から法内容へ」の方向転換は、1977 年〜 1978 年でさらに一般化し、立法活動と条文紹介の両方を含むような立法報道のスタイルが確立した。記事は、審議の内容を紹介する前に「弁護士なき訴訟」制度の概要を紹介し、また最後には改正案条文を掲載するような構成するという構成を取っている。そのパターンは、1978 年法改正についての特集記事[176]で度々用いられている。

175　1977 年 10 月 19 日朝刊 1 頁「今国会に特別措置法案　乗っ取り犯に強い措置　政府対策本部決定　旅券発給を厳しく　刑罰、無期か十年以上　刑訴法改正さらに検討」
　1977 年 11 月 10 日朝刊 3 頁 2 段「「弁護人なし」に反対　日弁連声明（刑訴法改正）__刑訴法改正問題」
　1977 年 11 月 29 日朝刊 22 頁「「弁護人抜き公判を」　瀬戸山法相が法制審議会総会に諮問　ハイジャック防止　刑訴法改正案__刑訴法改正問題」
　1977 年 12 月 20 日朝刊 1 頁「弁護士抜きの裁判　法務省案を了承　法制審部会__刑訴法改正問題」

それらの記事は、中立の立場を取っていることが多かった。図8での「中立的記事」のほとんどはこの種の記事によるものである。

　第三に、社説や論説が活用されることで、立法報道の類型や記事の立場に関して多様化が進んだ。すなわち、1977年12月18日東京／朝刊には「刑訴法改正案と弁護権」という社説が掲載され、1978年1月17日東京／朝刊の「『弁護人抜き裁判』への疑問　乗っとり防止とは本来無関係」と1月19日東京／朝刊の「刑訴法の改正は必要　異常な裁判粉砕闘争への対策」は弁護士会関係者の執筆によるものであった。これらはいずれも、当時の改正案について、裁判の実態や憲法上保障された被告人の弁護権への侵害の観点から批判するものであった。このように、社説や投稿記事は、報道記事と違って、はっきりした立場を示しやすい。図8の「批判の立場を示した記事」の中にはこれらが多く含まれている（他の批判記事は、弁護士会の活動に関する報道である。弁護士会関係者の投稿は、それらの活動の立場を代弁するものであった）。

176　1978年2月8日朝刊4頁「(解説) 弁護人抜き裁判　是非論　真っ二つ」
　　　1978年2月8日朝刊4頁「迅速化めざし歓迎　検察・裁判所　弁護士会は「違憲で有害」」

第三期　平成刑事法立法

(図9) 1998年〜2012年刑事訴訟法改正関連記事の内容分布

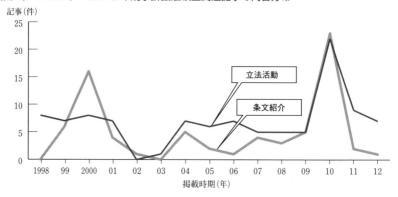

(図10) 1998年〜2012年刑事訴訟法改正関連記事の発行地

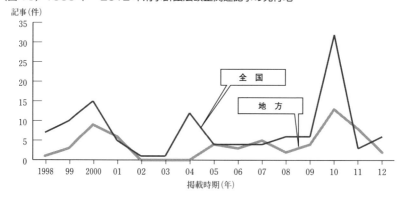

　1998年から2012年までには、合計176件の刑事訴訟法関連の記事が掲載されている。図1からわかるように、1880年から2012年まで全期間の中では、1998年以後の刑事訴訟法改正に関する記事数が最も多く、また報道の集中がより長い期間維持されている。また、記事の類型面では、前述のように報道以外の記事が全体の11％にまで上っており、この数字は今までの立法期の中で一番高い。なぜこの時期に刑事訴訟法改正の報道が盛んになったのか

第2章 マス・メディアにおける法的問題の構築 97

(図11) 1998年〜2012年刑事訴訟法改正関連記事の主題分布

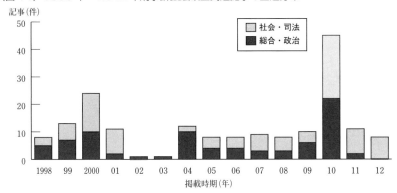

(図12) 1998年〜2012年刑事訴訟法改正関連記事の立場分布

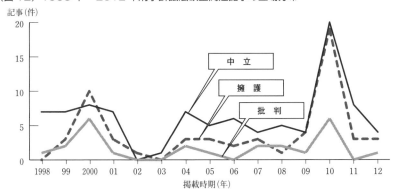

について、以下いくつかの側面からみてみよう。

　第一に、情報源の面における、実際の立法審議との関係についてである。1998年以後に集中した報道は、頻繁に行われた刑事訴訟法関係の法改正と連動していた。1998年〜2012年の間に報道で言及された主な法改正としては、①組織的犯罪対策（1998年〜2012年）、②少年法改正（1998年〜2012年）、③犯罪被害者保護法案（1998年〜2012年）、④裁判員制度（2001年〜2012年）、

98　第1部　メディア主導の法情報

⑤取調の可視化（1998年～2012年）、⑥公訴時効改正（1998年～2012年）が
ある[177]。この時期は、これまでと違って、複数の立法の話題が同時平行で進
行していたのであるが、このことが報道量の増加に繋がったものと解釈する
ことができる。そして、もう一つ特徴的なのは、1998年以後、各法改正の
報道が長期化する傾向があることである。ちなみに、上記の刑事訴訟法に関
わる立法報道は、①②④⑥については法務省や内閣政府レベルの審議過程に
関する東京発信のものが最初であり[178]、③⑤については地方紙の解説記事か
ら始まっている[179]。また、議題にかかわらず、立法審議の後にも、制度の影
響および効果に関する報道が継続的に行われていた。従前の立法報道は、法
務省または国会の審議から出発し、審議の終了あるいは改正案の可決・施行
と共に終了することが多く、法務省や国会審議の期間と報道の期間とほぼ一
致していたのに対して、1998年以後の刑事訴訟法改正報道の期間（サイクル）
が長期化しているのは、立法報道が公式的な立法審議のみならず、別の情報
源を加えた結果であることがわかる。この時期の記事主題に関する図9は、
政治面ではなく社会面の記事が報道を主導していた傾向を示した。つまり、
1998年以後、新聞における刑事訴訟法改正の報道は日常生活に関わる情報
としても扱われるようになったことが見てとれる。

　第二に、記事の内容面における「立法」の扱い方についてである。【解説】・
【オピニオン】・【検証】のような提言記事が増える一方で、事実報道におけ
る解説は減少している。図10に示したのは、改正条文の内容を中心に紹介

177　刑事訴訟法関係の部分のみではなく、各特別法の改正をキーワードにして検索した結果より
　　多くの記事が発見できた。その内訳は、組織犯罪の法改正に言及した記事が94件、少年法犯
　　罪が723件、犯罪被害者に関連したものが207件、裁判員制度が119件、取調べの可視化につ
　　いてが879件、そして公訴時効に関するものが92件となっている。刑事訴訟法にも言及する
　　場合は特別法の法的な性質を意識しているように読み取るが、特別法にのみ言及する場合、社
　　会背景に重点を置いているようである。すなわち、特別法のみに言及する報道が刑事訴訟法関
　　係の報道より多く現れた以上の現象は、法律学の専門的な言説とは異なる法報道の独自性とい
　　う本論の主張を支持するものだと思われる。

178　1998年05月08日朝刊「社民など強い反対、今国会成立困難　組織的犯罪対策法案きょう審議」
　　1998年06月16日夕刊「再審手続き導入盛る　法制審の少年法改正についての諮問事項」
　　2001年01月31日朝刊「司法制度改革審、「参審制」軸に検討　重罪事件の刑事裁判対象」

179　1998年12月04日朝刊【大阪】「性犯罪被害者の人権、日本の立ち遅れ指摘」
　　1998年7月2日夕刊【兵庫】「取り調べの可視化　渡辺修（ぎ修先生の刑事裁判ってな～に）」

した記事と法改正に言及した記事数である。これによれば、前者の量が相対的に少ないこと、つまり多くの記事には改正条文の詳細が掲載されなかったことがわかる。前述のように、これまで立法報道では、記事の重心は立法機関の活動から法制度の内容に移行しており、例えば70年代では立法活動に条文の内容解説を加える構成が一般的に見られた。これに対して、1998年以後は再び両者が分離し、立法に言及した報道は必ずしも制度の紹介を前提としなくなったことがわかる。

　第三に、記事の発行地から見る記事の特徴である。これまでの記事はすべて東京から発信されたものであったが、1998年以後は、東京を中心にしつつも（158件、全体の89％）、地方版でも刑事訴訟法改正に言及するようになった（18件、全体の11％）。言うまでもなく、法務省や国会の審議に依存する刑事訴訟法改正の報道については、その情報源の所在地である東京由来（つまり本紙あるいは東京版）の記事が掲載されるのが自然なことである。これに対して、新たに増えた地方版の「立法」報道は、社会面の記事として、特定事件の捜査・裁判や、地方の弁護士会、被害者遺族団体の活動などから報道を構成するものであった。そのような記事では、条文内容の整合性よりも、警察、弁護士、被害者遺族など法使用者の経験がより前面に現れるようになる。地方版の記事の中には、前述の②犯罪被害者保護法の制定、③少年法改正、⑥公訴時効改正に関する記事も見られる。これらに関する地方報道の特徴は、各自の法的な問題提起を追うだけでなく、法律家以外の社会構成員の意見や感情に触れていることである。例えば、以下のような記事が掲載されている。

　「佐賀県鳥栖市で6年前に起きた殺人未解決事件の遺族は、時効廃止へ前進したことを評価する一方、すでに時効が成立していることで対象から漏れた事件の遺族は、悲痛な胸の内を訴えている。」
──2010年02月11日朝刊「『時効廃』へ希望の一歩『一生、罪を償って』鳥栖の殺人事件遺族訴え」／福岡県

100 第1部 メディア主導の法情報

　第四に、法改正に対する立場の変化についての検討である。図12に示されているように、1998年以後の記事のうち、中立の立場は93件（53%）、法改正を支持したのは58件（33%）、法改正に慎重な立場あるいは批判的な立場を採るものは25件（14%）となっている。特定の立場を採る記事が半数近く（47%）となっており、これは刑事訴訟法報道史の中で最も多いものである。このような傾向の背景には、次のようないくつかの変化があると考えることができる。まず、この時期に増加した社会面の記事では、専門家以外の関係者の言説が重視される傾向があり、したがって関係者自身の立場が記事に反映されやすい構造となっている。また、情報伝達企業としての新聞機関は、情報規制にかかわる法について制度の改正を有しており、この時期の法改正の中でも、特に組織的犯罪、裁判員制度、取調の可視化に関する報道においては、通信統制、報道表現、情報保存などの論点が意識され、情報の公開と情報アクセスの容易化を求める論調が主となっているのである。

結び──法情報の「社会化」

　本章では、「新聞」という情報媒体を素材として、そこに現れた法的コミュニケーションの特徴を整理した。上述の通り、新聞における法情報の発信は既存の法学研究でも言及されているが、そこでは、法学固有の視点が無自覚に採用されていた。すなわち、法情報の質は法律専門家（研究者・実務家）が担保するという視点である。もちろん、法情報の担い手として、一般市民より法制度の運用や法律学に関する知識が豊富な専門家が適任であることは当然である。しかし、少なくとも新聞における法情報は必ずしも法律学の知識（理念）と一致するわけではないことが確認できた。

　本章が示したのは、法律家とマス・メディア報道との間に見られる法制度への理解差は、知識の有無の問題にとどまらず、報道主題の設定、情報の処理過程、読者層の構造といったメディアの組織的な側面と関係しているということである。そして、従来の法学が想定するような専門家中心の法情報モデルから離れ、多様な観点が取り込まれるような形へと新聞における法的コミュニケーションが変化したことが、刑事訴訟法立法の報道を通じて検証さ

れた。表現の自由の理念は、情報に関する利用とは「集団を構成するメンバーの誰もが参加できる集団的（公共的）合意形成」を目的とすると位置づける。その意味で、このような新聞報道の変化は現在、日本社会のメンバーによる法（情報）へのアクセスがより容易になったことを示す現象かもしれない。

　だが、観点の多様化だけでなく、報道された言説の背後に一定の選択基準が存在していることにも留意すべきである。報道対象のセレクションいわゆる報道価値に関する先行研究において、報道対象の近接性（proximity）、規模（scope）、差異（Deviance）、社会意義（social significance）が報道の形式や規模に影響を与えることが指摘されている。近接性（proximity）とは事件の現場と新聞機関の所在との間の物理的な距離、規模とは事件の影響力、差異とはこれまでの事件と異なる特性、社会意義とは政治、経済、文化や社会福祉など社会の重要な領域との関連性、とのことである[180]。本章の第2節で見た立法報道の変化はいずれも以上の要因で説明できるようにも思われる。特に90年代から、立法報道が地方の弁護士（会）、警察または関連事件の当事者による発信を多く取り入れ、東京に限定されない全国規模のものとなったことについて、東京の国会審議（立法活動）との物理的な距離以上に、当該地方の生活との関わり（条文紹介）を重視する心理的な距離（psychological closeness）の近さが働いて報道規模の拡大が加速したと理解することができる。そして、そうした規模の変化に伴って、報道が扱う対象も、公式な立法過程や審理内容といった政治領域の課題にとどまらず、被害者権利の保障など社会的な課題と拡大していたのである。もともと日常的な出来事ではない（差異性）立法は、多様な法言説を取り入れることによって、複合的な側面を持つ話題になったのであり、近時のメディアにとってうってつけの素材であった。つまり、近時の刑事立法で見られる報道の変貌は、日本の法報道が置かれたメディアの環境に応じたものであることが考えられる。

180　Pamela J.Shoemaker/Jong Hyuk Lee/Ganf（Kevin）Han/Akiba A. Cohen,"Media Studies : Key issues and Debates", SAGE Publication（2007), pp.231-238. その四つの要素ははいずれ新聞報道の形成に影響する要因として、いまでも多くの研究で引用または検証されている。最近の研究として、Shoemaker, Pamela J./Cohen, Akiba A."News around the World : Content, Practitioners, and the Public", Routledge（2006).

もちろん、そうした報道の変化が単なるメディア自身の特性、あるいはメディア技術の変化の帰結として考えることはできない。なぜなら、報道の内容には、明らかに当該社会の法意識（あるいは報道側が想定した法意識）を反映する側面があるからである。立法活動の活性化と民主化が、こうした報道の多様化を促したという面を否定できない。さらに、一部の社会面の記事は、法的問題というより、関係者の法認識を通して個人と社会の葛藤という物語を描くことに重点を置いている。これはむしろ、法を社会共通の価値の代弁者として理解していると言える。新聞の法報道はこのような法のイメージを強化する場としても機能している。

第3章

雑誌における法的問題の構築
—— 『法律時報』を素材として

　本章は、法律情報誌いわゆる「法律雑誌」の変遷に着目し、法情報の伝達過程を考察することにしたい。法律雑誌では前章の法報道と同様に、著者—編集過程—読者という関係の中で法・法現象をめぐる情報のコミュニケーションが行われる。司法を中心に形成される法解釈のコミュニケーションと比べて、法律雑誌はメディア産業の一環であり、法学においては周辺的な位置づけにみえる。その一方で、新聞のような一般向けのメディアにおけるものと比べて、法律雑誌の発信は法律家や法システムの立場を代弁するような位置にもある。そういう意味で、法律雑誌における法的コミュニケーションはメディア・システムと法システムとの間に現れた「複合的」なものである、と指摘できる。

　そうした法律雑誌の特性を踏まえ、本章の関心は、法律雑誌を切り口にして、法律専門家の情報活動とその意義を検討しようとするものである。ここでの法律専門家の情報活動とは、法律雑誌を通した法学者、法曹、または法律の作成や執行に携わる行政官僚など、専門的に法律に関わる人々の発信活動を指す。また、その意義について、法律雑誌では法情報の価値がいかに理解されてきたか、また社会の動向にどのような対応がなされたのか、という問題に焦点を当てる。

　まず、先行研究の状況を敷衍しながら、本書の立場を明確にしていくことにする。日本においては、書誌学的な考察や資料整理が若干見られるが、法律雑誌に関する研究は極めて少ない[181]。それらの研究では、「法律雑誌」を、法学者の情報発信媒体であり、法学学習の資料として位置づけている。思想史研究として特定の法学者による法律雑誌への投稿を分析したり、法情報の

一種としての入手可能性について検討したりしている。すなわち、対象とする雑誌や時代で若干の差はあるものの、「法律雑誌」は法学者の言説によって生み出され、法律雑誌＝専門誌というイメージが定着していることがいえよう。

これらの先行研究に欠けているのは以下の点である。第一に、「法律雑誌」の歴史的変遷が明らかにされていない。「法律雑誌」というジャンルは、時代が下がるにつれて急速な発展を遂げる。このような動向のなかで法律雑誌が語る内容も変化を余儀なくされた。また、江戸時代の読書会における議論の中にすでに西洋の法学的内容が含まれていたことから、法律をめぐる情報の流通は近代的な司法制度の導入よりはるかに早い時期で出現していた[182]。そういった経緯からみれば、法律雑誌など法情報メディアの変化は日本における法的コミュニケーションの全貌を把握する際に役立つ素材であることがわかる。

第二に、「法律雑誌」という情報媒体が生み出され、人々に支持された社会的背景を充分に解き明かされていない。つまり、「法律雑誌」はどのような人々のどのような要求から生まれ、どのように支持されていたのかということがほとんど明確にされていないのである。

日本の雑誌史に関する研究[183]では、公的議論（世論）の活性化と各雑誌内容の細分化、という相関するテーゼがある。前者は民主的プロセスの理念、つまり情報の公開や公的議論の活性化に寄与するものである。これは、個人による法情報の利用など、専門家と素人との間の法的コミュニケーションを

181　日本の状況については、後で言及する高橋裕「明治中期の法律雑誌と大阪攻法会：梅謙次郎『日本民法和解論』に導かれて」法と政治62巻1号（2011年）の他、水野浩二「葛藤する法廷(1)〜(3)——『法律新聞』の描いた裁判官・民事訴訟・そして近代日本」北大法学論集67巻4〜6号（2016年）は明治中期の法律雑誌についての研究に集中している。

182　前田勉『江戸の読書会——会読の思想史』（平凡社、2012年）12-13頁を参照。

183　日本における雑誌研究は主に歴史学またメディア史の領域において展開されている。検討の対象は総合雑誌をはじめとして、女性誌また教育関係（児童）の雑誌にまで及ぶ。日本における雑誌の本格的研究としては、まず永嶺重敏の『雑誌と読者の近代』（日本エディタースクール出版部、1997年）を無視できない。優れた事例研究として、鈴木貞美編『雑誌「太陽」と国民文化の形成』（思文閣出版、2001年）、佐藤卓也『『キング』の時代——国民大衆雑誌の公共性』（岩波書店、2002年）、または大澤聡『批判メディア論——戦前期日本の論壇と文壇』（岩波書店、2015年）を挙げることができる。

いかに、どのよう形で実現できるかという問題と関係している。後者はメディアとしての雑誌を支える読者層の構造を分析するものである。法律雑誌の読者を「法律専門職の共同体」の構成員のように理解すると、後者の観点から法律雑誌史を捉え直すことは、表面的なメディアの変遷ではなく、法学内部の変化を把握するという意味も有することになる。

　本章の構成は次の通りである。第1節では、「法律雑誌」という基本概念を簡単に解説し、日本における法律雑誌の変遷を追い、法律雑誌というメディアの位置づけを確認する。次は、事例研究として、『法律時報』の運営と内容構成に着目し、そこでの法・法的問題の構築とその背景を検討する。第2節では草創期の『法律時報』を取り上げ、1929～1937年の間における『法律時報』の構成の変化を通して編集方針の形成とその変化を検討する。第3節では、前章との比較を念頭に置きながら、50～60年代の刑事法改正をめぐる『法律時報』の特集を素材に、法律雑誌の発信と立法過程との関係を明らかにする。最後に、第4節では、法の専門性という観点から法律専門家による情報発信の効果および限界について論ずる。

第1節　法律雑誌というメディア

第1款　法律雑誌の基本概念

　法律雑誌を定義するには、いくつかの方法がある。通常、日本におけるリーガル・リサーチや法情報リテラシーでは、法律雑誌（法学雑誌）を発行主体によって出版社の刊行する商業誌、大学の紀要、行政機関・立法機関・司法機関・政党が発行する雑誌、学会が発行する学会誌などに分類する。一方、読者の視点から整理すると、実務家向けの情報を掲載する雑誌、研究者向けの研究雑誌、学生や司法試験のための学習雑誌などに分類できる。さらに、雑誌の形式を見ると、90年代以降紙媒体の他に、『法律時報』、『ジュリスト』、『商事法務』などがデジタル化され、データベース形式で法律雑誌を読むことも可能になった。以上の整理からわかるように、法律雑誌といった名称の下に、発行主体から対象となる読者とその環境、発信される形式に至るまで、

106 第1部 メディア主導の法情報

実は様々なものが多く含まれている。

　もし内容面から法律雑誌を理解するならば、法律雑誌を次のように定義することができるだろう。すなわち、法律雑誌とは、法的テーマを論じる記事・論文を中心に掲載し、定期的に刊行される出版物を指す。ただし、法律雑誌における「法的問題」が何を指すのか、その解答によって法律雑誌に対する理解は変わるだろう。法律雑誌という刊行物の性質について、高橋裕は、法テキスト（法情報）を、条文、判例など法源に属する第一次テキスト、と「法源の解釈にあたって、同時に／先行的に／潜在的に理解と解釈との対象となるテキスト群」である第二次テキストに分けた上で、「第一次テキスト・第二次テキストは、どのような媒体を通じて生み出され、また社会に提示されていく（か）」という側面から法律雑誌の機能を見ている[184]。この理解に依れば、司法データつまり法実践で生じた情報の第一次テキスト、とそれに関する理解の記述の第二次テキスト両方とも法律雑誌が扱う「法的問題」に含まれることになる。本書は高橋による整理にほぼ賛同するが、ある前提問題がそこでは論じられていない。すなわち、法律雑誌における「法的問題」は誰に、どのように決められているのか、という問題である。高橋の研究は、明治中期の『大阪攻法会雑誌』について、原稿提供者を通して雑誌の位置づけを分析していた。後で述べるように、その時期の法律雑誌は同人誌的な性質を有し、個人の編集者が運営し、編集過程が組織化されてないケースがよく見られた。したがって、編集過程の影響が弱く、原稿提供者の意識が大きくものを言っていた可能性がある。ただ、その後の法律雑誌は、学者発信のフォーラムのみではなく、大学紀要とも異なる実用雑誌（以下では、法律実用雑誌と呼ぶ）、つまりは一定の社会ニーズに応じるようなメディアとして発展しきた側面も無視できない。その中に、法情報の掲載価値、つまり「法的問題」をめぐる編集の過程が法律雑誌のあり方にとってより重要な意味を持つようになった。

　本章は、雑誌の編集方針または掲載基準に注目する。編集方針または掲載基準は、単なる編集者の気まぐれではなく、原稿取りの状況また雑誌の採算

184　高橋裕「明治中期の法律雑誌と大阪攻法会：梅謙次郎『日本民法和解論』に導かれて」法と政治62巻1号（2011年）158-162頁を参照。

性を考慮した上で総合的に判断されている。法律家が法律雑誌の主なる原稿提供者であるので、原稿取りは法律家の発信活動に依存せざるをえなくなる。したがって、原稿取りには、法律家の議論動向が多く反映される。雑誌の採算性は読者層の反応に関わるため、社会背景との関連づけを分析するよい素材になる。つまり、法律雑誌を通じて、社会における法システムないし法学の機能を探ることができると考えられる。では、そもそも、なぜ日本の法律雑誌はそうした構造を持つようになったのか。その歴史をみてみる。

第2款　日本における実用法律雑誌の変遷

(1)　萌芽期（～1900年）

　周知のように、日本における近代法の体系および法学の枠組みは、日本社会自身のものではなく、明治維新以後の立法作業に伴い、政府主導の形で西洋から導入されたものである。そのような背景は、明治期の法律刊行物にも影響を及ぼしていたように見える。西村捨也の『明治時代法律書解題』によると[185]、当時の法情報の特性は、以下の2点に現れていたことがわかる。

　第一に、外国書の翻訳、紹介や解説が、明治期に最も多く見られた法律書の形態であったということである。特に明治前期（明治元年～明治22年）には約350種類の外国書が翻訳され、後期においても外国法の紹介などを含め約300種類の法律書が出版されている。第二に、法律に関する刊行物の大部分は官庁から出版されたということである。翻訳外国書の刊行者は、太政官、元老院、司法省や文部省であり、また法令法規の出版も官庁によるものであった。西村は、こうした現象の背後には、法律雑誌の専門性のためにスポンサーがなければ経営が上手くいかないという難題があったことを指摘している[186]。

　明治中期頃から、非政府系の出版者が法令の公表以外に、教育、法律相談など生活に関連する側面に目をつけるようになった。そのような法律雑誌は、ほとんどが弁護士などの民間出版者によるものであり、1、2年以内に休刊するものが多かった。これらの法律雑誌については、残されている資料が少

185　西村捨也『明治時代法律書解題』（酒井書店、1986年）289-295頁を参照。

108　第1部　メディア主導の法情報

なく、編集や読者に関する情報は断片的にしか残っていない状況である。その中でも現在まで保存されている一部の実用法律雑誌は以下のような者である。

まず、教育関係の法律雑誌である。明治中期には、各法律学校から数多くの法学講義録が出版された。これらは、当時法律学を学びまた弁護士を志望した学生の教材として提供されたものと思われる。例えば、1889年の『五大法律学校聯合討論会雑誌』は、博聞社書店から発行された雑誌である。『五大法律学校聯合討論会雑誌』の編集者には、長崎、鹿児島、大分、福井、兵庫など地方の担当もいた。販売の方法は、東京（神保町）での特売だけではなく、地方の出版社と書店につなぐ大型流通業者（大販売）や出版社の発行所も動員された[187]。すなわち、『五大法律学校聯合討論会雑誌』の販売範囲は日本全国に及んでおり、相当の読者数があったものと推測できる。

当時の法律雑誌では、講義や学校の情報以外に、受験向けの記事の掲載も見られた。例えば、1887年に群馬県で創刊された『法律捷径雑誌』は、論説、問答（読者来信）、講義といった通常の内容以外に、試験の問題用紙も掲載していた（1891年4月号）[188]。他にも、1891年に創刊された『政法』は、「行政訴訟之判例、政治法律之精神」を掲載するという趣旨の下に、公務員採用試験の問題をも掲載していた。

次に、時事解説関係の法律雑誌である。国会の開会を背景として、明治中期頃から法律の解説や時事的な法律問題についての論説が現れた。1888年に創刊された『政法指針』は「国会審議のため法律経済政治三つの学問を通

186　当時から例えば東京大学の『法学協会雑誌』、明治法律学校の『明法雑誌』など大学教育機関の機関誌がいくつかあった。しかし、当時の帝国大学は「国家ノ須要ニ応ズル学術技芸ヲ教授シ、及其蘊奥ヲ研究スルヲ以テ目的トス」（1886年の帝國大学令第1条）と定めており、また当時法科大学卒業の学生が登用試験を経ずに文官に採用されたこともあり、法学に関わる大学教育機関は「官吏養成所」といわれるほどであった。当時、教育機関が出版した法律雑誌には官学の教授や法律立案に関係した官僚の書いたものが多く見られることから、学術雑誌は組織面においても情報面にもいても政府の支えによって成り立っていたといえる。

187　発行所は佐賀、埼玉、千葉、大阪、東京と福岡であり、大販売のシステムを採用したのは、静岡、名古屋、長野、福島、仙台、函館、越後長岡、金沢、伊予松山、備前岡山、広島、熊本と鹿児島である。

188　東京法学社の刊行した『法律應用雑誌』（1887年）も試験問題を掲載していた。

じる」（創刊詞）ことを目的とし、読者に対する質疑解答（「問答」）を中心に記事を構成した。また、1887年に創刊された『法学速成雑誌』は、創刊の目的で「そのような社会に生活するため、法学を従事にしても一般人にしても法律を知るべきものである……ここでの法は講義の形ではなく、『人身保護の利器』」であるとした。『法学速成雑誌』は20号まで東京大学明治新聞雑誌文庫に保存されており、記事の構成は、研究論説の他に、民法、訴訟法、商法、刑法、治罪法等の法理の解説、民刑事の模擬裁判、大審院の判例評釈、単行法律の条文解説を含むものであった。

　要するに、萌芽期の法律雑誌には以下のような特徴がある。第一に、学術公表の機能だけではなく、公的情報の公開、法学教育、法律サービスなど多様なニーズに応じるものである。第二に、外国の法情報を紹介するものが中心になり、法理論を扱うものが多い。それに対して、判例の掲載は断片的であった。

(2)　過渡期（～1936年）[189]

　基本の法整備が一段落したことから、この時期から法律雑誌の内容は法改正・新法への解説よりも、司法の情報（判例）や法律の解説を重視するようになった。判例については、明治初期から大審院判決録（1872年から）が公表され、1922年に民事・刑事のような各法分野の判例集も出るようになった。その他、裁判所や官報だけでなく、弁護士や研究者も判例の出版に参与した。例えば、高木益太郎弁護士が編集した『法律新聞』は、戦前の下級審の判例掲載誌として有名である。また、私法関係の専門雑誌を目指し、1935年に

189　1936年以後、治安維持法により各雑誌の編集スタッフが逮捕され、出版用紙の規制も拍車となって、通常の雑誌編集や刊行活動は大きな影響を受けた。本論では、1936年から1945年までを法律雑誌の戦中期と理解し、その時期においては、他の出版物と同様に法律雑誌の刊行活動は非常に不安定となり、結局停刊まで追い詰められたと考える（鈴木三男吉『回想の日本評論社』〔日本評論社、2007年〕の第2部の「日本評論社の横浜事件」〔63-87頁〕は当時の状況について紹介していた）。そうした非常時の法律雑誌は、戦時における法学系知識人の状況を知る上で、重要な資料であるに違いない。ただ、法律雑誌の社会機能は戦争の時期の特殊な事情の影響を受けた。したがって、前後の時代にある法律雑誌のあり方と戦時期のものとを連続的なものとして考えることは困難なため、本論では戦中期の法律雑誌に関する分析を割愛することにする。

110　第1部　メディア主導の法情報

民法学者の末川博と竹田省が創刊した『民商法雑誌』は判例の収集と研究に重点を置いた。その結果、『民商法雑誌』の創刊当初は、研究者だけではなく、弁護士が判例集の代わりに購読していたと言われている[190]。

　一部の判例雑誌は、単なる判例情報の公表媒体ではなく、判例解説および法解釈を通して法律知識を伝達するという意図を有していた。弁護士である高窪喜八郎（その後中央大学法学部の教授となった）個人が創刊した1912年発行の『法律評論』は、「法律制度と実際の生活との乖離、法律解釈とその適用の不統一による著しき弊害は、学者之を慨き、実務家また之を嘆す」ため、「吾人の見聞し得べき論説判例の全部を網羅し、其の大部分に対しては判例学説を引用して之に論評を下し、説明を加へ、以て法律解釈の統一を図ると共に、読者に豊富なる解釈の資料を供し、併せて難解なる法理を平易明晰に解剖分析して其の要を示し、以て国民に広く法律思想の普及を図らんと欲す」ものと明言した[191]。

　1900年前後、法律相談といった情報の類型も法律雑誌の中に登場した。その相談者は、雑誌の購読者（会員）に限定されており、購読のサービスとして雑誌側から提供されていた。1906年8月に創刊された『法律顧問』は弁護士の団体である「法律顧問社」の機関誌であり、その目的は、「法律上の実際問題及研究し会員の質疑に解答するを目的とする」（1906年8月号）とされた。相談の範囲は「民、刑、商事其他一切の法律上の諸問題」であり、その解答が雑誌に掲載される[192]。『法律顧問』の法律相談はやや費用が高額であった（月金30銭）が、他により手ごろな値段で利用できる法律雑誌の相談サービスもあった。例えば1904年に創刊された『法律案内』では、「法律上の難事を易解し実際の質疑を丁寧に応答す」、「生まれる法律上の難問を平易に解釈せんがためなり」とする同様の会員制サービスを売り出した。『法律案内』は、2年後に『法律日日』に名称変更されたが、その時点までの会

190　鈴木竹雄＝大隅健一郎「座談会　閑談・法律雑誌あれこれ」商事法務1000号（1984年）301頁を参照。

191　同じく解釈論に注目した法律雑誌は、1902年創刊した『法律新報』である。ここでは、法解釈は「実業者の目的を達す」道具として理解されていた。

192　会員の個別相談の場合、特別料金が発生する。そのうち、法律上の疑問に属するものは金30銭、事実上および法律上の疑問は金101銭、となっていた。

員申込は予想以上に多かったようである[193]

　このように、実用法律雑誌への関心は、法制度の整備および法利用のニーズに支えられていたことがわかる。また、この時期に多くの法律雑誌が創刊され、法情報の提供によって法をめぐる実務と研究に共通のフォーラムが形成されつつあった。法学の学習者、司法の担い手（弁護士など）また法制度の利用者それぞれが、法律雑誌を通してある種の読者共同体に統合されていたのである。法律雑誌が実際にどのような読者を獲得できたのかについては、第2節での事例研究においてさらに詳しく検討する。

(3)　隆盛期（1945年～）

　日本評論社が運営する法律文献総合インデックス（http://www.horitsujiho.jp/hobs/01_sougou.aspx）は、日本で広く使われている法律文献データベースの一つである。そこには、1945年以後刊行された約1500誌の法律雑誌（書籍）が収録されている。それらの法律雑誌は2種類の形態に分けることができる。一つは、法律論文の公刊メディアとしての法学紀要（ロー・レビュー）、学会誌、機関誌等の法律・法学学術雑誌である。もう一つは、司法・立法動向を解説したり、法学教育の補助資料を掲載したりする商業誌である[194]。後者は実用法律雑誌である。

　まず、学術雑誌について少し敷衍しておこう。2015年5月の時点で、日本においては、学会誌および機関誌を含め法学紀要が200誌以上出版されている[195]。これらの発行元は、いずれも教育機関、研究団体、研究所等の学術組織である。これの学術雑誌には、刊行母体の構成員（研究者）および出身者の執筆による論文等が掲載されるが、それ以外の者による寄稿は基本的に

193　1906年12月『法律案内』終刊の辞を参照。

194　この区別がどの程度意識されているかは不明である。例えば、法情報学では、「法律雑誌」に言及する時、多くの場合法律の学術論文を意識しすぎて、学術雑誌を指す傾向がある。鈴木＝大隅・前注190、300-330頁を参照。

195　法学紀要データベース（https://www.e-japanlaw.jp/HougakuKiyou/h01_index.aspx）には、日本国内の大学で発行された114種の法律雑誌が収録されている。データベースにおける法律文献の性質については、田島裕『法律情報のデータベース──文献検索とその評価』（丸善、2003年）第2章を参照。

例外としてしか認められない。記事の構成は、「論文」、「判例研究」、「書評」などが中心となっており、時には発行母体である大学や学会自身が主催した学術活動の内容が掲載されることもある。刊行の形式については、伝統的には冊子として大学間で交換寄贈される形式が採られているが、近年では電子化や機関リポジトリの浸透によりオンラインでのアクセスも可能になりつつある。法律雑誌の記事数に関する研究によると、これらの媒体が日本における法律論文刊行の大部分を担っている[196]。

　戦後、法分野の分化や研究活動の充実によって、新たに分野別の雑誌がうまれ、また学会誌や大学の紀要も一層の発展を遂げた。そうした学術雑誌の特徴としては、①記事の評価基準（査読）は各発行元によるものである（すなわち専門家内部の審査による）こと、②読者がほぼ研究者に限定された刊行物であり、社会への発信の機能は想定されていないこと、③学術フォーラムとして法学論文を扱い、そこに掲載される論文の質と量が研究者のキャリアに影響することの3点を指摘することができる。商業誌による分担もあり学術雑誌は相対的に発行数が少ないこと、教育機関の紀要が他の分野より安定的に刊行されていることも指摘されている[197]。

　その一方で、法律実用雑誌は、依然として研究機関ではなく、民間の出版社が刊行するものである。定期講読が主であるが、『ジュリスト』『法学教室』などの法律雑誌は一般の店頭でも販売がされている。また、法学部生・司法試験受験生など法律学習者のニーズに応じて、『法学セミナー』（1956年）、『法学教室』（1961年別冊創刊、1980年月刊化）など法学教育の専門誌が創刊された。そうした大学生向けの雑誌ブームは、高等教育市場の拡大と関係しているとされる[198]。

　法律実用雑誌の社会性は、社会に対して法制度の運営についての紹介・解説などの法情報を発信する点にある。それを反映するのは、特に判例および法改正の資料である。1945年以後創刊された民間の判例集や判例雑誌は、

196　指宿信『法情報の世界』（第一法規、2010年）第7章「法情報処理論」第5節「法学紀要と法律論文」289-291頁を参照。

197　指宿・同上、290頁を参照。

198　箕輪成男『情報としての出版』（弓立社、1982年）237-239頁を参照。

裁判所の協力を得て、事実上公式媒体になっている。その典型例は、『判例時報』や『判例タイムズ』である。そこで掲載された判例は編集者（部）独自の選考によるものではなく裁判所のリソースに依存し、また裁判所や弁護士が主な読者層になっている[199]。そうした半公式化の体制によって、判例雑誌の経営を安定させるという面もあるであろう。また、新法令の内容紹介や解説のような法改正関連の資料の掲載なども見られる[200]。各法律雑誌では、法改正が行う時期において、断片的な記事あるいは特集の形で立法の情報を掲載することがよくある。立法報道の詳細については、本章の第3節で見るように、判例にせよ、立法動向にせよ、実用法律雑誌では、学術雑誌以上に時事性が重視されており、社会環境に応じるようとする姿勢が見られる。

　学術雑誌の情報発信が著者の研究キャリアの構築に重要な役割を果たすように、実用法律雑誌がそれに関わる人間にとってどのような意味を持つのかという点も考える必要があるだろう。これまで、法律雑誌の社会発信に関してはまだ十分検討されていないが、少なくとも以下のような効果が指摘できる。

　①　法律知識・学説の伝達　　それは、まず法に関する情報を公表する意味を有しており（情報提供）、また法律家にとっては自分の専門作業（法解釈）を修正する素材にもなる。上述の高橋の研究にも示したように、法律雑誌には、単なる一方的な情報の公表ではなく、異なる法分野の専門家、研究者と実務者、さらに一般人と法律家という様々なレベルでの交流を実現しうるようなフォーラム的な効果も期待できるかもしれない。

　②　出版書物に関するPR効果　　多くの法律雑誌を刊行する出版社では、同時に法律書籍の出版も行っている。学術出版の研究によれば、学術書に対

199　1990年に判例タイムズの経営陣は雑誌のサイズをB5からA4判へと変更したが、それに対して弁護士や裁判官から書籍保管上不便であるという意見が殺到し、売り上げが急落した結果、雑誌のサイズ変更についての謝罪文を雑誌の冒頭で掲載し、一年も足たないうちに元のB5判に戻っている。この事例から、法律専門家という大きな読者集団が判例情報の検索誌としての『判例タイムズ』の制作に大きな影響を与えていることがわかるだろう。改判事件の経緯について、外山晋吾『「判例タイムズ」四十余年』（判例タイムズ社、1991年）175-186頁を参照。

200　そのような役割を果たしている雑誌として注目すべきなのは、『新法令の研究』である。その雑誌は、立法過程や論点を掲載している。

114 第1部 メディア主導の法情報

する信頼は分野内部の評価によって支えられているとされる。例えば、本章の素材である日本評論社の『法律時報』および戦後に刊行された法律雑誌の一つである有斐閣の『ジュリスト』に関しては、少なくとも創刊時には法律出版社側のブランド戦略という面を持っていたし、法学関係書籍のPR雑誌としての役割を期待されていた[201]。

　以上の法律雑誌史からもわかるように、法律雑誌が扱う「法的問題」は社会のニーズへの応答という、側面を持っている。すなわち、「法律」雑誌という専門性が想定している法的コミュニケーションでさえ、単なる法学自身の基準でその内容が決まるわけではないことを表している。また、学術誌と商業誌は、完全に切り離せるものではない。両者の著者・編集者層が重なることもあり、学術論文を掲載する法律実用雑誌も稀ではない。日本の法律雑誌においては、法律専門家（特に研究者）の発信が主な情報源であるが、学術研究、公的言論、実務的議論という、異なるタイプ情報が混在している状況が存在し、その三者の相互作用は社会における法情報の役割を示すように思われる。

第2節　法律雑誌の大衆化は可能なのか
——『法律時報』（1929年〜1936年）の編集過程を素材として

　本節では、法律雑誌の大衆化戦略に焦点を当てて、事例研究の形で考察する。具体的に、日本で最も古い法律雑誌である1929年創刊の『法律時報』を検討の対象とする。88年間に渡って発行され続けていることからわかるように、それぞれの時代で『法律時報』が採用した編集の戦略は成功を収めている。『法律時報』の編集過程と内容構成は、単なる個別メディアの事情を超え、時代と共に変化する法律家の情報発信として法的コミュニケーションの姿を理解する手掛かりになると思われる。

　ところで、そもそも「大衆化」の発想は限られた読者をもつ専門誌である法律雑誌と無関係ではないか、という疑問もあるであろう。この点について、

201　『ジュリスト』は有斐閣のPR雑誌から発足した、という逸話も座談会の議論に残されている。鈴木＝大隅・前注190、303頁を参照。『法律時報』に関しては第2節の考察に譲る。

既存のメディア研究では、メディアの大衆化を量的な側面の「大衆化」と質的な側面の「大衆化」に分けて論じていることに触れておく必要がある。例えば新聞の場合、発行部数や読者の総数、といった量的な側面での「大衆化」以外に、「内容の理解に知識や教養を必要とする高級紙」から「わかりやすいが扇情的である通俗紙」へとの変化という質的な「大衆化」が指摘される[202]。その点、法律雑誌は法学の知識や情報を理解し、議論できる（あるいは目指している）読者、具体的には法律学の学習者、実務家と研究者を読者として想定している。とすると、法律雑誌における「大衆化」とは、読者層をいかに「大衆」にまで拡張するということを意味する。ここでの「大衆化」は、新聞報道の大衆化とは様相を異にするであろう。すなわち、新聞で掲載される法報道の読者は、直接法理念やその制度形成に対して高い関心を持っているというより、社会問題や日常生活のトラブルに関わる法制度とその効果に注目することに対して、「法律」雑誌の読者はこうした社会背景を意識しつつ、法の専門家として法的解決策を提供する側にある。その意味で、法律雑誌をめぐる執筆者、編集者や読者のダイナミックな関係を通じて、法学内部から法的議論を持つ意味や、市民と法システムの関係の変化をうかがうことができる。

　以下の検討対象である法律時報は、法律情報の商業誌である。商業誌としての法律雑誌は、内容的に学術出版、法情報の公示、一般向けの解説どちらの意義も兼ね備え、総合的な法情報を提供するものである。法律家の情報発信にとっても、商業誌としての法律雑誌は最も多様な読者を獲得できるメディアになる。すなわち、法律家の社会発信の変化を検討する上でも、法律雑誌（商業誌）の事例研究は有意義である。

第1款　昭和初期の出版環境と法律雑誌

　そもそも法律雑誌のジャンルはどのように定着してきたのか。それについて、学者や編集者の体験談や当時の出版史に断片的な記録が残っている。法律商業誌の基本形態が成立したのは、昭和の初期である[203]。その時期、いわ

202　土屋礼子「大正期の夕刊紙『東京毎夕新聞』にみる新聞の大衆化」吉見俊哉＝土屋礼子責任編集『大衆文化とメディア』（ミネルヴァ書房、2010年）31-34頁を参照。

116　第1部　メディア主導の法情報

ゆる「円本ブーム」があり、教養主義的な書籍が流行していた。「大衆化」がそうした出版戦略のキーワードであった。

　明治末から大正時期に入ると、出版や販売ルートが安定化し、学術専門のものも含め様々な雑誌メディアが日本社会に普及した[204]。岩波書店（1912年発足）によるものを始めとして、社会科学関係の本が多数出版されるようになった。例えば、有斐閣の『法律学叢書』（1917年）がその時代を代表する出版物である[205]。法律雑誌そのものを対象とする出版データは残っていないが、当時の代表的出版物を紹介する出版資料に法律学関連書籍がしばしば言及されていることからも、法情報への社会的ニーズの上昇を推測できるだろう[206]。

　1920年代後半、すなわち『法律時報』が創刊された時期の出版状況について、以下のような二つの特徴を指摘できる。

　第一に、教養ブームと一般読者の増加である。その現れは、先々も述べたように低価格の教養全集物（いわゆる「円本ブーム」）や文庫本の流行、すなわち教養本の続出である。なかでも、日本評論社は円本として『現代法学全集』を刊行し、大成功を収めた。その後、『現代法学全集』の読者を「日本評論社の固定読者として組織化」するために新しい法律雑誌の創刊を提案され、それが後に『法律時報』という形の出版物となった[207]。商業誌としての法律雑誌の誕生はそうした出版の大衆化に支えられていたのである。永嶺重敏の研究によると、「円本の購読者層の中心的存在となったのは都市のサラリーマン層や職業婦人といった新中間層、学生層、旧中間層、農村部におい

203　鈴木＝大隅・前注190、300-301頁を参照。

204　当時、発行所から小売店への取引ラインが安定してきたことで、全国的に定価販売が実現するようになったことなど、大量の出版物の販売・流通が可能になる環境整っていた。小林善八『日本出版文化史』（日本出版文化史刊行会、1938年）257-260頁を参照。

205　小川菊松『日本出版界のあゆみ』（誠文堂新光社、1962年）116頁を参照。

206　その時期の法律雑誌の出版データを専門に扱う調査や統計が少ない。戦前の出版データの所在に関しては、高橋・前注184、168-170頁の注を手掛かりになる。また、ここで扱った大正昭和初期の法律書出版に関しては、警察統計に関連の記述が残されている。内務省警保局『出版警察概観昭和五、六年』（龍渓書舎＝復刻版 不二出版、1981年）8-24頁を参照。

207　福島正夫＝川島武宜『穂積・末弘両先生とセツルメント』（東京大学セツルメント法律相談部、1963年）101頁を参照。

ては地主層や自作上層に属する人々であった」[208]。つまり、階層横断的に読者集団が形成された。その背景には、大正末期から昭和初期にかけて促進された高等教育の大衆化や1925年普通選挙法の公布——納税要件の廃止——によってもたらされた有権者（900万人増）の教養へのニーズの高まりが考えられる[209]。法律書籍も例外ではなく、専門家が執筆した円本や文庫本を通して、法専門家の発信対象は学者や法律実務家以外の、いわゆる「大衆」へと拡がっていた。初期の『法律時報』も労働問題を相次いで取り上げ、「大衆化」が影響していたことが見て取れる。

　第二に、言論空間の拡大と執筆者の多様化である。すなわち、総合雑誌の評論における執筆者の変化——職業的評論家層の退出と政治家・軍人・実業家などの「素人」への寄稿依頼——、いわゆる局外評論現象の登場である。こうした局外評論家の中には、法律家はしばしば含まれていた。『法律時報』の創立者である末弘厳太郎も総合雑誌で評論家として活躍した人である。彼の代表作である『嘘の効用』および『役人学三則』は法律雑誌ではなく、教養雑誌である『改造』に連載された。アカデミズムの知とジャーナリズムとがこれらの書き手を通じて繋がっていたのである[210]。法律学のような専門情報について、素人の読者が系統的に文献を選別することは容易ではない。読者は、法情報の主題や内容だけではなく、しばしば書き手としての法律家の人物属性（立場、経歴、文才など）を意識する。法律家が雑誌で評論活動を行えば商品として当該法律雑誌の価値が上がることになる。だからこそ、創刊当時、『法律時報』の表紙に飾られている「末弘厳太郎」の名前は一定の宣伝効果があったと考えられる。

　しかしながら、法律雑誌の大衆化に関しては不利な動向もあった。まず、法学雑誌の専門化と細分化である。大正13年〜昭和5年まで法律雑誌の書誌情報を網羅的に集録した『法律論題』（『明治、大正、昭和前期　雑誌記事索引集成』14巻）を参照すると、大正13年の目次には『東京日日新聞』（社説「法

208　永嶺重敏『モダン都市の読書空間』（日本エディタースクール出版部、2001年）第4章を参照。

209　佐藤卓己『キングの時代——国民大衆雑誌の公共性』（岩波書店、2002年）16頁を参照。

210　大澤聡『批判メディア論——戦前期日本の論壇と文壇』（岩波書店、2015年）265-266頁を参照。

118 第1部 メディア主導の法情報

律学究の夢」9月18日)、『大阪毎日新聞』(10月の論説)、『大阪朝日新聞』(12
月の論説)のような一般新聞の記事も記録されている。それに対して、昭和
4年の文献リストには新聞が姿を消したものの、新増した雑誌として『信託
と証券』、『銀行判例』または『法律知識』が挙がっている。こうした現象に
は、知識啓蒙の重視から法技術の伝達へという編集原理の変化をうかがうこ
ともできる。その時期に弁護士が雑誌の刊行人をしばしば担当していたこと
を考慮に入れると、法律家自身は、法律学の一般解説のような記事を意図的
に避けた可能性がある。この推測が正しいとしたら、この時期に法律文献リ
ストから消えた新聞紙や、個別の法分野に集中する雑誌が出現したことは法
情報の多様化を反映しているだけではなく、内容の細分化を意味しているこ
とになる。読者が絞った法律雑誌の戦略がそこにはあったかもしれない。

　もう一つは、検閲制度が法律関連出版物に及ぼした影響である。『法律時報』
が誕生した1920年代には、出版の検閲制度が当時法律出版に対して一定の
影響を与えた。すなわち、一部の法律関連の書籍は、秩序の安寧維持を理由
に、発売禁止処分を受けた[211]。

　興味深いのは、大衆向けの法律書籍が検閲対象になりやすかったことであ
る。当時の「出版法」(明治26年4月公布)19条は、「安寧秩序ヲ妨害シ又ハ
風俗ヲ壊乱スルモノト認ムル文書図画ヲ出版シタルトキハ内務大臣ニ於テ其
ノ発売頒布ヲ禁シ其ノ刻版及印本ヲ差押フルコトヲ得」と定め、この禁止処
分は内務大臣の専権事項となっていた。当時、書物による社会への影響力が
発禁処分の判断基準として言及されていた[212]。「大衆」の読者層を対象とす

---

211 取締の対象となったのは無産階級運動(労働組合も含む)、共産主義など左翼の論調を提示し、
　その政治化や実践活動を煽る出版物とされる。法律雑誌類に関しては、例えば『法律戦線』(1922
　年創刊―1930年停刊、刑法改悪特集に注意処分、1930年4～8月の議会制度や産業構造に関
　する特集に発売禁止)。注206・内務省警保局、194-200頁を参照。単行本に関しては、鈴木安
　蔵『憲法の歴史的研究』(大畑書店、1933年、〈法の階級性強調〉の理由)、ピォントコフスキ
　ー/井藤誉志雄訳『マルクス主義と刑法』(京都共生閣、1931年、〈共産主義の戦略戦術を詳
　述し不穏〉の理由)、末弘厳太郎『法窓雑話』(日本評論社、1930年、一部削除)。また、1935
　年10月1日には、政府閣議で国体明徴につき、「憲法講義・憲法関係出版物・国体観念徹底の
　3項に関する処置概要」によって、20点余の憲法書および約10種の法学概要書の自発的絶版
　処置や機関説関係の出版物の司法処分の方針が発表された。『日本出版百年史年表』(日本書籍
　出版協会、1968年) 488-542頁を参照。
212 内務省警保局・前注206、70-72頁を参照。

る書物は、学者や実務家向けの「専門書」より秩序の維持に与えるダメージ
が大きいからである。そのため、出版社には、発禁のリスクを考えて、技術
的・専門的議論に傾っていくことが「合理的」な選択であった。ただ、法情
報を扱うことが出版検閲の影響を避ける一定の効果ももたらした。例えば、
日本評論社の社史には、法律専門書を中心とした事業の展開によって内務省
と検察の情報を事前入手することで、中央公論社や改造社など大衆出版社に
比べると治安維持法体制による編集者の逮捕などの被害を回避できた面もあ
ったと記載されている[213]。

　以上は、『法律時報』も含め法律商業誌の草創期における出版状況を整理
したものである。法律雑誌の大衆化を支える拡大した読者集団または出版・
流通技術の発展があったが、法律学をめぐる情報には当時の政治状況に影響
されやすい面もあったことがわかる。これは、文芸情報とやや異なり、国家
のガバナンスに深くかかわる法情報の特徴である。そうした背景を踏まえつ
つ、本節の検討対象である『法律時報』の運営について、実際の編集過程を
通して検討する。

第2款　『法律時報』の編集過程

⑴　『法律時報』の誕生

　1929年（昭和4年）12月1日に創刊された『法律時報』は、毎月一日（ついたち）の発
行とされた[214]。発行元は日本評論社[215]であり、定価は40銭であった。その後、
1930年に50銭に値上げされており、頁数の増加によって60銭の特別定価
となったこともあった。ちなみに、当時の物価を見ると、『週刊朝日』が15銭、
美術館の入館料が50銭とされており、『法律時報』の価格は、当時の物価水
準に照らして安いものではなかったと思われる。その点は、編集者自身も意

213　鈴木三男吉『回想の日本評論社』（日本評論社、2007年）66-67頁を参照。

214　実際には、その発行日は守られない場合もしばしばあったようである。例えば第2巻の5・6
　　号は、編集部の変更のため（日本評論社から切り離されたゆえ、一定の混乱が生じたようであ
　　る）、発行日が遅れてしまい、結局2ヶ月分を合併した、と5・6号の編集後記に書かれている。
　　また、編集兼原稿提供者（末弘厳太郎）の都合で、第3巻8号も発行が遅れたようである。ま
　　た1936年第8巻が行った読者の意見調査（『読者カード』）には、「発行の遅延をしない」とい
　　う要望が寄せられている。

120 第1部 メディア主導の法情報

識していた。値上げについて言及した 1931 年 2 月号の「編集後記」によれば、
『法律時報』の値段は「執筆者に充分な物質的保証」を与え、内容の質を維
持するためのものとされているが、読者は必ずしもその定価に納得している
わけではないこともうかがえる[216]。

　ここで取り上げるのは、『法律時報』の第 1 巻（1929 年 12 月 1 日）から第
8 巻（1936 年 12 月 1 日）までである[217]。

　『法律時報』の定位は、末弘厳太郎の創刊号の「発刊の辞」において以下
のように述べられている。

①法律に関する重要な時事問題に対する適時・適切な解説あるいは権威あ
　る評論。
②新法令判例其他法律に関する著書論説等法律研究に必要なる資料文献を
　秩序正しく且つなるべく漏れなく集輯紹介すること。
③（法律）専門家以外の人々も興味と理解とをもって読み得べき論説、専
　門以外の人々から法律に関して述べられた権威ある意見、法律理解を助

215　『法律時報』の発行者である日本評論社は、1918 年（大正 7 年）末に創業され、特に法律、
　　心理学を中心に社会科学の学術書を刊行してきた出版社である。ここでの学術書は、きわめて
　　高度な内容を含み研究者が主なる読者となる書籍を指す用語として使用していない。実際に、
　　教科書や教養書などを含む学術出版社から刊行された様々なタイプの書籍という意味で使用す
　　る。日本評論社自身も学術関係雑誌を出版社の重要なネットワークとして位置づけ、学術書の
　　出版過程とは必ずしも無関係のものではないことを注意すべきである。参考日本評論社のホー
　　ムページ http://www.nippyo.co.jp/company/index2.php
216　1936 年 7 月 1 日に発行された第 8 巻 7 号の『読者カード』第 2 号では、福島県の菊池武司の「定
　　価を値下げするか増頁するかどうかしてもらいたい」との意見が載せられた。
217　ここで対象とする 1929 ～ 1936 年は、いわゆる大正デモクラシーの社会環境が終わり、戦時
　　体制の言論弾圧が段々高まっていた時期である。『法律時報』の編集にも、その影響があった
　　かもしれないが、編集後記や末弘の著作ではほとんど触れられていないため、推測するのは難
　　しいだろう。ただ、そのような沈黙もある種の反応として見ると、法というイシューの特徴が
　　逆に見えてくるかもしれない。特に本論の対象となる第 8 巻では、特集で当時の台湾、中国の
　　調査など他文化の法体制や法哲学、法思想史など抽象的な理論を取り上げている。日本本土の
　　政治・法体制からやや離れる傾向が見られた。それは、編集者自らの意図なのか、外部の圧力
　　による結果なのか、本論の分析では明らかにすることができない。ただ、「法」という学問な
　　いしは知識の専門性を強調することによって、言論の政治性を緩和したかもしれない。例えば
　　1937 年から政治的抑圧の中で、責任編集者である末弘の評論活動は『法律時報』のみに限ら
　　れた。戒能通孝「評論家としての業績」法律時報 23 巻 11 号（1951 年）39-48 頁を参照。

第3章　雑誌における法的問題の構築　121

けるに付いて重要な働きをする。

　このように、編集者は『法律時報』が専門家以外の人に対する法律の「普及機能」、つまり情報発信の機能を明確に意識していた。1980年代に『商事法務』が主催した法律雑誌に関する座談会では、『法律時報』の創刊について、当時の日本社会の一般民衆における法律情報に対するニーズの高まりが創刊の背景にあったと語られている[218]。そのようなニーズは、『法律時報』が末弘厳太郎の編集による『現代法学全集』の大ヒットから生まれた企画であったことも読み取ることができる。全集も時報も教養主義的性質を持つ法律関係書籍であった。

　また、こうした専門家発信の大衆化は、草創期の『法律時報』にとって原稿源の確保にも関連していた。『現代法学全集』の編集作業を通じて作られた末弘と原稿提供者との関係は、後の『法律時報』の編集においても維持されていたと言われている[219]。『法律時報』の原稿は、そうした法専門家との密接なネットワークの中で成り立っていた。創刊号に載せられた著者情報によれば、3人は東京帝国大学教授であり、その他に東京地方裁判所民事部長、司法省民事局長、大審院判事、司法省書記官がいた。また、法律相談の連載を担当したのは東京法律扶助協会主任弁護士であった。これらの著者は、いずれも当時東大法学教授であった責任編集者末弘厳太郎との間で仕事上の関係を有していた。さらに、『法律時報』の専任の編集者の中には、以前末弘の学生だった者がいた[220]。

　また、「発行の辞」では、雑誌の誌面について、「此雑誌は事法律に関する限り学問上の価値をもっている限り浴衣がけの文章と雖も尚之を載せむとするのである。換言すれば表現の形式方法を自由にすることによって與へらるべき法律智識の内容と種類とを豊富にせむとするのが雑誌の特色である」と

218　鈴木＝大隅・前注190、298-299頁。

219　同上。

220　当時『法律時報』編集部のコアメンバーであった彦坂竹男は、1920年代後半東大セツルメントの法律相談活動に参加し、末弘厳太郎のすすめにより『法律時報』の編集に関わるようになった。福島＝川島・前注207、99-100頁を参照。

述べられている。ここには、法律の有効な伝達は、内容の「通俗化」による
のではなく、文の構造・形式の工夫を通して達成できるという考え方が現れ
ている。『法律時報』の誌面には、特集の論説を目玉として、巻頭言・口絵・
随想文・新刊批判・資料・判例・新法令・学術文献・法律相談・法律時事・
編集後記・読者カードなどが掲載されていた。当時の他の法律雑誌と比べる
と、多彩な形で情報を提供していた点が斬新であった。

　「法律知識の大衆化」の理念の下に登場した『法律時報』は、社会に対す
る発信を強く意識し、その「当時文学書などを中心に流行しはじめていた円
本という廉価な形式で、いわゆる六法はもとより、特別法まで領域を広げた
解説を提供しよう」という企画に対する社会（読者側）の反応も良好であり、
創刊当初の申込は 150000 部、申込金総額が 30 万円に達したとされる[221]。

　法律時報の編集と同時期、末弘厳太郎を責任編集者として、1935 年に『現
代法令全集』（全 18 巻）、1936 年に『新法学全集』（全 40 巻）がそれぞれ日本
評論社から出版された。これらの法律書のヒットは、その時期の日本評論社
にとって経営上の大きな支えとなった[222]。ただ、戦争の影響により、雑誌の
編集は言論統制[223]、編集者流失[224]、用紙調達の困難[225]等の問題に直面し、
日本評論社の経営は 1952 年に新会社を成立する時まで苦しい状況が続いた。
それでも、法律時報は長期間の休刊をせず、戦中にも刊行が続けられた数少
ない雑誌の一つであった。

(2)　『法律時報』の編集観

　上述の「発行の辞」のように、『法律時報』の目的は、①法律時事問題に

221　山本秋「法律時報創刊前後のこと」法律時報臨時増刊『昭和の法と法学』（日本評論社、1978
　　年）263-264 頁を参照。
222　鈴木三男吉『回想の日本評論社』（日本評論社、2007 年）45-48 頁を参照。
223　1941 年 1 月号の『法律時報』は、もともと河合事件第 1 審判決を全文掲載する予定であったが、
　　「社会の安寧秩序を乱す」という理由で、軍部に削除を命ぜられたことがあったそう。鈴木・
　　前注 222、49 頁を参照。
224　横浜事件による編集者の逮捕などの事件は、日本評論社の編集活動にも影響した。鈴木・前
　　注 222、66-87 頁を参照。
225　1945 年の『法律時報』は僅か 6 号しか出せなかった。1、2 月号は B5 判、3・4 月号は A5 判
　　32 頁、10 月号、11・12 月号は A5 判 32 頁の形となった。

対して適切な解説評論を提示すること、②新法令判例その他法律に関する法律研究に必要なる資料文献を収集・紹介すること、③法律について専門家以外の人々の関心と理解を得ること、の三つであった。本章は、このうち①③を社会志向、②を専門志向と捉える。『法律時報』では、法律情報に関するこの二つの志向が、対立するものではなく、融合しうるものとされていた。それを可能にしたのは、『法律情報』特有の情報観である。本稿では、法律時報における編集方針の成立過程を解明するため、編集後記のテキストに注目する。編集後記は、記事特集の趣旨、著者とのやりとり、発行の状況など、雑誌の運営に関するものが毎回雑誌の最後に掲載されたものである。雑誌が提供する本体の内容をなすものではないが、編集部つまり発行者の立場から雑誌の意義などを解説する役割を有していた。編集後記には、著者や読者の意見に対する応答もしばしば載せられ、編集者─読者─著者の三者のコミュニケーションの場としても機能していた。

　加えて、本稿は当時責任編集者であった末弘厳太郎の執筆活動も視野に入れることにする。上述のように、当時の法律時報では、編集においても執筆陣に関しても末弘厳太郎の影響力が無視できないものであったためである[226]。本稿では、末弘自身の情報観[227]を参照することによって、法律時報における編集の出発点を確認できるように思われる。

　①　データ性

　目的②のように、『法律時報』が求めたものは、研究または社会生活に役立つ資料である。そのような志向は以下では「データ性」と呼ぶことにする。『法律時報』におけるデータ性の典型としては、判例要旨、文献月報、新法令といった項目が挙げられる。これらは、読者の興味を引き出すものというよりも、関連要素を簡潔かつ機械的に組み合わせたものである。要するに、

226　もちろん、雑誌の編集または執筆者は常に末弘と同調するわけではない、そして末弘の理論をいかに理解したのかについてはさらに検討の必要がある。ここでは、紙面の関係で雑誌と末弘との間の理念の共有の問題には立ち入らない。

227　末弘の情報観に関しては、概ね以下の文献を参考にしている。戒能通孝「評論家としての業績」法律時報23巻11号（1952年）末弘厳太郎追悼号、末弘厳太郎『物権法上巻』（有斐閣、1921年）、『嘘の効用』（改造社、1922年）、『断腸前後』（一粒社、1951年）と『法学入門』（日本評論社、1970年）である。

研究などの特定の目的以外では、読者が読む機会の少ないものである。また、これらの資料作成は、編集者自身が行うことも可能である。文献月報や新法令などの資料作成は、創刊当時から編集部の作業であり、1933 年 1 月号以後は判例要旨の作成も編集部の作業に回されることになった。『法律時報』のデータ性は、資料の項目に限られるわけではなく、他の項目にもデータとしての側面が見られる。例えば、口絵を挙げることができる。1930 年 3 月号では「本誌の口絵は、他の法律雑誌のそれと断然趣を異にした存在を保っておる。法律に関係あり、しかも学術的に興味あり歴史的に貴重な材料」（編集後記より）を収集しようとしたものであるとされている。口絵には意識的に資料写真、司法漫画などが使用され、時には口絵に解説を付す例も見られる。このように、口絵も資料としての機能を担うテキストになっている。

　このようなデータは、判例・法令など司法・立法活動によって生じた情報を、専門家以外の読者にとって理解しやすいよう加工している。その背後には、社会の現実に応じた法のあり方を重視するという考え方がある。その考え方は、末弘が同時期に発表した『物権法』、『役人学三則』および『嘘の効用』の中でも見られる。末弘は、当時の日本の法学の「技術志向」を強く批判し、条文の解釈が概念の演繹にとどまっていた法学のあり方を問題視していた。末弘が提唱したのは、ある社会における法の実現過程（law in action）を重視する考え方である。末弘は、法の実現過程を知るための手段として、新聞のようなメディアに早い時期から注目していた。最初の著作である『物権法』の中で、新聞は現実を知るための有用な素材であると述べていた[228]。

　上述の「発行の辞」にもあったように、『法律時報』も、新聞と同様に、法の社会運用の「現実」を掲載するメディアとなることが編集部＝末弘によって想定されていた。ただし、とはいえ『法律時報』と一般の新聞とでは想定読者が異なっている。そもそも、一般人に対する法情報と専門家に対する法情報とは同じ内容のものなのか、仮に同じ内容（メッセージ）であるとしても、その内容を同じ表現方法で編集しているのか、については自明なことではない。『法律時報』のデータ性のより具体的な展開についての、後の編

228　末弘厳太郎『物権法上巻』（有斐閣、1921 年）自序を参照。デジタル版に関しては、以下のサイト http://homepage1.nifty.com/ksk-s/suehiroB1.htm が便利である。

集組織とその編集過程の項で改めて検討することにする。

② 即時（時報）性

例えば、日刊新聞は、ある一日のうちに発生した社会の出来事を速やかに報道することが期待されている。新聞の即時性は、その媒体の刊行時刻によって、掲載される情報や取材の範囲が規定される。すなわち、新聞に掲載される「現実」は、限られた時間と取材のネットワークによって生み出されるものである。この解釈に従えば、即時性は当該メディアがどのような情報ネットワークを持っているか、どのような「現実」を採用しているかを知るための手がかりになりうる。

『法律時報』も、発信者として即時性を重視していた。しかし、それに縛られていたわけではない。

まず、内容的に、時事に対する反応は、「決してジャーナリズム的な興味にのみ終始するものではない、それは普遍的な学問的生命に富んだものであった」（編集後記・1930年6月号）とされる。つまり、『法律時報』に掲載される文章は、必ずしも社会の関心度によって縛られない。例えば、法哲学（1931年10月号のケルゼン特集）や法思想史（1933年8月号に掲載された「明治法学史における一学派」）の内容を論説で大きく取り上げる場合もあった。

また、誌面構成においても、「判例判旨」、「新法令」、「文献月報」「新刊批判」（近時法律関係の出版物に関する紹介、いわゆる書評）は、発行前の月に現れた判決、立法動向、論文や書籍を整理するものであり、その掲載対象は前回の発行日から今回の入稿日までのものに限定していたが、論説記事は、社会の現実問題を取り上げているとはいえ、必ずしも形式的に区切られた期間内に限定していない。つまり、その場合の即時性は、各著者の研究関心や執筆期間に影響されている。ただし、特集については、国会の会期を意識している傾向が強く見られた。

③ 情報の質の重視

末弘厳太郎は、民法学者でありながら、大正時代において「華々しい評論活動」を行い、また編集者として『法律時報』を作り上げた人物である。そのような活発な情報発信の背後で、彼は社会に対する法律知識の普及を狙っていた[229]。末弘は、「時事雑感」という時評で以下のように述べている。

126　第1部　メディア主導の法情報

　「世上法律の門外漢は動ともすると法律の力を過信して法律を以ってすれば何でも出来るやうに思ひ易い。所が法律にも自ら其及び得る可き力に限界がある。法律を以ってする干渉が反って被害を生みやすい事柄もある。然るに法律の門外漢は其の事に気つかないのである。

　その故に吾々日常正しい法律知識の普及に努力している者は、一面法律知識を一般に普及すると同時に、法律の社会的機能を明らかにして其力の社会上正に及び得るべき合理的範囲を明らかにすることが非常に必要である。」

——『改造』昭和5年2月号

　法律時報の草創期の編集では、特に専門家以外の読者が意識されていたが、そこで単なる法制度の「活用術」ではなく、社会全体の中で法の位置づけをいかに理解するかという点である。また、「門外漢」と違って、「法律知識の普及を努力する者」は、法の効果を過剰に宣伝するのではなく、法の社会的機能を見極める必要があると末弘が考えていた。言い換えれば、単なる条文や司法データの整理ではなく、その背後にある法理念やその運用のメカニズムまで解説を加えるのは彼が目指した法情報の伝達ともいえる。このように、当時末弘の法情報観は内容面すなわち情報の質まで及ぶものであった。

　情報の質に関する末弘の考え方は、新聞の司法・立法関連記事に対する評価から抽出することができる。末弘は、1930年2月号の法律時評において、ある交通事故について、新聞の報道が被害者の過失責任という「法学部一年生でさえ勉強すれば分かる」法学的に間違った立場を取ったことを問題視していた。このような考えからわかるように、末弘は、新聞記事と法律家の発信とは、事実の切り口、すなわち法的問題をどのような社会関心と結びつけるかという点で異なると考えていた。すなわち、単なる情報の正確さにとどまらず、情報の発信によって適切な社会関心を喚起しうるかという点こそ法律情報の質を理解する上でのポイントであった。また、新聞の問題点は、法を扱う情報の範囲にもあるとされた。例えば1933年8月号の『法律時報』は、国会立法の争点を特集したが、その意図は、「新聞紙における報道は極めて

229　大正デモクラシーの代表格として「学問の中では理論と社会的実態を結びつけ、また学問の外では、権力、官僚と戦い、学者を社会民衆と直接にぶつけることを宿願とし、且つ精力的に遂行された」（福島＝川島・前注207、80頁）。

概括である」ため、『法律時報』が市民に対して情報を補充することである
とされた（同号編集後記）。また、1936年に掲載された『読者カード』の意
見に対する応答の中には、「法律・法学上の時事的な動きを中心にあるいは
解説を試みあるいは（新刊）紹介に努め或いは批判」することの目的は、「正
しき判断の材料を供し、適切な解説を与えること」であるとする編集者の理
念が語られていた（同号編集後記）。

④　誌面構成の柔軟化

上述のように、『法律時報』は他の専門誌と異なり、論説の他に随想、法
律相談など、一般誌がよく使用した形式を導入しようとした。その当初の目
標は、学問的な質を維持しつつ、一般市民の教養誌としての価値（「学術の
外に少し読みでのあるもの」1930年6号）をも実現しようとするものであった。
その両者のバランスに関する戦略の一つは、先に指摘したような現実の出来
事に対する法的視点の提供であり、もう一つは、法律の問題について柔軟に
語る随想、あるいは読者と交流するような法律相談などの新たな形式の法律
記事の掲載である。

そのような新たな形式に関して、まず責任編集者である末弘自らが様々な
試みを行っていた。雑誌編集の作業と同時に、末弘は、創刊から1937年ま
でほぼ毎回巻頭言、法律時評を担当し、また1935年3月号から「民法雑記帳」
の連載なども含め、論説、新刊批判、法律相談など幅広いかつ多様な記事を
『法律時報』に提供していた。新法令、判例、文献月報など資料部分を除いて、
末弘は、当時の『法律時報』のすべての項目に挑戦したと言っても過言では
ない。末弘の柔軟な姿勢については、同世代の法律家から、法制度・現象を
めぐるエッセーが、ある意味で問題提起の機能を担っていると評価されたこ
ともある[230]。法律時評の「時」は、単なる社会の時事の意味ではなく、それ
が新しい研究課題に転換される可能性も十分考えられるものであった。『法
律時報』に対して、どのような記事が求められたか、また誌面の変動原因は
何かといった問いについては、以下の編集過程の分析において考察する。

230　戒能通孝『法律時評　1951年―1973年』（慈学社、2008年）「はしがきに代えて」を参照。

(3) 草創期における『法律時報』の編集——1929 年〜1936 年の編集後記を中心に

法律時報の編集部は、当初は日本評論社に置かれ、第 2 巻 5・6 号から独立した編集部（2 人）が置かれるようになった[231]。当時の法律時報は、一冊の雑誌を作成するために必要な作業を、極めて少数の編集者で行っていたことがわかる[232]。

法情報の専門性を考えると、法律雑誌は学術書の出版と共通する側面も有している。佐藤郁哉＝芳賀学＝山田真茂留の研究は、日本の四つの学術出版社に関する組織アイデンティティの事例研究を通じて、学術書の編集者像を整理しながら、特に日本における学術書編集者の役割と学術（研究）領域との関係の実態を解明するものである。その研究成果（学術出版モデルと呼ぶ）は、同じく市場と専門性のバランスという問題に直面する『法律時報』の編集を検討する上でも重要なヒントを与えてくれるように思われる。

彼らの学術出版モデル[233] によると、学術書の編集過程は、企画の立案、原稿の獲得、編集作業という三つの業務に分類されている。日本における学術書の編集者は、単なる文章の表現あるいは体裁の調整などの形式的な編集ではなく、テキストの内容設計にまで参与し、書籍の学術性と採算性とのバランスを把握する役割を果していることが指摘される[234]。ところが、専門家である著者と編集者の関係は、一方で書籍の制作や社会流通に関して相互扶助的な性格を持っているが、他方で収益の獲得、出版スケジュールの管理や読みやすさの配慮などの点について認識差や衝突が発生しうるという[235]。

ただし、以上のような学術出版モデルと違って、当時の『法律時報』では、編集者と著者という役割分担が曖昧である。当時の『法律時報』は、責任編集者と編集員という二段階の編集体制を取っていた。多くの場合、企画立案

---

231 1937 年まで、法律時報の「編集後記」に登場した編集者は、責任編集者末弘厳太郎も含む 3、4 人程度である。

232 その編集過程の実態は、当時の「編集後記」、各編集者の文章、末弘の日記などに、断片的に記載されている。

233 佐藤郁哉＝芳賀学＝山田真茂留『本を生み出す力』（新曜社、2011 年）281-286 頁を参照。

234 同上。

235 同上、291-298 頁を参照。

や具体的な執筆者の選定は、責任編集者である末弘厳太郎に一任され[236]、その他の具体的な編集作業、例えば校正作業など、形式を主に取扱う部分が編集員に回わされていた。末弘は雑誌の企画を担当しながら、「法律時評」などの連載も執筆していた。要するに、当時の『法律時報』においては、彼が著者と編集者の二役を演じていたのである。一般の編集員もテキストの編集以外に、判例整理、新法令または文献月報、資料の作成を担当していた。そういう意味で、当時の『法律時報』では編集者全員が、同時に著者としての一面を有していたといえる。したがって、『法律時報』においては、「専門家と一般人の編集者」のような関係ではなく、編集者は専門家に近い存在であった[237]。その組織上の特徴は、前項に指摘したようなデータ性、即時性、情報の質および誌面構成の柔軟化とどのように関係しているのかを以下で確認したい。

① データ性

責任編集者である末弘は、自らの専門の立場から企画や提案をすることが少なくなかった。民法、労働法、立法研究、法社会学など末弘厳太郎の多様な学問的関心は、当時の『法律時報』の誌面では、労働立法の関連記事、「借地借家」の特集（1933年8月）などに現れており、これらの特集は市場においても学界においても好評を博した。また、表紙に末弘厳太郎責任編集と明記され、巻頭言、法律時評、民法雑記帳（民法問題を取り扱うエッセー）などを末弘が毎月執筆していた。その上、編集部の編集プランに目を通し、示唆を与えることもあったようである[238]。したがって、『法律時報』は、法律時事問題や民衆に関わる法律を取り上げる方針でありながら、その「時事」「社会」「民衆」の中身は、末弘個人の情報接触状況に影響されていたことが想

---

236 福島＝川島・前注207、101-102頁を参照。

237 1930年3月に、編集部員間にストライキが起き、5月号が6月まで延期された。その結果、『法律時報』の編集部は日本評論社から独立し、末弘は「私としては今後出来るならば本雑誌の編集を出版社の仕事とせずして私自らの仕事とし私及び私の補助者のみを以て編集した上出版だけを評論社に頼む」（編集後記・1930年4月号）と考えるに至った。事件後も残った編集員は、末弘の指導の下、法律実務や法学研究をよく理解し、専門家に近い学識を有していたと推測できる。

238 法律時報50巻13号（1978年）「著者と編集者が語る法律時報の50年」の特別号における歴代編集長の記述において多く言及されている。

像できる。当時の『法律時報』の素材に関して、末弘自らが新聞を閲覧して収集していたことも記録されている[239]。つまり、当時の『法律時報』が提供した法情報（データ）のあり方は、その時代の状況そのものというより、素材選択と書き方の決定過程を通じて編集者である末弘個人の偏向が反映したものであった。

　データについては、判例、文献と新法令のような資料の部分も『法律時報』の重要なパーツであり、当時それを作成するのは編集部の仕事となっていた。そのような資料は、限定された内容である上、限定した時期（1ヶ月）を扱うものであり、固定的な項目の多い部分である。事情概要、文献タイトル・著者・刊行情報など書誌的なデータに関する整理が作業の中心である。データベースとしての資料部分には、著者の意図を排除し、資料の客観性を追求する姿勢がうかがえる。客観性を維持し、文章化されないままの資料は、司法実務・法学研究に向けた実用的情報として売り出された。

　上述のように、『法律時報』におけるデータの種類は、その生産過程から見れば、専門家が主導した記事と編集者が作成した資料という二つのパターンに分けることができる。前者には、法的なイシューをめぐって、法知識・法的思考を通じて社会の現実を解釈する側面がある。そこでの資料は、例えばある法律が社会的にどのような意味を持っているか（満州慣習調査の特集）、立法された法律が社会で受けいれられるかについての予測（労働立法の特集）など、法学研究や法的問題解決にとって有意義なものであった。後者は、立法の情報・判例・法学文献など法制度・法実務の事実状況、を扱っている。その作成には、必ずしも法学的な背景を必要としない[240]。ただ、そのようなデータは、論説のような明確なメッセージ性を持たない。

　②　「時間」と情報の質

　こうした状況は、次の「即時性」「情報の質」においても基本的に同様である。立法情報、裁判情報のいずれにしても、それぞれの領域の動向次第と

239　末弘が亡くなった後で出版した『断腸前後：遺稿と日記』（一粒社、1952年）は、末弘の研究メモや日記などを収録したものである。特に、「最後の日記」の中に、法律時評に関する立案過程を記載しているところがある（206頁、210頁、228頁、233頁、243頁）。その中では、例えば朝日新聞や読売新聞などの記事による立案が記されている。

いう面がある。これに対して、研究論考は、企画立案においては、客観的な時間の流れよりは、編集者と著者の共同作業がものをいうことになる。例えば、1933 年 8 月号の論考「明治法学史における一學派」は、「専門誌も通俗誌も掲載しないもの」であるが、法学研究上重要な意義を持つ（情報の質）ため、『法律時報』で取り扱うことになった[241]。そのような独特の「時間」の組み立て方は、一般の時事向けの雑誌・新聞とは異なっている。

　また、『法律時報』の時間観は、原稿をいかに集めるかという現実の問題にも関わる。『法律時報』では一般的な投稿よりも依頼原稿が多かったと言われる。原稿源を確保する上では、編集者と著者との安定的な繋がりが重要な意味を持つことになる。そういう意味で、末弘が『法律時報』の責任編集者を担当したことには、『現代法学全集』の成功に乗じたということ以外に、法学者末弘の影響力を通じて法律専門家である執筆陣とのネットワークを構築しようとする意図もあったと考えられる。編集部と法律専門家とのコミュニケーションが直接に雑誌の内容に反映されるケースもある。当時の「編集後記」には、主に雑誌の内容に関わるものであるが、時報に対する他の学者の意見を載せることがあった。その「編集後記」に意見を載せた学者が、後に著者として原稿を提供するケースも稀ではなかった（1930 年 2 月号および 1933 年 4 月号編集後記より）。つまり、こうした当時の『法律時報』では、しばしば編集者と著者との間の編集以外のコミュニケーションが行われており、編集者と法律家の関係が雑誌の誌面構成や内容に影響を与える場合もある。

　③　ジャンルの多元化

　記事のジャンルに関しての構成の変化は、『法律時報』の草創期に早くも現れていた。ジャンルとして最も柔軟的である随想は、1937 年までの『法

240　『法律時報』も編集者に対して、法学的な訓練を要求していたわけではない。草創期の編集部メンバーは、確かに末弘の授業などを受けた経験を有していたりするものの、法学志向より社会運動・民主化に関心ある人とも見られる。非専門家的な編集者といった性質は、その後の『法律時報』でも変わらない。1967 年〜 71 年まで『法律時報』の編集長、90 年代まで日本評論社の経営層に勤めていた大石進のインタビューでは、編集者への法学専門知識より、時事への感覚（総合雑誌、一般誌の把握）を重視する傾向からその点を確認することができる。そのインタビューは 2013 年 2 月 13 日に日本評論社本社で実施したものである。

241　「編集後記」法律時報 5 巻 8 号。

律時報』において最も形式面で変動した部分であった。その変動は、主に分量の圧縮と著者の固定化にある。すなわち、随想は、創刊号では10頁あったが、1933年に入ると3～4頁のみという状況が続いている。またその構成は、単独のエッセーから連載の形に収斂し、テーマも掲載号の特集企画とは無関係の場合が多かった。

　1929年～1933年の間に、『法律時報』は編集方針の修正を行った。創刊2年目である1930年の『法律時報』は、早くも専門家からの支持を得ていたが、「一般読者」に関しては、採算上の困難により通俗誌と同様の一般販売を断念するという「挫折」もあった。編集上ジャンルの柔軟性を維持するのは簡単ではなかった。なぜなら、法律の専門性ゆえに柔軟な「原稿」の調達は困難だったからである。『法律時報』の第2巻第1号では、その編集は「一定のプランに基づいていなければならないと同時に、他方高い学問的価値を問われるものである」ため、執筆者の選択範囲が限られているという事情があるとされた（1937年1月号編集後記より）。そのような原稿調達の問題は、立法に関する特集の原稿についても同様であった。例えば、1932年3月号の『法律時報』は、国会立法期の審議に対応するため、関係各官庁の担当者に原稿を依頼したものの、司法省と社会局の二つの原稿しか集まらなかった。他方、1933年11月号は、立法関係者の原稿ではなく、法学者による立法者の学説の整理を掲載した。内容的には1932年より広い範囲の情報提供、いわゆるデータ性が保証されたが、論説としてのわかりにくいものとなった。要するに、実際の編集過程において、文章のわかりやすさの追求がなされつつも、現実的には原稿確保の面から妥協せざるをえなかったことが見てとれるのである。

　注意すべきなのは、読者も文体の柔軟性に対する違和感を示したことがあるということである。1931年4月号の編集後記で掲載された読者意見は、研究論文への関心を示しつつ、新聞解説の廃止と実務向け評論の強化を希望していた。同様に、1936年の『読者カード』の意見では、判例文献などの紹介の充実および扱う法分野の拡大について強い関心を示しているが、法律時評に対してはやや冷淡であった（1936年6/7月号編集後記より）。

　情報へのアクセスしやすさという観点から、ジャンルの柔軟化は有意義な

試みとして位置づけることができる。それは、専門的な法の知識を発信する場合に、専門的な用語や学術的な論述を避け、日常生活の経験に照らして説明することである。ただし、そのような柔軟性への要求を満足するようなテキストは、特定の著者に依存せざるを得なかった。長期的には、原稿確保という編集上の都合により、末弘が当初重視したテキストのわかりやすさの維持は困難だったのである。

第3款　小結

本節では、『法律時報』草創期の10年間に限って、分量、著者および表現の構成など編集上の特徴を検討していた。そこでは、以下のような特徴が見られる。

(1)　法律雑誌のネットワーク

上述のように、『法律時報』は、専門資料を提供する専門志向と、法的知識の普及に資する教養志向という二つの目的があった。これに応じて、記事の二つのモデルを以下のように整理できる。

(図1)

項目	教養モデル	資料モデル
著者	限られた法学者、関連領域（立法過程）の関係者	各法分野の研究者、編集者
文体	評論（時評や随筆）、連載、口絵、論説	論説、判例、立法動向、文献リスト
テーマ	著者の判断に依存する	出来事や共通の関心
編集	著者の自由度高い、原稿取りの困難さ	編集者の主体性高い、原稿管理の容易さ

専門知識への要求が少ない、時評、随筆、口絵などの文体は、一般人がよりアクセスしやすいテキストであり、その意味で「教養モデル」のテキスト群は、一般社会への発信を志向する法情報のネットワークの拡大の試みである。『法律時報』の一つの目標であった、雑誌の記事を通じて、当代一流の法学者や裁判官の見解を世の中に浸透させることに相応する。ただ、実際に

はそうしたスタイルから、法的専門知（学説、解釈技術）へと徐々に重心が移動せざるを得なかったのである。なぜ、「教養モデル」は長く続かなかったのか、という問いに対しては次の二つの理由が考えられる。第一に、読者層の反応である。すなわち、「教養モデル」の凋落は、法的思考を志向する読者集団（法学研究者や法曹以外、法学教育を受ける学生）の形成と表裏一体であった。こうした読者は、『法律時報』の執筆陣に近い社会的な地位におり、法や政治についての考え方も似ている可能性が高い。彼らが求める情報は、法の理念や立場を説明するような「教養モデル」のものではなく、自らの法的実践（法律知識の習得や司法活動など）に使えるいわゆるガイド機能である。第二に、編集過程のコントロールである。「教養モデル」では、法的な専門知から大衆の好みへの応答に至るまで書き手の複合的な能力が要求される。これに対して、「資料モデル」は法律家の本業の知識や用語で成立し、さらに書誌データなどは編集者単独の作業でも構成可能である。つまり原稿の依頼やスケジュールの管理などの点で処理が容易である。結局、当時の『法律時報』では、わかりやすい文章で読者を楽しませるような法律知識の「大衆化」は構造的に実現しにくかったことがわかるのである。

(2) 法律の大衆化と法律家の大衆化

　では、『法律時報』の大衆化は失敗したのだろうか。答えは単純ではない。確かに、「教養モデル」は「資料モデル」へと道を譲っていった。しかし、商業法律雑誌というメディアの成立自体が一種の情報の『大衆化』であったと見ることもできる。出版社にとって法律雑誌のネットワークは、法律書籍の出版に有用な資源であり、法律雑誌の連載を単行本の刊行につながるなど出版社と執筆者との間の連帯が強まり、書籍の書き手と読み手を両方確保する好循環が生まれる。その『大衆化』は、新聞記事のようにアクセスの容易さ（発売の値段や文章のわかりやすさ）によるのではなく、購読者つまり法律学習者、法学愛好者の拡大に支えられた。もし『法律時報』の好評を「大衆化」の現象として捉えるとすれば、それは教養人口が支える高等教育のニーズ、つまり潜在的法律家集団のニーズの増加と連動していたように思われる。その意味で、法律雑誌の情報構成は当時の社会状況と連動する法システム・

法学への関心の強化と相関しており、単なる法律家主導の理念・知識啓蒙ではなかった。

第3節　法律雑誌と立法──戦後刑事法改正と『法律時報』

　前節では、『法律時報』の草創期の編集過程を通して、法律雑誌というメディアの特徴を検討した。草創期の編集方針の変化からわかるように、読者層や原稿の調達といった事情により、書き方や内容の設定などの形式面で法情報の特徴が、雑誌の「大衆化」が妨げられた。本節では、視点を変えて、主題面から法律雑誌発信の社会効果を考察する。ここでの主題面とは、特定の事例をめぐる法律雑誌の報道における記事の構成を指す。

　また、第2章の新聞についての分析との比較を可能にするために、同様に刑事訴訟法を素材とするのが望ましいが、専門誌としての法律雑誌は具体的な条文の解釈が扱われることが多いため、少年法や被害者救済制度などの場合を除いて立法過程にまで検討が及ぶことは少ない。そこで、本節では刑事訴訟法のみではなく、相対的に関連記事数の多い刑法改正にまで考察の対象を拡張する。法律雑誌において、刑法改正を取り上げる記事はしばしば刑事訴訟法の改正にも言及しているので、こうした拡張をしても、刑事訴訟法改正に対する法律雑誌の捉え方を知ることは不可能ではない。本節の事例研究も『法律時報』を素材にする[242]。

242　第2章の新聞についての分析と比較することの意義は以下の通りである。
　　　第一に、同じ事例に関する報道の違いに各メディアの特徴がよく現れる。第2章で見たように、時事性を重視するマスコミの立法報道は、実際の立法過程の進行に寄り添うことになった。これに対して、法制度の解説者としての法律雑誌が、新聞と異なる立法報道をするのは、情報発信の役割が異なっていることの反映である。
　　　第二に、学術的な法律雑誌における立法をめぐる問題の提起は、研究者自身による社会の働きかけである。法律の改正は法律の研究者にとって単なる一般の出来事ではなく、自身の研究作業に影響する情報であるだけではなく、研究者が立法の関係者になることもある。つまり、実用法律雑誌における立法報道は、公的論議に参加する法学者の言論活動という角度からも読み取れるのである。

第1款　概説──刑法改正の情報発信

地方誌も含め明治期から現在までのデータを収載する「雑誌記事索引集成データベース（http://zassaku-plus.com/）」で「刑法改正」をキーワードに検索したところ、合計1251件の記事がヒットし、そのほとんどは法律関係の雑誌のものである（2017年3月最終閲覧）[243]。

この中では、1901年～1906年（総計75件、以下では第1期と呼ぶ）、1931年～1940年（総計205件、以下では第2期と呼ぶ）、1955年～1985年（総計627件、以下では第3期と呼ぶ）、そして2001年～現在まで（101件）、報道が集中した四つの時期がある。2001年以後は法律雑誌自体の数が最も多い時期にも拘らず、刑事法改正に関する法律家の情報発信は、前3期に比べ決して多いとは言えない。こうした事情を踏まえながら、以下ではまず2000年以前の報道ブームを概観する。

第1期は、主に現行刑法の立法過程をめぐる議論であり、発信者は主に大学研究者と弁護士であり、その掲載媒体としては大学の法学紀要や『法律新聞』などの弁護士が刊行した出版物が主であった。ただ、無記名の形で一般情報誌に掲載されたようなケースも少数だがある[244]。

第2期は、刑法の全面改正の試みである改正刑法仮案（総則は1931年、仮案の発表は1940年）をめぐる議論を紹介する性質の論文が複数公表された。例えば実用雑誌である『警察研究』に1931年に連載された「刑法改正の諸問題」（1-10）と1940年に連載された「刑法改正の諸問題──改正刑法例案各則論評」（1-6）は、刑法改正に関する解説としては射程の広さを有していた。こうしたように、この時期は、法律（系）実用雑誌が刑法改正の議論におい

243　以上のデータは、日本国内で公表された刑法改正に言及した記事を特定の単語を基準に抽出したものである。そこには公報での条文公示、外国の刑法改正の紹介などこれまで本論が排除してきたものも含まれている。また、法律雑誌と一般雑誌、学術雑誌と実用雑誌といった区別が必要であるが、本論では問題設定との関係で、法律雑誌と一般雑誌の比較は行っていない。今後の課題としたい。学術雑誌と実用雑誌の区別については、記事の多い期間に限定して扱うことにする。

244　例えば、「時論─刑法改正」1901年2月18日、『週刊新聞太平洋』2-7頁；「東京弁護士会と刑法改正案」1901年11月9日、『東京経済雑誌』44巻1106頁。

て重要な地位を占めた。

　第3期は、1956年に刑法改正準備会が発足し、法務省が刑法の全面改正を試みた。しかし、一連の草案——1961年「改正刑法準備草案」、1972年「改正刑法草案」、1976年「刑法の全面改正について」（中間報告）——に対しては、弁護士会を中心に、処罰の範囲と程度を拡大・強化する重罰化に対する批判が強く、全国各地の弁護士会が市民集会、関係書籍・映画の出版・公開を通して、刑法改正阻止運動を盛り上げた[245]。また、1970年前後から、改正作業に疑問を感じた刑法学者らが、論文・学会報告などを通じて刑法改正の批判を進めるようになった。1976年中間報告で法務省が法制審議会の答申に対して実質的な修正を加えた極めて異例のやり方には、そうした法律専門家を中心とする強い反対運動が影響したとされている[246]。

　その後、1981年に法務省が日弁連との意見交換会を行い、「刑法改正作業の当面の方針」「保安処分制度（刑事局案）の骨子」などの修正案を提示したが、弁護士会や学会を説得するには至らなかった。結局、改正刑法の草案は、棚上げになり、議会での立法審議も行われなかった。

　上述の改正刑法草案内容の評価についての考察は、本書の問題関心ではない[247]。ただし、明治期および戦後初期の立法過程と違って、その時期の刑法改正動向では、もともと政府が主導していた立法のコミュニケーション過程に、法律専門家の言説が加わり、最終的に立法が阻止させたことが興味深い。当時の論文の公表、講演会の開催などといった法律専門家の取り組みは、いずれも法制度の解説をしつつも、同時に意見の陳述を行う情報発信行為であ

245　刑法「改正」阻止実行委員会『刑法改正問題の十年——日弁連運動のあゆみから』（日本弁護士連合会、1984年）2-53頁。この時期に日本弁護士連合会が刊行した書籍は、他に『「改正刑法草案」に対する意見書——刑法全面「改正」に反対し国民の人権を守るために』（1974年）、『刑法改正読本』（1975年）、『なぜ刑法改正に反対するか——各地の集会から』（1978年）。また、赤坂エージェンシー社の製作した宣伝映画「刑法改正のはなし」が1980年に上映された。

246　吉川経夫『刑法改正23講』（日本評論社、1979年）12-14頁を参照。

247　その評価については、平野龍一「社会の変化と刑法改正」平場安治＝平野龍一『刑法改正の研究2　各則』（東京大学出版会、1963年）11頁以下を参考。彼らは、「個人主義の価値観への変化」を草案の内容に反映できなかったことが改正草案の敗因であるとする。ここでの個人主義的価値観とは、例えば被害者なき犯罪や被害の成立が微妙な犯罪についての非犯罪化を要請するような立場を指す。

った。つまり、その時期の法律専門家は、情報発信と同時に立法に対する提言を狙ったのである。そのことを裏付けるように、第3期では記事の数が最も多く、継続期間も長い（第1期は5年、第2期は9年、第3期は29年）という現象が確認できる。また、『法律のひろば』、『法学セミナー』、『ジュリスト』、『法律時報』などの実用雑誌が、第2期からの伝統を引き継ぎ、研究者の枠を超えて、実務家や実際の立法審議に参与した官僚など多彩な執筆陣を取り込むようになった。座談会など論文以外のジャンル様式が多用されるようになったのもこの時期の特徴である。

第2款　戦後の『法律時報』

　草創期の伝統を引き継いだ戦後の『法律時報』は、法制度あるいは法学に関わる情報の社会への発信を担う雑誌として発展してきた。ただし、「時事問題の解説」「研究資料の提供」「法律智識の普及」という三つの趣旨の間には、やや温度差が生じる。すなわち、創刊当時に標榜された「法律の大衆化」を思わせる取り組みではなく、法律学習者や研究者向けの記事が一層強化されることになった。

　戦後の『法律時報』は、1945年の10月に発足した。その際に、「万事につき『道理』を重んずる気風をすることが此際の我国にとって何より大事であると吾々は考へておる」と巻頭号に綴られていた。もちろん、そこでの「道理」とは法的議論を通して社会問題を表現することであり、「吾々」とは法学研究者や法律実務者を表すことになる。こうした法律専門家の声（「吾々の考え」）を発信する姿勢は、『法律時報』の編集部と法学研究者の関係によって成り立っていた。

　まず、編集体制であるが、責任編集者への就任は出版社ではなく、前任の法学者による指名という方式が採用している。末弘厳太郎が亡くなった後、雑誌誕生当時から記事の提供などを通して『法律時報』の編集に関わっていた同じ法社会学者にして末弘の弟子である戒能通孝が責任編集者に就いた。その次に責任編集者になった野村平爾も前任者からの推薦によるものだった。ただ、2000年以降は、編集委員会方式が採用されることになった。その主たる役割は、民法、商法、刑法など各分野から1人ずつのメンバーが3ヶ月

に1回集まって、雑誌の「特集」企画を決定することである[248]。

　また、研究会活動が雑誌と法学研究との新たな接点となった。『法律時報』1000号記念企画（80巻10号）の「研究会活動のあゆみ」では、民事法研究会、刑事法研究会、取引法研究会、法律行為研究会、労働判例研究会の活動が紹介されていた。それによると、『法律時報』は、一方ではそれら研究会の成果を活かして判例と各分野の研究動向の関係記事を確保し、他方、研究会に対して会場を提供するなどして運営に協力していた。このことからは、『法律時報』が雑誌の文面を超えて、深く研究活動に参与している情報メディアであることがわかる。

　そして、『法律時報』は単なる時事的かつ法的論点を提示するだけではなく、資料の収集や整理といったサービスをも提供している。日本評論社は、2000年以後には、法律文献のデータベースにも事業を拡大し情報技術の変化とともに法律情報の電子化を進めてきた。今では、同データベースは、日本の法律文献に関する主流のデータベースとして広く知られている。このように、戦後の『法律時報』は、単なる一つの雑誌ではなく、法情報に関わる複合的な情報システムにまで発展してきた。

第3款　『法律時報』の刑法改正報道（1953年〜1975年）

　『法律時報』での刑事法改正報道は、上述の第2期に始まった。ここで特に注目したいのは、刑法改正に関わる特集企画である。前節で述べたように、『法律時報』の特集は、時事性を重視しながらも、編集側の特徴をより反映するようになった。その特徴とは、文体面では、メインである論説論文以外に、座談会（11件）、研究者に対するアンケート（3件）、また法律草案（仮案）、日弁会など特定の団体による立法意見といった資料（4件）も掲載された。また、執筆者の構成では、当時大学機関に在籍した法学研究者が主な分量を担っていたが、弁護士、議員、判事、また立法過程に関わる官僚などがしばしば現れた。ただし、通時的に見ると、刑事法改正の特集（1982年5月）以後、刑事法改正関係の記事（9件）は特集化されず、構成上も論文の形式のみで、

248　編集委員自身の記録：http://blog.livedoor.jp/leonhardt/archives/50555171.html；http://kanakotakayama.blog.eonet.jp/default/2012/09/post-0a08.html

座談会、資料などの情報は扱われていない。

なぜそのような傾向となったのか。『法律時報』が最も力を入れて取り組んだ 1957 年〜 1976 年の刑事法改正特集を取り上げ、そこでの法情報の性質を探ってみる。

（1） 編集者から見た刑法改正

編集者は『法律時報』における刑事法改正の報道をいかに認識していたか。その答えは編集の方針を知る手がかりとなる。1950 年代に『法律時報』の編集長を務めた清水英夫は、刑法改正に注目した理由について以下のように語った。

　「本誌は今日（1976 年）まで執拗に刑法改正問題に取り組んできたのであるが、それは何といっても 56 年に始まった改正作業が、戦前のファッショ的な改正刑法仮案を土台として出発した、というあまりにも時代錯誤的な姿勢に強い疑問を持ったからである。同時にまた、刑法のような基本法でかつ人権に直接かかわる重要法規については、できるだけオープンな議論が必要だ、と考えられた。」[249]

以上の発言から、イシューの提供者としての『法律時報』という立場が浮き彫りになるだろう。すなわち、その時期の『法律時報』の報道には強い価値判断が含まれていた。先にみた当時の新聞報道では、立法手続の紹介が中心で、報道者自身の立場が明確に示されることはあまりなかった。ところが、対照的に、『法律時報』の論説は編集サイドのはっきりした立場・問題関心が明らかであった。それは、1945 年の巻頭言に現れていたように、法律専門家、中でも法学研究者という集団の立場を示そうとするものと考えられる。

また、この時期の『法律時報』では刑事改正作業の進展に応じて、記事特集を掲載することによって、刑事法学の動きに影響を与えようとする姿勢がみられた[250]。以下では、編集長岩田が言及した『法律時報』の記事と当時の立法動向をまとめた年表である。

249　清水英夫「編集長が語る法律時報の 60 年　戦後の法律時報と法学──その私的回顧」法律時報 50 巻 13 号（1976 年）273 頁。

第 3 章　雑誌における法的問題の構築　141

1956年10月		法務省に刑法改正準備会を設置
1957年2月		法律時報『刑法の改正』　木村亀二「刑法改正の世界史的系譜」
1960年4月		刑法改正準備会が「改正刑法準備案」（未定稿）を作成
	5月	『法律時報』6月号「準備案」の全文掲載
	28日	改正刑法の臨時創刊
	8月	『法律時報』8月号刑法改正の小特集
1961年12月		法務省が「刑法改正準備草案」を公表
1962年3月		『法律時報』3月号特集「改正刑法準備草案の検討」
1963年5月		法務大臣は「刑法に全面的改正を加える必要があるか、あるとすればその要綱を示されたい」法制審議会に対して諮問。法制審議会が刑事法特別部会を設置。特別部会長に小野清一郎が就任
1963年7月		特別部会で5小委員会を設けて検討すること決定
1965年1		『法律時報』1月号特集「刑法改正の現状と論点」
1966年6月		『法律時報』6月号特集「刑法改正問題をめぐって」
1969年12月		特別部会が第1次参考案
1971年10月		特別部会が第1次参考案
	11月	特別部会が「改正刑法草案」を作成
1972年4月		法制審議会が「改正刑法草案」各条文に対する総会審議を開始
1974年5月		法制審議会「改正刑法草案」の総会審議終了。「①刑法に全面的改正を加える必要がある。②改正の要綱は当審議会の決定した改正刑法草案による」という決定を行い、即日法務大臣に答申した。
	6月	『法律時報』6月号特集「刑法改正の問題点」

250　『法律時報』は、そのようなやり方を一般的に行ってきている。訴訟についても同様であることが編集者に対するインタビューで明らかになった。インタビュー調査の基本情報について、前注238を参照。

1975年4月	『法律時報』臨時増刊「改正刑法草案の総合的検討」
1976年9月	『法律時報』9月号「刑法改正中間報告」
1979年12月	『法律時報』12月号「特集資料　再審法改正案（刑事訴訟法の一部改正案9）・再審関係文献目録（特集　刑事再審の現状と立法問題）」

　以上のように、『法律時報』の報道は、法務省の動きにあわせたものであった。ただ、このうち、1965年1月、1966年6月の特集は、審議草案の公開前に掲載されたものであり、『法律時報』が、単に法律案（草案）の事後解説をするだけではなく、特別部会の審議自体に働きかけようとしていたことがうかがわれる。つまり、『法律時報』は、当時の法学者による草案批判に同調して、立法の動向の解説にとどまらず、実際の立法過程へと向けて情報を発信したのである。その意味で、ここでの法律雑誌はただの中立的な観察者ではなかった。

　『法律時報』はなぜこうした役割を引き受け、実現したのか。以下では、この問いを情報の主題および構成手法から検討してみる。これは、『法律時報』が目指した「オープンな議論」が一体どのような情報で構成されているかという点とも関わっている。具体的には、誰（情報源）が、何の視点（テキストの構成）で「刑法改正」を語ったか、それに対して『法律時報』の編集側はいかなる役割を果たしたかということである。

(2)　刑法改正の特集

　1957年2月の「刑法の改正」は、刑法改正準備会の審議早期に公表された特集である。具体的な改正案がまだ形成されていない段階での報道ということになる。特集は、木村亀二の「刑法改正の世界史的な系譜」（4-9頁）と宮内裕「保安処分についての若干の問題」（10-14頁）という二本の総論的な論文に加え、座談会の「刑法改正にのそむ」（15-27頁）、アンケートの「刑法改正に対する意見」（28-61頁）、比較法研究「刑罰の目的と刑の量定——西ドイツの『刑法改正資料』から」（62-68頁）、口絵「刑法学のリーダーたち」

第 3 章　雑誌における法的問題の構築　143

（表紙 2 と 69 頁の解説）、精神鑑定の視点から「法律的人間像と精神医学的人間像」（78-79 頁）、論説「刑法改正に希望する」（80-82 頁）、資料「大正 15年『刑法改正の綱領・改正刑法仮案』」（88-105 頁）、関連特別法「監獄法の改正」（74-77 頁）により構成されている。執筆者には、法学（特に刑法）研究者以外に、弁護士（「監獄法の改正」と座談会）、判事（アンケート）、検事（アンケート）、医学関係者（「監獄法の改正」、「法律的人間像と精神医学的人間像」とアンケート）も含まれていた。そのうち、座談会とアンケートは、編集者の企画によるものである。特に、アンケートでは、編集部が以下のような論点を提起し、議論の範囲を規定している。

　「"刑法改正" に関する準備会の作業は、各方面注目のうちにすすめられている。改正の対象になっている項目は、かなりの数にのぼると伝えられるが、本誌編集部では、学説上、立法上（著者強調）、重要な意味を持つ諸問題につき、学界、実務家から、ひろく意見を求めた。刑法学界に多くの貢献を行うものと信じる。問題の四つのグループをわけ、三、四名の方にお答えしていただくこととした。」

　『法律時報』は、1960 年 5 月号の別冊を発行し、同年 4 月 27 日に刑法改正準備会が発表した「刑法改正案」を全文掲載した。同年 6 月 28 日には、45 人の研究者、弁護士を含む執筆者を動員して、『法律時報』戦後最大の臨時増刊である『改正刑法準備草案の総合的検討』と題する 464 頁の「雑誌」を刊行した。同誌では、条文の内容解説が総則と各則に分けて配置され、歴史的考察、新聞評論、立法審議参加者の意見、憲法および労働問題などの多分野との関係など、様々な角度からの検討が行われた。また、新旧法律の対照などの資料も最後に加えられている。

　1962 年 3 月の特集『改正刑法準備草案の検討』は、1960 年の「刑法改正案」公表以後の議論を踏まえ、1961 年 12 月の「最終案」の公表に応じたものである。同特集は、木村亀二の「改正刑法準備草案の総合的検討」をはじめ、比較法研究の平野龍一「オーストリア刑法草案について」と森下忠「イタリア刑法改正法案の問題点」、条文解説である「改正刑法準備草案の問題点」、座談会「改正刑法準備草案の批判的考察」、刑事訴訟法の観点から高田卓爾が執筆したゼミ式討論「刑事訴訟法からみた刑法準備草案──大学院生との

144 第1部 メディア主導の法情報

雑談的討論」、また特定問題の論説である西村克彦の「間接正犯論の盲点
——西原春夫氏の新説に関連して」により構成される。座談会では弁護士が
議論に参加していたが、他のテキストはすべて法学研究者による論説であっ
た。

　1965年1月の特集では、佐伯千仭「刑法改正問題審議の姿」を冒頭に、
比較法研究の西原春夫「西ドイツの刑法改正論争(1)」以外に、当時現れた条
文の原理を検討する「責任主義」、「共同正犯」、「刑罰論」、「保安処分」、「推
定規定」、「刑事訴訟法への影響」、「国家犯罪」に関する7本の研究論文が掲
載された。その特集の中で、唯一の非研究者の執筆者は、法務省刑事局参事
官の長島敦である。彼は、「刑法改正作業の現況と問題点」という解説の中で、
改正作業すなわち審議における議題の設定、意見の展開を紹介することを試
みている。

　1966年6月の「刑法改正問題をめぐって」は、当時の刑事法特別部会の
終盤審議を意識して組まれた特集である。そこで、編集部は再びアンケート
調査（「刑法改正問題の論点」）を行った。そのうち、9人の刑事法学者が「刑
法の全面改正」（12-21頁）、4人が「責任主義の原則」（22-25頁）、4人が「共
謀共同正犯」（26-31頁）、8人が「保安処分」（32-40頁）、3人が「犯罪構成
要件」（41-43頁）、5人が「国家犯罪」（44-49頁）について論じた[251]。その趣
旨について、編集部は次のように述べている。

　　「法制審議会が『現行刑法の全面的改正』について審議を始めてから三年を経
　過しました。小誌としては、すでに臨時増刊、特集として数度にわたり本問題

251　アンケートの問題設定は、以下のようになっている。すなわち、①現在の時点において、刑
　　法の全面的改正をする必要があるとお考えですか。②所謂責任主義の原則を刑法において明ら
　　かにすべきだとお考えになりますか。この点に関する準備草案およびその後の諸案の態度につ
　　いてのご意見をお聞かせて下さい。③準備草案は、共謀共同正犯についての明文の規定をおい
　　ていますが、この種の規定を置くことを必要とお考えですか。④常習犯や精神障害者の犯罪に
　　対して特別の処遇をする必要があるとお考えですか。あるとすれば、それはどのようなものと
　　すべきでしょうか。⑤現行法よりも犯罪構成要件を細分化する必要があるとお考えですか。あ
　　るとすれば、どのような方法によるべきでしょう。⑥準備草案では、現行法に比べ国家的法益
　　や社会的法益に対する罪についての規定が強化されているといわれている（スパイ罪、公務妨
　　害罪、騒動予備罪等）。これらの点についてのご意見をお聞かせてください。

をフォローしてまいりましたが、最近では一月号において、刑法研究者に対するアンケート調査を行いました。他方、日本刑法学会は、本年四月の大会で改正問題の討議を行なっております。審議の進展、研究者の関心の増大、加えて基本法改正という事柄の重要性にかんがみ、今回再び特集を編んだ次第であります。」(11頁)

1974年の特集『刑法改正の問題点』は、「罪刑法定主義」「犯罪論」「刑罰論」という刑法の理論面から、各則の条文の検討、法改正手続の問題点（座談会）など、200頁に渡って刑法改正を全面的に批判する複数の記事により構成された。また、アンケートを実施し、法制審議会に参画しなかった65名の刑事法学研究者の意見をまとめて載せた[252]。そのアンケートは、刑法改正の問題点を以下のような5点に区分けし、対象研究者がそれに答える形式で掲載された。

　　一、改正刑法草案（昭四七、刑事法特別部会、以下同じ）の基本的性格や問題点をどうお考えになりますか——本項は刑法改正作業全般にわたってのご意見ですので、例えば、審議過程に対する意見や、構成要件の細分化というご意見のように概括的に草案の問題点をご指摘になるものも含みます。
　　二、改正刑法草案総則部分のうち、特に犯罪論についてのご意見——ここでは間接正犯や共謀共同正犯といった個別的なテーマに対するご意見を期待いたします。
　　三、同じく総則部分のうち、刑罰論および処分論についてのご意見——例えば、懲役と禁固、常習累犯、保安処分等。
　　四、改正刑法草案各則部分のうち、国家・社会法益に関する罪についてのご意見—例えば、騒動予備罪、風俗を害する罪等。
　　五、同じ各則部分のうち、個人の法益に関する罪についてのご意見——例えば、名誉侵害罪、企業秘密ろう示罪等。
（注）二〜五については、個別的なテーマを具体的に論じても、また当該部分の中に流れる原理的な特色を論じてでも良いとされた。

252　1926年以後生まれ日本刑法学会に所属し当時全国の各大学において刑事法学（刑法・刑事訴訟法、刑事政策、犯罪学等）の授業を担当していた102名研究者に依頼したようである。その中に、最終的に原稿を寄せたのは65人である。

そのアンケートの中では、一の「改正刑法草案の基本的性格・問題点について」（19件）と、三の「改正刑法草案の刑罰論・処分論について」（17件）が最も意見の集中したところであった。また、同様の意見表明として、1974年の特集には【資料】の項目で経団連・刑法改正小委員会の「改正刑法草案に対する意見」も添付されていた。

1976年9月の特集「刑法改正中間報告」は、座談会「刑法改正中間報告をめぐって」と、審議過程を含めた草案条文の解説論文「刑法の全面改正について」により構成され、また【資料】として法務省「刑法の全面改正について」と『法律時報』編集部「刑法改正条文対照表——昭和49年草案・昭和36年準備草案・昭和15年仮案・現行刑法」が添付された。中間報告は、当時の各方面からの批判や意見に応じて、各則を中心に修正が加えられており、例えばそれまでの特集でも議論された騒動予備罪、名誉侵害罪について、削除や要件の明確化を行うなどの対応がなされた。この特集では「この中間報告に批判がどのように反映しているか」を検証し、「近い将来に予想される政府案作成についてどういう態度をとるべきか」[253]について議論し、審議過程との交流を継続するための情報を提供することを目的としていた。

以上の法律時報における刑法改正への取り組みを、主に書誌情報と編集構成から検討する。

第一に、書誌情報の状況をみると、『法律時報』の草創期に確立された即時性、データ性（資料）重視の情報観は、1957〜1967年の『法律時報』の編集でさらに強化されたように見える。即時性については、各特集は法務省の動き、刑法改正草案の公表に合わせたものであり、公表された次の月に早くも刊行されたケースが多く見られる。また、当時法制審議会の内容は未公開であるにもかかわらず、審議参加者以外の法学研究者の提供原稿などを用いて、審議過程と同時に特集の刊行が行われた。データ性については、改正案原文の掲載のほかに、法務省が作成した資料がもっとも多く掲載されており、報道機関（名誉侵害罪に関する意見）、経団連などの法学以外の関係者の意見も掲載された。

253　吉川経夫＝澤登俊雄＝中義勝＝内藤謙《座談会》「刑法改正中間報告をめぐって」法律時報48巻10号（1976年）8頁を参照。

第3章　雑誌における法的問題の構築　147

　第二に、記事の主題については、草創期においては法学の観点から社会の現象を説明する「法律時評」のような啓蒙的なテキストが重視されたが、1957～1967年の法律時報では法改正に影響を及すことを目的として、座談会やアンケートのような形で法学研究者の意見を掲載する側面が強くなった。第2章でみた新聞の法改正報道に比べると、法審議過程と法案の条文を重視した点では、当時の新聞の立法報道と共通していたが、法務省の関係者や研究者からの情報が確保されているぶん、新聞よりも立法の「政治的」な側面を詳しく伝えることができた。その一方で、新聞におけるような法改正の社会的な側面、つまり特定の事件や当事者についての情報は、『法律時報』のテキストには見当たらない。このように、『法律時報』における議論の多元性は、法学研究者および法学者自身のネットワークに由来するものである。そして、法律雑誌である『法律時報』において多様な記事を構成できたのは、社会の立法への関心の高揚よりも、この時期の法学が立法審議に対して持っていた影響力と関係している。

第4款　その後の刑事法改正と法律雑誌の関連記事

　以上のように、60～70年代における『法律時報』の刑事法改正特集は、スター研究者個人ではなく、法律家集団（ここでは特に刑事法専門の研究者を指す）の意見を押し出すような姿勢を取っていた。もし、以上の連続的な刑事法改正特集や関連書籍の刊行を、専門家集団としての法律家の意見の提示として理解するならば、専門家の情報が立法をめぐる世論の形成において一定の影響力を持っていたと推測できるだろう。では、刑事法改正が活発に行われていた2000年以後の現在、法律雑誌はどのように刑事法改正というテーマを扱っているだろうか、その中に新しい特徴変化は見られるか、特に法的コミュニケーションの観点からそれらの変化はどのような意味をもつのか。まず、80年代以後の法律雑誌における刑事法改正の特集を簡潔に整理してみる。

　1980年～1989年の間、刑事法改正を検討した法律雑誌の特集は1982年の『自由と正義』（33巻1号）「監獄法改正要綱批判」、1983年の『法と民主主義』（172号）「刑事法『改正』にみる治安政策の展開」、1989年の『ジュ

リスト』（930 号）「総特集・刑事訴訟法 40 年の軌跡と展望」である。前二者
は監獄法改正草案（1982 年国会提出）と少年法改正（1983 年 10 月 26 日最高裁
流山中央高校事件決定の補足意見において、非行事実の認定に憲法上の適正手続
の要請が及ぶと判示したことが、少年法実務に対して大きな影響を与えたとい
う[254]）をめぐる論説を掲載していた。ただし、いずれの法改正も見送りとな
り、成立しなかった。1989 年の『ジュリスト』の特集は、刑事訴訟法の歴史、
現状の問題点、将来の課題を総合的にまとめたものであり、例えば椎橋隆幸
の「望まれる法改正（立法化）」など刑事法改正に言及する個別論文が散見
される程度にとどまっている。90 年代に入ると、個別の法改正を素材とし
た単独の論文が散見される[255]が、立法過程を問題化する企画特集はなかった。

　2000 年以後刑事法改正が加速してから、刑事法改正特集ブームが再来した。
少年法改正、裁判員制度など、新聞にも取り上げられた話題に関しては、法
律雑誌側も自らの視点から法律専門家の議論を中心に特集を組んだ。2000
年〜 2003 年の、代表的な特集は次のものになる。① 2000 年 4 月『刑法雑誌』
（39 巻）の「少年司法改革の諸問題」：1999 年度日本刑法学会分科会Ⅲの内
容であり、2000 年 11 月 26 日成立、2001 年 4 月 1 日施行の少年法の問題を
取り上げていた。② 2001 年『ジュリスト』（1209 号）の「カード犯罪の現状
と法改正」：各種支払用カードを構成する電磁的記録の不正作出、所持、そ
の情報の不正取得などの処罰規定を整備する 2001 年 6 月の「刑法の一部を
改正する法律」を素材に、日本クレジット産業協会による「クレジット犯罪
の現状」と題した論考も掲載した。③ 2003 年『法律時報』（75 巻 3 号）の「最
近の刑事立法の動きとその評価：刑事実体法を中心に」：総合的に刑事法改
正を扱っている。言及した法改正は、危険運転致死傷罪（2001 年成立）、臓
器移植法改正（2010 年成立）、ストーカー規制法（2000 年成立）、支払用カー

254　松尾浩也「少年法——戦後 60 年の推移」家庭裁判月報 61 巻 1 号（2009 年）94 頁以下。

255　その時期に、証券取引法改正案に関する検討が複数あった。例えば、神山敏雄「商品取引所
　　法改正案の経済刑法上の検討」ジュリスト 959 号（1990 年）および「商品取引所法改正案の
　　経済刑法上の検討」ジュリスト 962 号（1990 年）、佐藤雅美「インサイダー取引と刑事規制
　　——証券取引法改正をめぐって」刑法雑誌 30 巻 4 号（1990 年）、芝原邦爾「不法収益の剥奪
　　と法人処罰の強化」（〈連載〉経済刑法研究 3〔8〕：独占禁止法改正を素材として）法律時報 63
　　巻 12 号（1991 年）を挙げることができる。

ド電磁的記録に関する罪の新設すなわち刑法の一部を改正する法律（2001年）、など多岐にわたる。2004年以後は、さらに法改正の特集が様々な法律雑誌で展開されるようになった。かくして、刑事法改正は法律学におけるホットトピックとして雑誌で多く特集されるようになった。ここではその一部を年表の形で整理しその情報論的な特徴を抽出する。

2004年　『刑法雑誌』44.1「新規医療テクノロジーをめぐる生命倫理と刑事規制」

　　　　『現代刑事法』6.9「改正児童虐待防止法の成立と展望」

　　　　『法律のひろば』57.9「刑事裁判における裁判員制度の導入」

2005年　『法と民主主義』395「検証・『司法改革』：これで司法は良くなるのか」

　　　　『刑法雑誌』44.3「交通犯罪」

　　　　『法律のひろば』58.5「最近の犯罪対策をめぐる動向」

2006年　『法と民主主義』408「どう変わる？　刑事裁判：第38回司法制度研究集会から」

2008年　『法律のひろば』60「犯罪被害者と裁判の新たな関係」

2009年　『ジュリスト』1370「刑事訴訟法60年・裁判員法元年」

2010年　『法学セミナー』667「『法改正』を理解する：学習者のための基礎知識」創刊1956

2013年　『季刊刑事弁護』75「新時代の刑事司法制度——刑事弁護実務の課題と展望」

2015年　『法学セミナー』722「現代刑法改正の検証」

　　　　『法律時報』87「刑罰の現実と刑罰政策の新展開」

　この時期における刑事法改正の雑誌特集の特徴は以下の通りである。

(1)　法律雑誌の細分化

　刑事法改正をめぐって、『刑法雑誌』、『法律のひろば』、『法と民主主義』、『法律時報』、『ジュリスト』、『法学セミナー』がそれぞれ特集を企画し、刊行した。『刑法雑誌』と『季刊刑事弁護』は刑事法専門家向けで、法解釈の

射程など技術的な側面を検討した。『法律時報』は研究者向けで、法改正過程の特徴と意義をその史的展開と社会的効果に即して分析した。『法と民主主義』は法改正の政治的意義を中心に論じていた。『ジュリスト』は刑事法改正に対する法律家の多様な対応を指摘する姿勢であった。『法学セミナー』の場合、立法過程の経緯を入念に解説し、専門家の意見よりも立法過程とその運用をめぐる情報・知識の提供を重視していた。60 〜 70 年代の法律雑誌と比較すると、総合的な特集より、それぞれに異なる立場から刑事法改正という現象を論じる法律雑誌間の差異化が明確になっていった。その結果、法改正の全体像を把握するためには、複数の雑誌を通して総合的に判断しなければならなくなった。

(2) 提案型から解説型への変化

60 〜 70 年代の特集に比べ即報性はさほど重視されず、法改正成立後に特集が組まれることが多かった。特に 2000 年以後の法律雑誌は、当該法改正のあり方をめぐる法律家の意見を社会に発信するという意味が弱くなり、制度の変化とその効果を解説するという側面が強まった。そこで、対象となる法律の前提である刑事法の一般的趣旨について論じることは少なくなり、具体的な行為の評価や結論に関する事例的な分析が目立つようになった。立法学的な問題提起や原理的な批判を占めるものも多少あるが、全体としては事後型の検証論文が中心である。

(3) 執筆陣の固定化

学生、法曹、研究者向けの法律雑誌がそれぞれ刑事法改正を論じる中、研究者の執筆者が最も多い。弁護士はその次に多く、判事や法制事務局の職員による寄稿も少なくない[256]。そうした特徴は、60 〜 70 年代の『法律時報』の刑事法特集にも見られた。ただし、論述を中心に編集される刑事法の特集では、研究者・実務家以外の一般人の意見といえるのは対象事件の当事者によるものにとどまっている。一見、主体が多様化しているようが、実際には

---

256 『法と民主主義』に関しては、弁護士の活動を記録するという面で、弁護士による寄稿が中心となっている。

第3章　雑誌における法的問題の構築　151

誰でも執筆者になれるような情報発信過程ではない。60〜70年代の特集が、刑事法専攻学者に限定しているが、アンケートという手法をも用いていたのに比べると、2000年以後の刑事法改正特集は、依頼原稿が主であり、情報源の閉鎖性が逆に感じられる。

　もちろん、近時の刑事法改正の是非について、法律雑誌や日本の法律家は無関心ではない。上述の多様な特集の刊行はその点を傍証している。ただし、60〜70年代の『法律時報』の刑事法特集ほど、法律家の発信は社会に大きなインパクトが与えるものではなくなっている。

　以上要するに、日本の法律雑誌は法情報のメディア以下のような情報効果が推測される。

　第一に、日本の法律雑誌は、司法のような法律家の実践に応じたものではなく、立法や西洋の制度導入に関わる人材養成というニーズから生まれた。その結果、法律専門家の発信は、法律学内部の交流（法学研究）、法律実務（法律相談）、一般社会に対する法律学の普及（教養エッセー）という複数の役割を担うことになった。複合的な情報発信への志向は、法律雑誌の草創期（明治大正時代）に最も顕著であったが、やがて、情報の性質は単一化していった。現在、司法実務や個別の問題解決に向けて実践的な専門情報を生産するという方向の雑誌方針の変化は、立法など法に関わる社会運動への発信を避けることにも繋がっていった。

　第二に、法律雑誌の伝達効果は、文体のわかりやすさだけではなく、法律家の社会的地位と密接に関わっていることも確認できる。その点に関しては、60〜70年代と2000年以後の刑事法改正に関する雑誌特集の比較から明らかである。すなわち、執筆陣または文体の形式に関しては基本的に両時期とも共通していたが、刊行の時期や雑誌内部の役割分担についての相違点は、法律家という職業の地位の変化と連動していた。例えば、1960〜70年代の『法律時報』は、内容的には法律家の専門性を強調したものの、当時の閉鎖的な立法過程にアクセスできる人が限られていたため、法律家の発言は、審議の実態を知るための貴重な資料であり、立法の有権者と関わる政治的活動という側面についての一般的な報道価値を有するものとして捉えることもできた。逆に、2000年以後の場合、法制審議会議事録の公開によって、立法審議の

一次資料は法律家・法律雑誌以外の媒体からも入手可能となった。加えて、法律専門家以外の集団が新たに加わることで、立法審議の情報が法律家による独占ではなくなった。その結果、法律雑誌による発信は、一利益団体（法律家）の意見を代表するものに過ぎない、というふうに相対化されさえする。つまり、現在の法律家は法改正の是非を判断する上で、かつてほどの権威をもはや有していない。

第4節　法律家の専門性と情報発信

　以上、日本の法律雑誌の情報発信に目を向け、編集方針と記事の変化を整理した。その情報発信には、学術研究の論説、法制度に関する解説記事、法律相談や大衆向けエッセーなど、複数のタイプが存在している。いずれのタイプにせよ、そこにはより法的知識を持つ者（法律家・法学者）が、持たない者（一般人・法律学習者）に情報を与えるという前提がある。その場合、よい法情報の提供のためには、「法的知識を持つ者」の確保が重要であると推測できる。「法的知識を持つ者」といえば、法律家はその代表になるだろう。以下では、法律家と法情報の発信との関係について少し検討してみる。

　法曹としての資格や経験、または法律学の教育背景があることをもって法律家としての素質を説明するという見方がある。確かに、法令集、判例集などリーガル・リサーチの対象となるような資料の内容と作成の手順は、法学教育の訓練なしには容易には習得できない。

　しかしながら、法律家の一般向けエッセーなど、特定のクライアントにとどまらず、知識の普及や広報的な意図が含まれた情報発信の活動は、必ずしも法曹を中心とした法律家像とは合致しない。とすると、法情報に関するニーズはどこから生じてくるのだろう。この点のヒントになるのは、法律家の「専門性」（professional）に関する議論である。

　70年代以後、社会学者は専門性の研究において専門家の自律性（professional autonomy）に注目している。その自律性は、専門業界が就職資格の決定権を握ることと、専門家が正式な知識（formal knowledge）をコントロールすることを通じて実現されているという指摘がある[257]。つまり、法律家という職

業集団自身が法律家の専門性を決めているという指摘である。

これに対して、外部との関係によって、専門性が決まっているとする考えもある。例えば、専門性は内部的地位（intraprofessional status）と公共的地位（public status）とから総合的に判定されるという主張である。前者は職業の純粋さ（非専門作業の排除）を、後者は専門職に対する社会認識を重視する概念である[258]。特に、この「公共的地位」が変化すると、専門性の内容も変わってくる。19世紀フランスの弁護士（avocat）は、最初は市民の代理人として（spokesmen for the public）国家権力を監視していたが、政治体制の安定化と伴に市民の国家に対する代弁者としてのニーズは弱くなったために、古典的な弁護士（classical bar）からサービス業的な弁護士（business bar）へと弁護士のイメージが変化した[259]。つまり、専門性は、法的サービスの受け手のニーズによっても規定されている。

このような議論を踏まえた上で、法情報は少なくとも以下の二つの側面で法律家の専門性と関わっていると考えられる。まず、法律家の専門性を維持するため、専門知識が含まれた法情報に対しても法律専門家による自己規律が期待できる。つまり、法律家は法情報の提供者として、専門性を保つため情報の質を自律的に規律するわけである。同時に、社会から期待される役割など外部的要素が、法情報の形式と内容に一定の影響を与える面もある。法律家と社会の相互関係の中で構築されている「専門性」の観点からすれば、たとえ法改正や法運動が盛んな社会において、それらに関わりのある法律家は社会の期待に応えてより積極的に情報発信を行うだろう。

本章で検討した通り、日本の法律雑誌とりわけ商業誌は必ずしも司法の実践に対応するものではなく、近代法の導入をめぐる情報の提供や専門家養成に関わる出来事を取り上げる傾向も強い。その現象は、日本の法律家が置か

257　専門知識は職業の形成に対する影響を考察した先駆として、Eliot Freidson の *Professional powers : a study of the institutionalization of formal knowledge*, The University of Chicago Press（1986）をあげる。

258　Austin Sarat&William L. F. Felstiner, *Divorce Lawyers and Their Clients: Power and Meaning in the Legal Process*, Oxford University Press（1997）, pp.153.

259　Lucien Karpik（1988）=translated by Nora Scott, *French lawyers : a study in collective action-1274 to 1994*, Oxford University Press（1999）, pp.259-296.

れた社会の特徴を用いて説明できる。日本の法律学は、歴史的に裁判、契約など実際の司法活動よりも、法学的な思考を西洋の近代社会の常識としてまず日本の社会に伝えてきた。その影響で、日本の法律学においては外部からの情報が重視される。比較法的な研究が日本の法学者の養成の中心になってきたことはその傍証である[260]。このような法継受が中心となる背景を考慮するなら、日本における法情報は司法活動をサポートする資料以上の意味を持っていることがわかる。それは、法の専門知識の伝達による、法的コミュニティさらに近代社会の形成を意図する社会啓蒙的な営みでもあるのである[261]。

　法改正が頻繁に行われている現在は、法務に精通する法律家以外の人の法に関する意見もより重視されるようになっている。その場合、法的であれ、政策的であれ、既存の法律家の専門性を基準として法情報を仕分けするいわゆるゲートキーパーとしての機能はうまく働かない。近年、新聞における情報の多元化と法律雑誌における情報の単一化は、こうした傾向に拍車をかけている。確かに、法情報の生産に関しては、新聞も法律雑誌も、読者層の違いにもかかわらず、法律専門家の発信に依存している。法律学（者）の知的権威を完全には放棄できないのである。しかし、法改正のような、法律専門家以外の人々もそれなりに発信できる法的話題について、多様な法情報がどのよう形成され、相互に関連しているかについての分析がますます重要性を増して来ているのである。本書の第2部では、ある法改正（2010年の公訴時効改正）を素材として、こうした多様な法言説の交錯を考察し、答えの糸口を探し求める。

260　法学研究者の養成については、簡潔的な紹介は参照星野英一「日本における民法学の発展と法学研究者の養成」『法実務、法理論、基礎法学の再定位——法学研究者養成への示唆』（日本評論社、2009年）168-187頁。

261　ここでは、共感によってコミュニケーションとコミュニティの関係性を重視する立場に立っている。その考えは、古典的な文脈でジンメルの相互作用論や、現代的な文脈では actor-network theory にも見られるものである（日本で公表された文献として、桑原司「シンボリック相互作用論の方法論的立場」『九州地区国立大学教育系・文系研究論文集』6巻2号。または Bruno Latour, *Reassembling the social : an introduction to actor-network-theory*, Oxford University Press (2007), pp.30-31。その概念構成を出版産業に適用する研究として、長谷川一『出版と知のメディア論』（みすず書房、2003年）34-36頁を参照。

第 2 部

ユーザー主導の法情報

第 4 章

「世論」という情報

　現在、情報公開制度などの改革によって、非法律専門家である社会構成員も以前と比べて法情報にアクセスしやすくなった。ただし、法情報へのアクセスの向上は必ずしも法制度への理解を導くものではなかったことがわかる。2005 年に公表された日本社会全体を対象とした法意識調査の結果を 1975 年の調査結果を比較すれば、日本社会においては厳罰化志向が強まっており、一般市民は法制度を柔軟に解釈することに対してやや否定的であることが読み取れる以外に、情報量を増やせば社会の法理解より正確になる見解は、この調査結果からは支持されない[262]。

　一方、世論に関わる情報は立法過程において影響力が増している。序章で述べたように、近年日本の刑事法改正において、「被害者（遺族）の感情」を強調する世論が法律家の言説を排除する「感情的な言説」へと変貌した例がしばしば見られる[263]。その結果、司法や行政の運用実態から離れつつ、法改正はマス・メディアの報道つまり「世論」に左右されやすい傾向が強まっていると指摘されている[264]。

　これは「進まない社会の法理解」と「現行法に反抗する世論」との間の対

262　木下麻奈子「日本人の法に対する態度の構造と変容──30 年間で人びとの考え方はどのように変化したか」松村良之＝村山眞維編『法意識と紛争行動』（東京大学出版会、2010 年）3-20 頁を参照。

263　特に刑法学者は、こうした感情モデルと法学のズレに機敏に反応し、近時の刑事立法を基礎づけた世論は「犯罪の発生状況に関する誤った情報や犯人等に対する不適切なイメージを前提に形成されている」こと、理性的議論に基づけられるより、治安状況に対する漠然とした不安の気分／感情と混同していることを指摘する。この点については、松原芳博「立法化の時代における刑法学」井田良＝松原芳博編『立法学のフロンティア 3』（ナカニシヤ出版、2014 年）132-134 頁を参照。

158　第2部　ユーザー主導の法情報

立から生まれた現象として捉えることができる。刑法学者の井田良は、近時の刑法改正について「社会構造の変化を踏まえつつ、専門的見地から社会意識に働きかけ、一般国民を啓蒙すること以外には、刑法学と社会意識との乖離を狭めるための方法はないことに思い至る」と述べた[265]。つまり、法知識の啓蒙がきちんとなされるのであれば、世論と法的見解との間のギャップを埋めることができるはずであるというのである。

　しかし、たとえそうだとしても、民主的な立法の多くが、少なくとも一時的には、既存の法を批判されるべき不完全なものと位置づけ、世論という情報を吟味して法の改善を図るという形をとっているのである。つまり、法改正は、必ずしも既存の法的見解に沿って行うとは限らない。そして、立法者は、世論に対して価値判断せずに、そこから人々がどのように法を知り、またどのような基準で法を評価しているかを読み取り、法改正に必要な情報を選別すべきであるという考え方も成り立つのである。立法をめぐる世論は、内容と形式において多種多様であるものの、いずれにしても改正の対象とされる法制度に対する一般市民の理解を示すものである。このように考えるならば、問題は世論の感情化ではなく、世論に対する選別の基準にあるということになる。

　立法における世論の正体は何か、感情的な言説は世論になれるのか、そしてどのような役割を果たしているか。経験的な分析に入る前に、本章はまず世論という概念を再構築し、立法過程における世論たる情報の射程とその意義について検討する。具体的に、以下のように議論を進めよう。第1節では、世論と公共圏の研究の到達点を確認し、感情的な言説を「世論」という「情報」に含めうるのか検討する。第2節では、立法学の知見を参照しつつ、「なぜ近時の立法過程において感情が多く語られるようになったのか」に焦点を合わせ、改めて近時の日本の立法過程において世論という情報が果たしている役割を論じる。

264　「感情立法」には、世論、特にマス・メディアの報道が法改正を左右するといった特徴があるとされる。生田勝義「法意識の変化と刑法の変容──ひとつの覚書」国際公共政策研究6巻2号（2002年）50-51頁。

265　井田良『変革の時代における理論刑法学』（慶應義塾大学出版会、2007年）20-21頁を参照。

第1節　世論と制度形成

　「世論」（Public Opinion）という概念は、現代の民主国家において法制度や政策の形成に関わり、その鍵を握る重要な概念である。ただ、その概念自体は曖昧なものである。

　一方、世論研究においては、その概念の曖昧さが、研究者によって異なる「世論」の定義を可能にした面がある。世論現象を研究対象としている専門家の間でも「世論の定義は世論研究者の数と同じだけある」と言われるほど、その概念は多義的である[266]。従来の世論分析、特に法学・政治学の古典的な分析では「適切な世論」が探究されている。ただし、それらの分析では、法情報の形成——具体的には、メディアや報道がいかに立法に反映されているのか——には十分な目配りがなされていない。他方、情報環境に着目した世論分析は、確かに情報の収集・理解と人々の行動との間の相互作用に関心を持つが、制度設計への影響について論じることが少ない。

第1款　制度根拠としての「世論」

　世論の概念自体は、18世紀以降、欧米の民主制度に関する議論の中で登場した。情報の透明化、報道の自由の保障などが、世論の形成に繋がるものとされる。例えば、ルソー（Jean-Jacques Rousseau）は『社会契約論』で「法は、本来、社会的結合の諸条件以外の何ものでもない。法にしたがう人民が、その作り手でなければならない」と立法における市民参加の重要性を説いたが、曖昧な社会の風潮とは区別される正しい「一般意識」の概念を提示した[267]。ここでいう立法における世論は、自然な社会言説ではないことがわかる[268]。

　より実際的な法制度の動向と世論との関係を論じたのは、A・V・ダイシー（A.V.Dicey）の『法と世論』（Law and Public Opinion in England, 1905年）

266　Hennessy, B.C.,"*Public Opinion (2nd edition)*", Duxbury press, 1970, p.21.

267　ジャン・ジャック・ルソー／桑原武夫＝前川貞次郎訳『社会契約論』（岩波書店、1954年）60-61頁を参照。

である。ダイシーは、19世紀のイギリスにおける「世論」と立法の関係を分析し、立法の傾向が労働者階級など「大衆社会」の思想風潮と関連していたことを実証し、「19世紀の世論は法を創造する重要な力」であったとした。しかし、ここでも「世論」の定義が明確ではなく、政党、利益集団の意見や学説など個人以外の集団的な言説を表す言葉となっている。

　制度根拠としての世論という考え方は、議会を立法機関とする民主制の設計において現実化されている。日本では、現行憲法により、国会が唯一の立法機関として位置づけられている（41条）。実際の法律案の多数は内閣提出によるものであるが、内閣提出法案でも近時「世論」の支持を求める傾向が見られる。例えば、2005年6月の行政手続法の改正で新設された意見公募制度（パブリック・コメント）が法務省の立案段階でよく使われている。意見公募制度の趣旨は、「行政機関が命令等（政令、省令など）を制定するに当たって、事前に命令等の案を示し、その案について広く国民から意見や情報を募集するもの」とされる[269]。実践例として、次章で検討する公訴時効改正についての審議過程を挙げることができる。公訴時効改正の審議過程、具体的には法制審議会においては、パブリック・コメントが審議の資料として委員に配付された。また、市民立法と称される議員立法の一種も、世論を直接反映した立法の類型である。市民立法は、市民あるいは社会活動団体が法律・条例案を立案し、議員がそれを法案として議会に提出する立法過程であり、行政府または議会が社会のニーズに応えていない場合に、それを補う役割を果たす[270]。

268　18世紀のフランス革命やアメリカの独立といった重大な社会変革において、世論の言説は、しばしば政治環境の変化とともに、もっとも重要な政治勢力とされる。世論概念の曖昧性にも関わらず、「世論」の論者がその時々の具体的な政治的コミュニケーション環境に依存して立論していることは、歴史的分析によって指摘されている。ジョン・G・ガネル／中谷義和訳「民主政と世論の概念」立命館法学324号（2009年）384-404頁を参照。

269　意見公募手続については、総務省の公式サイトを参照。
　　〈http://www.soumu.go.jp/main_sosiki/gyoukan/kanri/tetsuzukihou/iken_koubo.html　2016年1月31日最終閲覧〉

270　市民立法の活動に取り込んでいる市民団体として、市民立法機構を挙げることができる。その活動模様について、当該団体のホームページ〈http://www.citizens-i.org/about.html〉を参照（2016年1月31日最終閲覧）。他には、市民立法機構が出版した『市民立法入門——市民・議員のための立法講座』（ぎょうせい、2001年）もある。

世論は、法に内在する概念[271] ではない。以上の議論からわかるように、「世論」と呼ばれるものは、立法審議過程の参与者以外の社会意見が制度設計に影響を及ぼすという点で民主的正統性をもたらす。むろん、これらは、制度根拠としての理念的な意味での世論[272] である。そこで次節に、現実に「世論」と呼ばれるものがどのようものであり、政策決定のどの部分が世論の拘束を受けるか、という世論の実態について分析することにする[273]。

第2款　動員機能としての世論

世論の動員機能は、社会構成員の政治参加を促す効果のことである。ユルゲン・ハーバーマス（Jürgen Habermas）は、1962 年の著作『公共性の構造転換』（Strukturwandel der Öffentlichkeit）において、18 世紀における世論の誕生を公共空間の変化と結び付ける議論を展開し、以下のような二つの点から世論形成の背景を論じた[274]。すなわち、第一は、宮廷権力から区別されたブルジョワ的公共空間の形成である。これによって政治の議論に自由業、官僚、企業家など新しい社会層が参加可能になった。第二は、資本主義的な経

271　ここで法の内在的概念とは、制度設計また法律解釈に現れる問題を適切に概念化し、問題を解くために首尾一貫した説明が求められるものを意味する。

272　集合的な言論・感情による抑圧へのおそれ——「多数者の専制」、また世論の操作可能性という世論形成上の問題から、法学の領域では世論に対する立場は慎重である。例えば、毛利透は憲法学の視点から「表現の自由」という問題枠組みの下で、世論における個人の自由の実現の重要性を論じた（毛利透『表現の自由——その公共性ともろさについて』〔岩波書店、2008 年〕第1章を参照）。また、山口いつ子は、サイバースペースの法規制に関して、「我々がコミュニケートする方法や知的な資源を発達させる方法に対する影響を及ぼす」といった観点から、多様性の保護と公的言論空間との繋がりを指摘した（山口いつ子『情報法の構造』〔東京大学出版会、2010 年〕第3章を参照）。その他、報道被害に関して両当事者が対等な報道のチャンスを得られるよう、いわゆる反論権を主張する学説もある（渕野貴生「マスメディア報道が刑事立法に及ぼすインパクト」小田中聰樹先生古稀記念論文集『民主主義法学・刑事法学の展望——刑事訴訟法・少年法と刑事政策』〔日本評論社、2005 年〕423-447 頁を参照）。これらの議論は、いずれも、世論の基盤となる適切な情報環境を構築しようとするものである。そこには「健全」なものか誤りやすいものか、公正なものか偏ったものか、といった世論に対する懸念を読み取ることができる。世論形成のための前提条件を重視し、その条件を満たせないものは真の世論としてみなすことができないとする立場である。こうした法学における世論理解は、現実の世論に対して一定の留保を付す。ただ、それらの多くは司法の観点から、当事者の救済を想定し論じているため、社会の制度設計を行う際に用いられる世論の概念と同様に語ることができるのか検討の余地がある。

162 第2部 ユーザー主導の法情報

済が確立してきたことである。それは、議会を中心した近代の政治参加を支持する基盤となっている[275]。

ハーバーマスの大著『事実性と妥当性』（Faktizität und Geltung. Beiträge zur Diskurstheorie des Rechts und des demokratischen Rechtsstaates）の中では、世論＝公論と制度形成に関して以下のような考え方が示されている[276]。

① 意見をめぐるコミュニケーションのためのネットワークである公共圏の中でコミュニケーションの流れは理性的な議論として総合化され、結果と

---

273 法との関わりで世論の役割を論じる際に、ベンサムの「世論法廷（public opinion tribunal）」という構想に言及しなければならない。ベンサムは、悪政に対する最大の安全保障として世論の役割に期待した。実際の制度として運用されたものではないが、ベンサムの「世論法廷」とは、統治される人々の真意を政府が知ることを可能にするため、当該社会の構成員資格を問わず、立法問題に関心のある成人から成る普遍的な議論の場である。その役割は、1）統計的・証拠提供的機能（statistic or evidence-furnishing function）; 2）批判的機能（censorial function）; 3）執行的機能（executive function）; 4）改善勧告機能（melioration-suggestive function）の四つに分けられている。統計的・証拠提供的機能とは全ての公的慣例・法令・制度・処分・手段に関する事実、あるいは、社会の利益に影響を及ぼす行為に関する事実を国民に提供することである。批判的または執行的機能は、統計的・証拠提供的機能による事実を元に、問題となっている公職者の行為を判断することである。ただし、ベンサムの「世論法廷」の機能は政治的制裁（法的制裁）ではなく、道徳的制裁に属するものであり、また公職者の行為に関する集団的意見による承認と否認によって施行するものである。その意味では、通常の立法過程および法律に関する判断とは別のものだと思われる。したがって、本論文の立法と法との議論に関連しないように見える。ただ、社会制度における世論全体の意味を考える際には、有用な参考になるため、別論で検討する必要があると思われる。例えば、ベンサムの『憲法論』第一巻、または『悪政に対する安全保障、その他トリポリとギリシアのための憲法論』、CF, F. Cutler, *Jeremy Bentham and the Public Opinion Tribunal*, Public Opinion Quarterly 63-3（1999）, p.321、西尾孝司『ベンサム『憲法典』の構想』（木鐸社、1994年）193-213頁、戒能通弘『世界の立法者、ベンサム』（日本評論社、2007年）174-177頁を参照。

274 ハーバーマスのコミュニケーション論は、日常的なコミュニケーションをベースとして「理想的な発話状態」を構成しようとしている。その狙いは、世論を新聞、テレビなど様々な情報媒介の特質から解放し、立法が合理的な帰結を導くことにある。ただ、そのモデルによれば、議論のポイントは、立法過程に対するネットの普及など情報環境の変化の意味を解明すること、それぞれ媒介の特性による影響、つまり「差異」の解明ではなく、世論と政治議論との間に一貫性を探ることにある。

275 ユルゲン・ハーバーマス／細谷貞雄＝山田正行訳『公共性の構造転換——市民社会の一カテゴリーについての探究』（未来社、1994年）20-38頁。

276 ハーバーマスの世論観については、J. Habermas, *Between Facts and Norms : Contributions to a Discourse Theory of Law and Democracy*, The MIT Press（1998）, pp.360-366を参照。ユルゲン・ハーバーマス／河上倫逸訳『事実性と妥当性(上)——法と民主的法治国家の討議理論にかんする研究』（未来社、2002年）218-227頁。

第4章 「世論」という情報　163

してテーマごとに収束した公論となる。

②　世論調査——個人の私的意見を統計的に集計した集団の意見——では
なく、公論にとって問題なのは、その構造化と質である。つまり、公論とは
単なる事実のことではなく、その生産過程の手続的特性によって意味を持つ
概念である。

③　社会を理解する情報リソースとして、コミュニケーション参加者の行
為（選挙）は立法の意思決定に影響を及ぼす。

④　公論のコミュニケーション回路は、私的な生活領域（個人的な体験）
のネットワークと接続している。日常生活の社会問題に関する私的な意見は、
世論と称されるものを通して立法過程の公的な議論と連動する。

ハーバーマスの理論からは、非公式の討議は一定の条件を満足した場合に
議題として公式的な立法過程に導入されるべきとする考え方を読み取ること
ができる。その考え方の特徴は、制度根拠としての世論概念よりも、具体的
な世論の構造に注目することにある。ただし、ハーバーマスの討議原則は、
議論の正統性を重視し、関係者のすべてが合理的な討議の参加者として合意
することを前提とする[277]。

上述のようなハーバーマスの理論は、後の熟議民主主義論に大きな影響を
与え、80年代以降アメリカにおいて爆発的に議論されるようになった[278]。
そこでは、ハーバーマスの理論を意識しながらそれぞれ独自の展開を見せて
いるが、公共・政治過程における議論（意思決定）のあり方に注目するのが
基本的なスタンスとして共通しているように思われる。それぞれの熟議民主
主義理論は、必ずしもハーバーマスが想定した理想的なコミュニケーション
の仮説に縛られていないが、議論の構造自体に関する考察を深めるという点
では、ハーバーマスとの間に議論の連続性がうかがえる。

277　ここでの討議には、各人のモノローグを避け、不偏不党の判断前提など、いくつかの条件が
　　付けられている。立法にかかわる「世論」と法のコミュニケーションについてのハーバーマス
　　の理論においては、一種の理想的コミュニケーション共同体が想定されている。

278　Iris M. Young（1996）,"*Political theory: An overview*", Robert E. Goodin and Han-Dieter
　　Klingemann eds, *A New handbook of Political Science*, Oxford University Press, p.486. ヤング
　　は、熟議民主主義の論者として、Joshua Cohen、Thomas Spragens、Cass R. Sunstein、Frank I.
　　Michelman、John S.Dryzek、Jürgen Habermas、James S. Fishkin、James Bohman を挙げている。

ジョン・ドライゼク（John S. Dryzek）は、熟議民主主義の研究動向について、制度的な転回（institutional turn）——議会のみではなく市民集会など身近な政治活動を分析すること——、システム的な転回（systemic turn）——政治学のみではなく意思決定に関する社会学・心理学の知見を導入すること——、実践的な転回（practical turn）——世論の動員など実際問題への注目すること——、実証的な転回（empirical turn）——実証研究の発展を重視すること——、が持つ発展性を力説している[279]。

また、ドライゼクは、ハーバーマスの理想的コミュニケーションに対して、実証面における合意形成が担保されていないことを批判した。その問題点を克服するため、彼は世論意見を合意としてみるのではなく、様々な社会言説と立法のつながり（network）から世論の意義を解明するよう提唱した。彼は、公的議論の参加単位を言説（discourse）という概念を通して再構成した。ここでの言説とはある特定の判断を示す一連の概念（concept）、属性（categorie）、または考え（idea）であり、単なる記述の発言（words）ではなく価値判断を伴う社会的な行為とされる[280]。ドライゼクによれば、公的議論は、個人の発信や集合的な意見から構成されるものではなく、様々な言説（discourse）のコミュニケーションが発生する場として理解されている[281]。そうすることで、世論の実態を言説の形成、流通過程から分析する方法へと繋げていこうとするわけである。

以上のような議論をみると、世論の位置づけは、法形成に関わる意思決定の方法をめぐる議論にまで拡大してきたことがわかる。最近、アメリカをはじめとして、世界中で展開されつつある討論型の世論調査といった実践は[282]、市民が政策について議論するという政治参加の姿を反映していると言ってもよい[283]。

以上の整理を踏まえながら、法制度の形成に関する世論概念の特性を以下

---

279 John S. Dryzek（2012),"*Foundations and frontier of deliberative governance*", Oxford University Press, pp.6-14.

280 ibid., pp.31-33.

281 ibid., pp.76-79.

282 実際の政策形成面では、例えば政府による新しいエネルギー政策の策定に関して討論型世論調査の導入が見られた（http://keiodp.sfc.keio.ac.jp/?page_id=243　2016年1月31日最終閲覧）。

のようにまとめる。

　第一に、世論は、内容の真偽よりも、形成過程のレジティマシーを重要視する。また、近年の世論研究では、議会など公的な立法過程の意思決定の他に、市民の発信活動にも言及するものが増えており、世論概念の拡大が読み取れる。「世論とは何か」を厳密につめていくよりも、多義的な意味を柔軟に受け止め、具体的な議論における世論の形成とその効果を認識する、という理解が主流になりつつある。そうした問題状況の変化も踏まえて、これからの世論分析には少なくとも三つの側面から言及する必要があると思われる。それは、①世論の役割に関する理解、②世論を求める立法過程の構造、③世論の影響力であり、より広い法的コミュニケーションの過程を視野に入れることである。

　第二に、世論の概念自体の曖昧さは立法審議に至る言論空間の構造に関連して理解されなければならない。ハーバーマス以後の公共圏論の展開を踏まえれば、世論の内容に関する単一の基準は、特定の集団およびその思想に影響されるおそれがあり、民主立法の公開性を損ないかねない。その意味で、世論について、「世論」をめぐる実際の議論を収集し、異なる世論の伝達類型または相互の関係を解明することが求められる。それは、つまり単なる世論調査やメディアの言説ではなく、法的問題を取り上げる発信活動とそのコミュニケーションを広い意味で考えるということである。感情であれ、私的体験であれ、形式に関わらず世論を構築する素材になるだろう。

第2節　世論から法情報へ

　前節では、世論に関する先行研究の成果を踏まえ、世論は民主社会における法制度の正統性を支える政治的な性質を持ちながら、ある社会問題をめぐる様々な社会構成員の発言や活動に当てる言葉であること、を明らかにした。近年、各官庁の立案作業について、審議過程の公開やパブリックオピニオン

283　James S. Fishkin,"*When The People Speak : Deliberative Democracy and Public Consultation*", Oxford University Press, 2009, chapter 4（岩木貴子訳『人々の声が響き合うとき——熟議空間と民主主義』〔早川書店、2011 年〕162-163 頁）を参照。

166　第2部　ユーザー主導の法情報

など情報収集の視点から、世論に言及するようになっている[284]。こうした立法過程では世論が法律案の作成またはその決定に使われている。序章で提示した情報伝達の観点に従えば、ここで立法過程における世論の使用は「社会の現実」に関する情報の取捨選択になる。また、立法はある「社会問題」に対する対処とするなら、「社会の現実」を法律・政策に「投影」する作業ともいえる。すなわち、立法過程においては世論が将来の制度を構築・予測する材料であり、制度定立後は、当該立法過程で取り上げられた世論が立法目的を把握する補佐的な情報となる。つまり、立法過程を通して、世論は法に関わる情報つまり法情報に転換されることになる。

　このことを踏まえつつ、本節では、立法過程の情報使用に注目し、「なぜいま感情的な言説が立法に反映されやすいのか」について考察する。具体的に、まず日本の議論を中心に、立法過程における世論の位置づけを明らかにする。次には、法案作成に関わる重要な主体である法律家の立法論を通じて、これまでの立法過程における世論という情報の処理方法を検討する。そして、法の象徴的機能論を参照・紹介しながら、情報の理解に着目し、立法「事実」と立法運動における「情報」との落差を示す。

第1款　立法過程と世論

　立法を一般的に理解すれば、法形成の一形態として法を定立する作業となる[285]。法律上は、立法には国会による法律の制定（日本国憲法58条2項〔以下、憲法という〕）、行政府による政令の制定（憲法73条6号）、地方公共団体による条例の制定（憲法77条）が含まれる。ただ、本節においては、刑事法改正との関連において立法過程を考察するため、国会の議決を経た法規範の創設プロセスを対象とする。

　こうした法律の定立過程について、「立法過程」という用語が存在している。日本においてとりわけ憲法・法哲学者小林直樹の業績はそうした立法過程論の基礎を成す。彼は、立法過程論を「広義の立法学」として構想しており、「立法のダイナミックな事実過程」を中心に実証的な（あるいは政治学や社会

284　森田朗『会議の政治学』（慈学社、2006年）126-133頁を参照。
285　金子宏＝新堂幸司＝平井宜雄『法律学小辞典〔第3版〕』（有斐閣、1999年）1167頁

学的）研究を提案した[286]。他に、社会学の視点から、鵜飼信成は立法過程の研究について「ある特定の国の、ある特定の時期に、ある特定の法律案が、どういう社会的要求によって発案され、どういう抗争の中で国会の審議や修正や表決をうけ、その法律案の運命はどうなったかということを実証的に研究する」ことを説いた[287]。また、坂本孝治郎は、立法過程を政策形成過程と見なし、具体的に「政策課題の形成、政策原案の作成、政策の執行、政策の評価（フィードバック）」という五つの段階を立法過程の構成に用いていた[288]。新正幸は、立法過程について「法律の確定を目標とする連続的に発展する一つの統一的な法的手続である」、また「憲法上一般的・抽象的な立法参与権を有する組織としての一定の立法主体の存在を前提とし、それを基礎にしてそのうえに成り立つ立法主体の諸行為によって個別・具体的に発展してゆく」と述べた[289]。彼の関心は、議会法のみならず、立法行為すなわち「立法過程を組成し、立法手続法上の効果を有する行為」を通じて立法活動全般を動態的に規制することにある[290]。実証研究と規範研究の区別はともかく、立法過程に関してはいずれも法律の立案・審議・制定過程がその軸を構成している。したがって、本書の関心である「立法過程における世論の位置づけ」については、法律の立案・審議・制定手続における世論情報の収集や意見調整システムをを通して検討することができる。

　周知のように、日本の立案過程に着目した場合、議員提出法律案と政府提出法律案という二つの大きく異なる立法の類型が見られ、前者は議員立法、後者は内閣立法と呼ばれている。日本において、国会は国の唯一の立法機関であり、議決を経なければ法律の創設はできない（憲法41条）。ただし、通説では憲法第72条に規定された内閣総理大臣が国会に提出する「議案」には法律案が含まれているとし、内閣も法律案を提出することができる[291]。

　日本の立法過程では、国会審議の形式化、すなわち議会においてそれぞれ

286　小林直樹『立法学研究——理論と動態』（三省堂、1984年）33-36頁。
287　鵜飼信成『憲法における象徴と代表』（岩波書店、1977年）178頁。
288　坂本孝治郎「立法過程」『現代の法3　政治過程と法』（岩波書店、1997年）106頁。
289　新正幸「『立法過程学』の可能性」ジュリスト955号（1990年）109頁。
290　同上、112頁。
291　大森政輔＝鎌田薫編『立法学講義〈補遺〉』（商事法務、2011年）45頁。

168　第2部　ユーザー主導の法情報

の立場からなされた発言を元に議員が相互に影響を与え合いながら審議を行うということがなされていないということがしばしば指摘されている[292]。実際に、政府提出法律案が圧倒的に多く、立案の大部分が行政府に委ねられているのが日本の立法過程の現状である[293]。ここではとりわけ内閣立法に注目する[294]。内閣立法のプロセスを通じて、立案の段階から、誰の、どのような意見が、どのような形で法律案に反映されているか、日本の立法過程の通常様態を浮き彫りにできるからである。特に刑法改正のような、特定の業界や利益集団を対象とするものではなく一般国民を対象とする政策の場合、その内容が政府主導で決定されていることが多い、と指摘される[295]。その場合、法制度・政策の決定に対して、世論に関わる政府による情報収集や意見調整の影響を検証することができる。

　内閣立法の作成過程は、企画立案[296]、法制審議会、法律案の起草および省内調整、内閣法制局調査および審査、政府内協議、与党審査、閣議請議（内閣法4条3項）、閣議（内閣法4条2項）と国会提出（憲法72条）に区分しうる[297]。また、最後の三つの段階以外に内閣立法の作成過程に関する法律上の

292　大山礼子『日本の国会——審議する立法府へ』（岩波新書、2011年）86-88頁を参照。武蔵勝宏が1996年の橋本内閣以後2013年の安倍内閣までの期間を対象に、内閣提出法案の成立率と修正率、議員立法の成立数を比較した結果、最近の日本国会では、議員立法の増加や政権の交代を背景に、国会審議の活発度を測る一つの指標である法案の修正率にやや向上傾向が見られる。また、与党単独で提出した法案の修正率が野党と連携したものより高いため、政治特に政党政治の動向が法案の審議に影響を与える面も否定できない。ただし、議員立法は内閣立法の割合より依然として低い。したがって、公訴時効改正事例のように、党派内の利益争点になりにくい法改正であれば、審議時間の短いスピード立法になりやすいことも指摘できる。武蔵勝宏「立法過程の変化——野田政権から安倍政権へ」北大法学論集64巻4号（2014年）86頁を参照。

293　その観点に従って、日本の立法の現状を整理したのは、大山礼子『日本の国会——審議する立法府へ』（岩波新書、2011年）である。また、統計的な手法を用いて、日本における「二院制」の審議効果を解明した実証研究として、福元健太郎『立法の制度と過程』（木鐸社、2007年）がある。

294　本論の事例研究対象である2010年公訴時効改正は内閣立法に属するものである。

295　江口隆裕「立法過程における意見調整システムとその限界」北大法学論集43巻6号（1993年）1294頁。

296　刑事法の場合、法務省組織令第五条による刑事局が刑事法制に関する企画および立案を行う。また具体的な立案作業は総務課に置かれており（29条）、刑事担当の審議官と刑事法制管理官（33条）が関わる。

規定が存在しないため、その調整方法は省官庁内部のフォーマルあるいはインフォーマルなルールに従う部分が多いといえる。したがって、本節ではとりわけ内閣立案に参与した経験のある研究者の成果を参考に、そこでの情報収集と意見調整の状況を概説する。

まず、情報の収集に関しては担当者や担当部署自身の判断に依拠する面が見られる。江口隆裕の研究では、内閣立法における情報のルートとして「日常業務での問題提起、国会における質疑、マスコミによる指摘、審議会等の提言、利益集団・地方公共団体等による陳情、他官庁の勧告」が挙げられ、「特定の集団の利益や政策を背景にせず、個別的な利益から『中立的』な性質を有するものである」とされている[298]。

次に、法制審議会および主管部局が主催した研究会は、社会に関する情報を収集し、多様な意見を公開・交換する重要な場である。法制審議会部会の審議に入る前あるいはその途中において、主管部局が研究会を設け、任命された研究委員、幹事によって社会事象における課題について問題点と解決策を検討し、中間の検討結果を公表し、関係団体等の意見を集約し、報告書を作成し主管部局に報告するケースが確認されている[299]。また、次章の事例研究で言及する通り、法制審議会においては、まず判例、学説、研究資料、報道、マスコミを通じて、社会のニーズや現場の環境等から問題点を発見すること、そして現実と理想を比較検討し、解決可能な問題点を設定することが行われているようである。

そして、法制審議会では裁判官、検察官または法学研究者など、いわゆる法律専門家が法律作成の補佐役として法案の作成に加わることが多い。立法者の判断を支えるため、規制の必要性を検討することは、立法の立案作業に参加する法律専門家もまた直面する課題である。公法学者である高見勝利は、学者が立法過程に提供した知識について、「議員の要求に応じて、適切と考え（その判断には、議会における議論の動向を見極めたうえで、議員が求めるも

297　ここでの区分は、大森＝鎌田・前注291、66-73頁または松尾英夫「民事立法の現状と課題」『立法の実務と理論』（信山社、2005年）384-390頁を参照。

298　江口・前注295、1282頁。

299　松尾・前注297、384頁。

170 第2部　ユーザー主導の法情報

のを直感的に探り当てる能力を必要とする）、取り出した知識・情報の『断片』
である」と述べ、知識提供と学問的な検討との間に一線を画したが、それは
また決定にとって「不可欠な学問的知識ないし学術情報の『エッセンス』」
でもあると強調している[300]。もしこうした考えが正しいのであれば、ここで
の情報選別・理解には当該専門家の知的なバックグラウンドが反映している
と推測できる。

第2款　立法者と立法事実論

　従来、立法は政治学の分野で取り扱われてきたこともあり、日本の法学に
おいてはその形成過程について必ずしも活発に論じられてこなかった。しか
し、法律家は、早い時期から社会現実に対する法律制定者の「理解力」に注
目していた。穂積陳重は1890年に刊行した『法典論』において、政治的な
議論を立法の「実質的問題」、条文の構築を立法の「形体的問題」、と区分し、
両者を架橋する法学者の役割を論じた[301]。また、小野清一郎は、戦前立法論
の論点として、「法的理想に適合したところの所謂正法を発見すること」（立
法政策）、「かくして発見せられたところの正法を思想的に加工し、表明し、
整序すること」（立法方法論）、「かく思想的に整序せられたところの法的秩序
に対して適当な言語的表現を与えること」（立法技術）を挙げていた[302]。

　とりわけ、日本の立法学の先駆的な研究として、1945年に公表された論
文——末弘厳太郎「立法学に関する多少の考察——労働組合立法に関連して」
——を挙げることができる。そこでは、立法者として優れた能力とは何か、
またその能力をどのようにして養成すればよいかといった問題についての法

300　高見勝利「『決定』と『情報』——立法補佐のあり方について」レファレンス2003年2月号
　　10-11頁。なお、ここでの「立法補佐」は調査および立法考査局のレファレンス業務を念頭に
　　置きながら論じたものであるが、内閣立法においては法制審議会が同じく立法過程のレファレ
　　ンス業務を担当していると読み替える。したがって、その議論は法制審議会での法律専門家の
　　情報提供にも当て嵌まると思われる。
301　穂積陳重『法典論』（復刻版、新青出版、2008年）59頁を参照。
302　小野清一郎「立法過程の理論」法律時報35巻2号（1963年）48頁を参照。ここで言及され
　　た立法論の初出は、末弘厳太郎＝田中耕太郎編『法律学辞典』第4巻（岩波書店、1936年）
　　2725頁。

社会学的な考察が行われている。その中では、現行法に関わる知識の他に、法哲学、法史学、比較法学による検討が、法と社会の関係を知るための重要なスキルであるとされている。

　また、1970 年代以後公害訴訟など法運動が盛り上がり、新たな政策・法制度への社会的なニーズが顕在化してきた。それに直面した法律家は、別の角度から末弘の理論を承けて再出発を図った。平井宜雄は、「法政策学」の観点から末弘の論文を検討し、立法と法的思考との間の差異を指摘した。もともと、平井は当事者の救済を目標とする〈要件＝効果モデル〉のような法的思考に対して、政策（法）形成の側面では法律家は一般的な社会効果を得るため〈目的＝手段〉という思考様式を用いている、と考えている[303]。すなわち、政策形成のため、法律家も、事件当事者の救済のみではなく〈目的＝手段〉の政策論の視点を意識する必要があると説いた[304]。

　末弘の議論は、第一次世界大戦終戦直後に法令立案作業が法律家の意見を重視し、職業的に熟練した官僚によって行われていた背景で公表されたものであるが、平井の議論は、公害訴訟など司法実践における政策・法形成との関わりの拡大を意識し、法政策学を通して、市民運動など非法律家の「声」に応えることを意図した試みであった。ただ、この「法律学の作法」は、本来の意味での法律学、特に法ドグマの解釈作業から離れる面も明らかである。その考えに従えば、法律家に対して法解釈のほかに、政策作成の能力も求めることになる。いずれ両者とも、立法者、立案者としての場面を想定して法律学習者に対して法学だけではなく、社会現実を適切に把握するような高い情報処理能力を要請しているに違いない。

　そして、近年の法社会学的研究では「法的価値判断の基礎となる社会的事実・理論、および科学的事実・理論の一般」、すなわち立法に関わる事実基盤に関する議論がある。そこでは、「ある社会問題の法的解決を共通の目的とする意思決定者の間では、最終的な結論は異なったとしても、いかなる事実群を参照したか、それら事実の真偽値や確率をどう評定したか、いかなる

303　平井宜雄『法政策学〔第 2 版〕』（有斐閣、1995 年）9-15 頁を参照。

304　平井宜雄「実用法学・解釈法学・立法学・法政策学——末弘法学体系の現代的意義（民事立法学）（総論）」法律時報 53 巻 14 号（1981 年）48-54 頁を参照。

172　第2部　ユーザー主導の法情報

価値前提と論理から判断がなされたか、について合理的な分析と議論をすることが可能となる」、と意識調査の手法に支えられた立法情報研究のあり方が提案されている[305]。こうした考え方では、例えば自分自身の体験・感情に基づく法制度の評価も、法改正の合理性を判断する基準に組み込まれうることになる。

　以上のように経験科学的な性格が強い立法学に対して、「正しい立法」を探究するという規範論的な視点に基づく研究も見られる。1980年代以後、立法過程の実証的研究を進めた小林直樹は、以下のように、立法目的の評価基準として世論＝社会現実と憲法規範の価値を認めていた。

　「憲法が法の根本方向を示している限り、立法における個々の具体的立法目的は、社会の現実的要求と憲法に表現された法の理念とを照応させて、創設又は発見する合目的性の問題であって、学問的な処理の可能範囲に属する」[306]。

　ここでは、法学とりわけ憲法の解釈を通じて立法の問題を統括する立場が示されている。彼はその見解を一貫して維持しており、2002年に出版した著書『憲法学の基本問題』において憲法学の「憲法の基本理念の実現を目指す向憲法的運動に明確な目標を与え、国の政策立案者たちにも指針を示し、もしくは反省を促す」役割への期待を示した[307]。

　また、法案の基盤となる事実の認定に関して、そうした規範論的研究は現在広く使われている「立法事実」という概念を構築した。ここでの「立法事実」とはもともと憲法訴訟に関するものであり、芦部信喜はそれを「法律を制定する場合の基礎を形成し、かつその合理性を支える一般的事実、すなわち社会的、経済的、政治的もしくは科学的事実」と定義し、そうした事実に関して裁判所が独自に審査すべきだと説いた[308]。彼は、合憲性審査の基準としての立法事実には「立法目的の合理性（正当性）ないしそれと密接に関連する立法の必要性を裏付ける事実だけではなく、立法目的達成手段（規制手段）

305　太田勝造「法を創る力としての国民的基盤——震災報道と原子力賠償を例として」『岩波講座 現代法の動態5—法の変動の担い手』（岩波書店、2015年）68頁を参照。

306　小林・前注286、22頁。

307　小林直樹『憲法学の基本問題』（有斐閣、2002年）185頁。

が合理的であることを基礎づける事実」があると主張し[309]、こうした「立法事実」については、「裁判所は、法律を支持する議会の判断かどうかを、記録や司法的確知（judicial notice）などにより、法律の基礎を形成する事実を審査して、決定しなくてはならない」とした[310]。この考え方によれば、立法目的の基礎となった事実認定は裁判所の役割であると読み取れる[311]。しかし、現在では、この言葉は裁判所の違憲審査に限らず、立法の審議についても用いられている。まず法律の立案段階においては「法的規律を必要とする社会的実態」を指し、実態調査を踏まえた立法事実の抽出・類型化の作業が想定されている[312]。また、国会の法案審査段階において、弁護士出身の議員が法案の基礎になる事実を議題として挙げる際にも、「立法事実」の語が用いられているようである[313]。

　ただ、何れの用法にしても、日本で扱われた「立法事実」という概念の形成は法律学の知見やバックグラウンドと関連している。規範論の立場から長年に渡って立法過程や立法者を研究してきた憲法学者高見勝利は、最近の立法活動における審議の不十分を理由に、具体的な条文に関する「立法事実」と「目的―手段」に関しては裁判所の方が細かい事実の検証が可能である、と司法的手法の有益性を示した[314]。しかし、立法過程での情報処理を踏まえ

308　芦部信喜「合憲性推定の原則と立法事実の司法審査」清宮四郎博士退職記念『憲法の諸問題』523頁以下（有斐閣、1963年）（また芦部信喜『憲法訴訟の理論』〔有斐閣、1973年〕所収）を参考。また、同論文によれば、その概念はアメリカの legislative facts の訳であるが、アメリカで legislative facts という場合は、〈法適用のためになされる事実認定〉と区別し、行政過程において法形成・政策形成のための事実という意味で用いられている。日本での立法事実論は立法府の管轄であり、法律の合理性を支える事実を指すが、アメリカの立法事実論は行政府を意識し、法形成を支える事実を意味することは、浅野博宣「立法事実論の可能性」『法治主義の諸相』（有斐閣、2013）、427-430頁が指摘した。立法事実を認定する際に、社会科学の利用、いわゆる科学の根拠づけが重要であるとするものとして、渡辺千原「法を支える事実――科学的根拠付けに向けての一考察」立命館法学333・334号（2010年）1807頁以下を参照。

309　芦部信喜「合憲性推定の原則と立法事実の司法審査」清宮四郎博士退職記念『憲法の諸問題』（有斐閣、1963年）523頁以下を参照。

310　芦部信喜『憲法訴訟の理論』（有斐閣、1973年）136頁。

311　浅野博宣「立法事実論の可能性」『法治主義の諸相』（有斐閣、2013年）430-431頁。

312　大森＝鎌田編・前注291、315頁。

313　高見勝利「『より良き立法』に向けた法案審査の課題」『現代日本の議会政と憲法』（岩波書店、2008年）277頁。

174　第2部　ユーザー主導の法情報

ると、司法的手法優位の立法事実論に対しては疑問の余地もある。

　立法府には、積極的に社会の情報を収集し、問題を解決する法的義務（日本国憲法62条[315]）が存在しているものの、法案の審議に関しては、実体的にも形式的にも意思決定の基準に関する規定が存在していない。第1款で示した内閣発案における情報収集システムでは、世論に関する多様な情報ルートが機能しており、法律作成者は社会の現実に関する情報量と質について予め規制しているわけではない。世論に関する立法者の情報収集範囲は実際に柔軟に拡張できると思われる。それに対して、上述の立法事実論アプローチは、具体的な事例をめぐる裁判所の事後審査を念頭に置いている。裁判所の場合、立法事実の審査とはいえ、訴訟当事者が証拠の規定に適した形で提出した資料に基づき判断するのであり、立法過程における情報収集のそれとは異質なものである[316]。すなわち、ユーザー側も立法者側も、情報の面に関して誰でも発信しうる開かれたコミュニケーションの場として立法過程を考えようとしているということがわかる。

　とはいえ、高見は立法過程の実態を看過しているわけでもない。というのも、2008年に公表した論文で、彼はアメリカの憲法学者デヴィンスの理論をベースに、議会が事実に関する優れた情報収集能力を有し、立法事実に関する多角的な評価をなし得ているという、議会判断の合理性を指摘しつつ、議会が代表する立法手続においては特定の利益集団や政治家の選挙の都合の影響が強いことにより「立法事実」を公正に捉える能力が阻害されていると反論しているからである[317]。いずれにせよ、高見の立法事実論の焦点は、立法目的とその達成手段との関連性についての審査であり、当該立法による将来の状況の予測可能性を一貫して追求している[318]。ただ、立法過程で行われ

314　同上、281頁。

315　日本国憲法62条は議会が立法に当たって、社会の状況や国民の要求といった情報を収集する、自主的な国政調査権を定めている。

316　裁判所の事実認定の限界は以前から指摘されている。例えば、アメリカにおける最高裁の憲法判断について、Henry Wolf Bikle（1924）, "*Judicial Determination of Questions of Fact Affecting the Constitutional Validity of Legislative Action*", Harvard Law Review 38（1）, pp.6-16 を参照。

317　高見勝利「『より良き立法』へのプロジェクト──ハート・サックス 'the legal process' 再読」ジュリスト1369号（2008年）18-21頁を参照。

ている情報収集とその処理・公開は単なる政策・法制度の効果を予測するためのものだろうか。次の款はこの点に関わっている。

第3款　象徴的機能からみる立法「事実」の情報

　社会学者ガスフィールドは、法の制度設計に関する一連の研究の中で、当事者への救済という目的である「手段的な機能」以外に、法観念を社会に届ける法の役割を指摘した（「法の象徴的な機能」）[319]。法は、シンボルの表出によって、司法以外の場面においても秩序を生成することを図っているのである。

　ガスフィールドの理論によると、公的な問題を分析するということは、公的な概念や秩序を示すパフォーマンスのパターンを探るということである。例えば、実証科学の論文や公的報告書など、立法背景に当たる資料について、それぞれ「作品」の技法（rhetoric）を用いて法学以外の領域でも法の「理念」を構成しうる、ということが検証された[320]。ここで、立法におけるリアリティの相互作用は、公的な表現空間（ステージ）またはメディアの特徴に左右されることが指摘される。また、立法をめぐる公的な性質は、立法過程の構造、審議の透明度や情報公開制度と密接に関連していることも示されている。

　ガスフィールドの分析では、ある法改正の必要性を示す現実（リアリティ）は「客観」的な事実と位置づけられるものだが、同時に、ある社会構造にお

318　高見勝利「立法の『合理性』もしくは 'legisprudence' の可能性について」『現代日本の議会政と憲法』（岩波書店、2008 年）252-255 頁、高見・前注 313、277-278 頁および同上 317、22 頁を参照。

319　Joseph R. Gusfield（1968）,"*On legislating Morals : The Symbolic Process of Designating Deviance*", California law Review 56: pp.54-73 を参照。ガスフィールドの飲酒運転に関する法形成の研究では、公的な知識を「アルコール関連インフォメーションの秩序」と捉え、立法に関する一連のパフォーマンスは「インフォメーションと経験的事実の実態を直接反映するものではないこと、論理的で首尾一貫した一つの世界を構築するための方法であること」と論じている。日本における紹介として、千葉正士＝北村隆憲「法の象徴的機能研究とガスフィールドの意義」法律時報 60 巻 10 号（1988 年）72-75 頁を参照。

320　Joseph R. Gusfield（1980）,"*The Culture of Public Problems: Drinking-Driving and the Symbolic Order*", The University of Chicago Press, chp IV を参照。飲酒運転に関するガスフィールドの分析では、科学的な論証と法的な論証の違いに重点を置いている。その背後には、実際にアメリカの飲酒運転を禁止する法や政策の事実基礎として、「科学的」調査に従った論文や公的報告書が審議の重要な参考資料として用いられていることがあるとされている。

176　第2部　ユーザー主導の法情報

いて内容が構成され得るものでもある[321]。また、公的な問題は、人工的な領域（artful realm）にあるとされる。なぜなら、それを支える現実の記述には、一方で私的な行為を公的な問題へと繋げる役割があるけれども、他方でその背後には現行の法制度に対する否定的な評価（disappointment）も含まれているからである[322]。つまり、そうしたリアリティを提示することによって、新たな仮定規範を提供する、とされるのである[323]。そうした考え方に従えば、立法におけるリアリティは、その表現形式を問わず、単なる事実状態ではなく、法制度の合理性を示す指針にもなる。

　以上のようないわゆる象徴的機能論の立場から見ると、立法過程における情報は、将来へ向けた問題の実体的解決の素材ではなく、立法過程を通じた共通価値の再確認と見ることができる。例えば「感情立法」における法のリアリティは、司法運用の利便性ではなく、その法律の成立がもたらしうる価値確認（「安心感」の獲得）という社会的な効果にそって理解できる。その社会的効果とは、まさに法の象徴的価値である。

　現在では、法の社会効果について解明が進んでいる。立法学にも造詣が深い法学者、マーク・ヴァン・フック（Mark Van Hoecke）は法の機能を「社会の構築（Structuring Society）」と「個人生活への利便提供（Facilitating the Individual's Life）」に分け、法の象徴的価値（symbolic value）が「社会の連帯を創造し、維持する」効果を有すると指摘した[324]。また、法と経済学者リチャード・H・マクアダムス（Richard H.McAdams）の著書『法の伝達力──理論と限界（The Expressive Powers of Law: Theories and Limits）』では、共通認識の明示という面から立法における規範効果を論じた。伝統的な投票システムと比較した場合、①制定法は、より細かい論点まで言及することが

321　同上、p.8 を参照。

322　同上、p.19 を参照。

323　この発想は、フェミニズムの理論にもよく見られる。例えば、キャサリン・マッキンノンの議論では、既存の法制度が男性的なものと位置づけられている。したがって、女性の考えと彼女たちの生活を表現する「リアリティ」に対する配慮のなかったことが、まさに法制度の問題とされるのである。しかも、そのような女性に対する法的な配慮は、平等といった法の基本原理に求められるものである。例えば、Catharine A. MacKinnon (2007),"Women's lives / Men's laws", Belknap introduction, chp. III, IV を参照。

324　Mark Van Hoecke (2002),"Law as Communication", Oxford-Portland oregon, pp.65-68.

できること、②短い時期の選挙報道に対して存続期間が長いこと、③感情的な要素に影響されやすい現代の投票システムより法改正への民意反映のほうに社会が高い要求を抱いていること、を指摘し、情報提供としての立法過程が社会構成員の行動に与える影響を評価したのである[325]。彼の理論はむろんアメリカの立法過程とりわけ議会の立法審議を念頭に置いたものであるが、以上の3点は上述の日本の立法過程にも当てはまるだろう。

　以上から示唆されるのは、立法過程は条文の作成だけではなく、社会構成員に向けて社会問題を議論させ、その合意を公示するコミュニケーション的機能を持っているということである。「合意を公示する」ということには、具体的な制度設計とは別に、法的問題として扱うべき問題を国家あるいは共同体から社会へメッセージするという象徴的な側面が含まれる。立法は、審議や法文の公開を通じた社会的なニーズに対する法的応答である。そして、当事者救済を中心とする司法と違って、法改正の影響を受けるのは潜在的かつ不特定な集団である。そのような法形成を通じて、立法に関わる人々は当該社会に共通した価値観を理解し、さらに自らそれを構成してゆく。

　近時の刑事立法過程で見られた、メディアなど集団的な言説を強調する傾向を、法の象徴的機能という観点から検討してみると、認知件数等犯罪に関する客観的データより犯罪被害者や遺族の感情に傾いた報道は、共同体の象徴としての法制度が社会の共感と合致しなければならないという考えに根差していたことがわかる。ただ、これは、個別のメディアによる情報操作というより、近時の立法原理に適った現象ということができる。法制度の運用実態との整合性より、公表される法文という形を通じて社会の連帯感を可視化することが優先されたのである。そういう意味で、例えば処罰感情のような法律用語の「乱用」は、単なる言葉のアヤではなく、一定の合理性を帯びていた。先取りになるが、公訴時効法改正をめぐる議論には、現在あるいは将来の生活に考察の重点を置くような従来の司法における考え方と、過去の事件解明にこだわる被害者（遺族）の考え方が、併存している。たとえ公訴時効改正の例において、現実には、公訴時効制度が廃止されても、実際に捜査

325　Richard H. Mcadams（2015）,"The expressive Powers of Law", Harvard Uni. Pre, pp.186-187.

178　第2部　ユーザー主導の法情報

が進展し、さらに起訴にまで至る事例は極めて少ないと予測される。しかし、加害者への処罰可能性を残すという被害者（遺族）の要求を、国会という公的機構から法制度の形で承認し実現することは、被害者（遺族）の立場に対する社会的理解を象徴的に示すという働きを期待できるのである。こうした法改正は、社会意識の変化を狙い、判決以外の形で社会に一定の影響を与えるはずである。

　従来の立法事実論は、こうした法改正の象徴的機能を軽視したおそれがある。それは、すでに法律専門家と被害者（遺族）との間の意見の衝突に現れている。「感情立法」と専門家に揶揄される立法過程における被害者「感情」は、将来の行政運用を直接に志向するものとしてではなく、現在の問題の共有化を志向しているものなのかもしれないのである。法改正について、被害者または遺族の生活ぶりや感想などをクローズアップしたり、ドラマ的な表現を用い、観客の登場人物への同情心を引き出したりする言説の情報は、法律学や政策学の技術的側面を巧妙に避け、情念を通じた意見の共有を実現する重要な材料となる。それを、客観的な根拠に基づく事実ではなく「社会的な真実」と呼んでもいいだろう[326]。

　「法情報」という観点からみれば、感情の体験を立法過程に取り込むことは立法あるいは立法活動に参加したもの、すなわちユーザーの変化とも関係しているように思われる。第2章や第3章の検討からわかるように、60〜80年代は、法条文に関わる情報だけではなく、立法を支える事実についても、法律専門家や政治家を通じた情報収集に依存していた。専門家は、単なる専門情報提供者にとどまらず、実質的に法案の決定まで深く関わる者として、自らが提供する情報に政策学的な要素を入れざるを得ない。言い換えると、専門家は、法律に従って政策を実施する当局者の立場を想定して立案していた。その場合、政策を実施する者というユーザーの立場が当時の立法過程を

326　その問題は、メディアにおける「現実感」の問題として捉えることができる。例えば、映画、演劇などメディアについて、現実と近過ぎると、観客の現実に関する認知が歪み、激しい感情的な反応に巻き込む危険性があると指摘されている。距離を取る方法は、多様であり、題材の選択（現実の出来事を避ける）、舞台設計の工夫、キャラクターの設定など形式的なものも含まれる。参照 Jean-pierre Vernant/Pierre Vidal-Naquet (1990),"Myth and Tragedy in Ancient Greece", zone book, pp.244-247.

支配していたと推測できる。

　それに対して、90年代以後の立法は、法律家や司法以外、他の社会組織や個人が多様に関与するようになっている。例えば、立法過程では、審議会構成員の経歴の多様さゆえに、法実践について、広い知識の取得を期待している。その場合、立法過程の議論は、法の専門家、すなわち法曹・法学者の同質的な思考回路に必ずしも囚われない。専門家の言説と衝突した「感情的な言説」の背後には、法律専門家主導の立法モデルが衰退し、一般市民の言説を直接に扱ってもよいという発想が生まれてきたことを指摘できる。立法情報の発信者（提供者）として、不確定多数の社会構成員が浮上してきたのである。同時に、彼らは、法制度に反映されることで（「立法情報」を通じて）社会に発信される価値や理念の受信者（法情報のユーザー）でもある。実践的な問題の解決策としての合理性とは別に、法の言説はまずそのような情報として大衆に消費される。確かに、法改正案の作成や司法の運用面において、直接に制度の改善に繋がるのかについて疑問は残るが、法をめぐる理解や評価を共有させるコミュニケーションとして、「感情立法」の意義を無視できないのである。

　そういう意味で、「感情立法」は立法の民主化がもたらす、法をめぐる言論空間が拡大しつつある状況の中に生じた現象という一面もある。その状況を先鋭的に象徴するのが、感情的な言説に彩られた「当事者」あるいは「被害者」の物語である。実は、「当事者」言説は、「自分たちなりの社会をその場で新しく作ろう」という90年代以後の社会運動における新しい現象の一つである。伊藤昌亮はそうした運動について、合意形成という営みとしてではなく、一見抽象的なスローガンではあるが、運動を通じた共同体の連帯の再建として捉えている[327]。彼は犯罪被害者（遺族）の法運動を論じなかったが、当該運動における「共感」の強調はコミュニティの承認を求める行為として位置づけられる。また、「当事者主権」という思考を説く上野千鶴子がいう「当事者」とは、ニーズ（必要）を中心としたオルタナティヴな社会構想の主体であり、具体的には「障害者、女性、高齢者、患者、不登校者、そしてひき

327　伊藤昌亮『デモのメディア論──社会運動社会のゆくえ』（筑摩書房、2012年）195-212頁を参照。

こもりや精神障害の当事者」といった人々のことである[328]。犯罪被害者（遺族）の場合、長い間に彼らのニーズが（刑事司法）制度において軽視されていた歴史がある。犯罪被害の事実によって日常生活での疎外感も体験されている。そのことをふまえれば、「感情立法」という現象については、上野が語るような、弱者の社会運動を背景にした「当事者の原理」と連動しているようにも思われる。感情と「当事者原理」の関係についての詳細は別の論考に譲るが、豊田正弘は、社会運動において、「当事者の視点」を引き受け、感情を共有し感情をめぐるコミュニケーションを成立させることが重要となっていることを指摘した[329]。この視点に立てば、感情の体験を含む情報は参加者や社会の関心を集める社会動員の戦略として、立法を含む法運動にも活用されうると見ることもできよう。

　第1節で述べた通り、これまで、「世論」は社会合意の形成を目指すコミュニケーション過程であり、法案作成など技術的かつ専門的な立法過程と異なるものとされてきた。しかし、感情立法の事象で見たように、成文化の作業を中心とする法制審議会などの中でさえ社会の合意の確認が行われていた。また、法制度自体が社会の合意を公示する情報でもあった。是非はともかくとして、感情的な言説の法条文化は、法あるいは立法という形で、被害者（遺族）の疎外感など共同体への不安を当該社会の構成員に伝達し、それへの理解を求めることを意味していたのである。そういう意味で、感情的な言説は一時的なものではなく、参加者やメディアが立法過程にアクセスする重要手段でもある。感情や体験を法情報として扱うことは、立法を法意識の形成まで拡大する社会過程として理解することでもあるかもしれない。

　こうした情報論の立場からみれば、従来の立法事実論が専門家言説と世論言説を対立的に捉えていたのは立法の機能を狭く捉えていたためであるということがわかる。情報としての立法を理解することは、感情的な言説を受け入れ、法形成を通じて社会の合意形成を促進する立法の新たな可能性を考える糸口になると本書は考えている。

328　上野千鶴子＝中西正司『当事者主権』（岩波新書、2003年）9頁を参照。

329　豊田正弘「当事者幻想論——あるいはマイノリティの運動における共同幻想の論理」現代思想26巻2号（1998年）105頁を参照。

次の第5章は、2010年の公訴時効改正といった特定の立法事例を通して、異なる場における異なる情報間の相互作用を検討する。具体的には、公訴時効改正に関わる立法審議、裁判またはメディアの報道における法情報の取得、編集、また使用の状況を解明し、その相互関係を検討する。この狙いは、実際の立法過程における社会構成員が発する情報の効果を解明することにある。本書は、こうした社会構成員の法言説の効果に関する研究アプローチをユーザーの視点と呼ぶ。

第5章

立法と法情報
——2010年公訴時効改正を素材として

　本章は、「感情立法」の代表例とされる 2010 年の公訴時効改正を研究の対象とする。こうした立法の背景については、現実に犯罪が急増したというより、被害に対する感受性の拡大が動因になって推進されたとの指摘がなされているからである[330]。そして、公訴時効改正に関する審議会は「国民意識の変化」を取り上げ、従来の公訴時効制度の存在理由とされる「処罰感情の希

---

[330]　今回の法改正について、多くの法学者は消極的な評価を与えてきた。このような批判的意見としては、白取祐司「公訴時効制度『見直し』法案への疑問」法律時報 82 巻 5 号（2010 年）2 頁以下、三島聡「『逆風』のなかの公訴時効——『見えにくい』利益の保護をめぐって」法律時報 81 巻 9 号（2009 年）1 頁以下、松宮孝明「刑事時効見直しの動きと問題点——公訴時効と刑の時効を含めて」刑事弁護 62 号（2010 年）8 頁以下、河合幹雄「公訴時効廃止は被害者のためになるのか」世界 796 号（2009 年）57 頁以下、道谷卓「公訴時効をめぐる最近の動向——法務省・公訴時効勉強会の最終報告について」姫路法学 50 号（2009 年）5 頁以下など。さらに、刑事法ジャーナル 18 号には特集「公訴時効のあり方」がある。そこでは、今回の法改正に対してより積極的な立場から、主に公訴時効制度に関する外国の立法例が紹介されている。また、法改正の後に公表されたものとして、新倉修「公訴時効論(1)～(6)——公訴時効の廃止・再延長と遡及適用」青山法学論集 52 巻 1 号（2010 年）33 頁以下、52 巻 2 号（2010 年）1 頁以下、52 巻 3 号（2010 年）1 頁以下、52 巻 4 号（2011 年）35 頁以下、53 巻 2 号（2011 年）1 頁以下、53 巻 4 号（2012 年）4 頁以下は法制審議会の論点を詳細に整理した。大澤裕「人を死亡させた罪の公訴時効の改正」ジュリスト 1404 号（2010 年）52 頁以下、原田和往「公訴時効制度見直し論の今後」刑事法ジャーナル 26 号（2010 年）19 頁以下、小池信太郎「人を死亡させた罪の公訴時効の廃止・延長と遡及処罰禁止の妥当範囲」刑事法ジャーナル 26 号（2010 年）25 頁以下も公訴時効改正の動向とその効果を言及した。また、金子章「公訴時効制度の存在理由についての一考察——公訴時効制度の見直しをめぐる近時の議論を契機として」横浜国際経済法学 19 巻 3 号（2010 年）23 頁以下は公訴時効制度の趣旨に関する議論状況とその意義を提示したものである。萩原滋「公訴時効の延長・廃止と罪刑法定主義」白山法学 7 号（2011 年）1 頁以下はドイツとアメリカの議論を参考に、公訴時効改正以後の遡及適用を考察した。原田和往「公訴時効制度に関する実体法説的説明について」岡山大学法学会雑誌 64 巻 2 号（2014 年）348 頁以下は時の経過と刑罰権実現の必要性との関係を論じている。

薄化」が必ずしも当てはまらなくなってきている、と述べた[331]。内閣府の世論調査によると、その「国民意識」の内実は、公訴時効制度によって処罰に値する犯罪者が罪を免れることに不正を感じるというものであった[332]。一方で、法学者は、被害感情を満足させることを狙った点を批判し、今回の公訴時効改正を「感情立法」として位置づけていた[333]。本章は、情報という形を通して、非法律家すなわち社会一般構成員による法理解・法意見がいかに日本の法改正に「参画」していたかを経験的に検討することを目的とする。

さらに、2010 年公訴時効改正という事例は異なる法情報間の相互作用、特に従来の法的思考との衝突および法形成への影響を知るために役立つ知見を提供できると考えている。その理由は、次の 3 点にある。

第一に、公訴時効改正は特別法ではなく、基本法制度である刑事訴訟法の改正である[334]。少年法などの特別法は、特定な問題や事件を扱うことから立法による個別の措置を求める圧力が基本法制度より強いように思われる。そこでは、立法を動員する戦略として報道言説を利用する傾向があり、さらに政治的な意図が反映されやすい議員立法の形も多くみられる。そうすることで、法学者の意見を相対的に抑えやすくしておこうとするものと推測される。それに対して基本法制度の場合は、一般的に伝統的に専門家の意見を重視する内閣立法に属する。したがって、そうした基本法制度の改正における法情報の状況は、既存の立法過程に対する法情報空間の変化がもたらす影響をより浮き彫りにすることが期待される。

第二に、法制審議会議事録の公開、パブリックオピニオンの実施などの法

331　公訴時効制度の趣旨 http://www.moj.go.jp/SHINGI2/091116-1-1.txt（2015 年 9 月最終閲覧）。

332　内閣府「基本法制度に関する世論調査」（平成 21 年 12 月調査）。http://www8.cao.go.jp/survey/h21/h21-houseido/index.html（2015 年 9 月最終閲覧）。

333　例えば白取・前注 330、または松宮・前注 330、9 頁を参照。

334　ここで問題とする「基本法」とは題名に「基本法」という名称や指導法・指針となる原則的な内容を含むものではなく、刑法や刑事訴訟法など法分野の基本領域を規定する法律のことを指す。それに対して「特別法」とは、特定の団体や人、特定の場面（事件・現象）を規制の対象とする法律であり、個別的法律の問題として議論されるものである。「基本法」と「特別法」の議論については、川﨑政司「基本法再考——基本法の意義・機能・問題性」自治研究 81 巻 8 号（2005 年）、「立法をめぐる昨今の問題状況と立法の質・あり方：法と政治の相克による従来の法的な枠組みの揺らぎと、それらへの対応」慶應法学 12 巻（2009 年）48-49 頁を参照。

務省の一連の動きによって、公訴時効改正はこれまでの立法過程と比べて、より社会に開かれたプロセスになっていたはずであった。そうすることで、法制度に関する理解・評価（法意識）が日本の法実務家あるいは法学の研究者のもの以外に、一般市民のものも、実際の立法審議に影響を与える可能性が見込まれた。90年代以後、法制度の立法による改革が頻繁に行われてきた。同時に、世論や社会的な言説の立法過程への影響が強くなってきた。2010年の公訴時効改正は、まさにそのような状況を典型的に表す立法事例である。

　第三に、情報技術の発展によって、より多様な情報の形式が平成の立法期に見られる。前述のように、明治期の立法から戦後の改革までは、新聞、雑誌など紙メディアが社会における主な情報源であった。これに対して、平成の立法過程における法情報発信は、ネット空間を含めより多様なメディア手段が選べるようになった。異なるメディアの法情報の効果を同時に検討できるという意味では、この時期の立法は非常に興味深い。

　次に、2010年公訴時効改正の経緯とその議論状況について概観する。

　日本の公訴時効制度は、治罪法（1880年）において、法定刑による罪種区分に定められた一定の期間が経過すると公訴権が消滅する「期満免除」という名称の制度として導入された。その後、旧々刑事訴訟法（1890年）において時効という名称に変更され、公訴時効に関する改正は現行刑法（1907年）、旧刑事訴訟法（1922年）や、現行刑事訴訟法（1948年）制定の際に、数回に渡って行われている。また、2004年には、刑法等の一部を改正する法律（平成16年法律第156号）により、死刑または無期若しくは長期15年以上の懲役若しくは禁錮に当たる罪について、公訴時効を延長する改正が行われた。したがって、現在の公訴時効制度は、すべての犯罪に適用されることが前提とされ、基本的に、法定刑の軽重を基準として公訴時効期間を定めてきたといえよう。

　2010年4月27日、第147回国会においては、「刑法及び刑事訴訟法の一部を改正する法律」（平成22年法律第26号）が成立し、同日公布された。この法律は、刑法および刑事訴訟法を改正し、人を死亡させた犯罪の公訴時効に関する規定や、刑の時効に関する規定等を整備するものである。成立までの経緯については、以下のように整理することができる。

186　第2部　ユーザー主導の法情報

①　2009年1月から、法務省は省内勉強会を開催して、公訴時効のあり方等について検討を行ってきた。

②　2009年3月末までに、公訴時効制度の趣旨や、公訴時効に関連する事件の実情等を確認するとともに、検討の結果を中間的な取りまとめとして公表した。同年7月、最終的な結果として、殺人等凶悪・重大犯罪においては、その事案の真相を明らかにし、刑事責任を追及する機会をより広く確保するため、公訴時効制度のあり方等を見直す必要があるという方向性を示すに至った。

③　2009年10月28日、法務大臣が法制審議会に対し、必要な法整備について諮問を行った。同年11月から2010年2月までの間に、法制審議会に設けられた刑事法（公訴時効関係）部会は合計8回にわたって開かれ、学者、裁判官、検察官、弁護士等の実務家のほか、被害者団体の関係者も加えて審議・検討を重ねた上で、人を死亡させた罪のうち法定刑に死刑が定められているものについて公訴時効の対象から除外するとともに、これらの犯罪のうち法定刑に懲役若しくは禁錮に当たる罪について公訴時効の期間を2倍延長する等を内容とする整備要綱の骨子を策定し、2010年2月、法務大臣に答申した。

④　これと並行して、2009年11月から同年12月までの間に内閣府の実施した世論調査や同年12月から2010年1月までの間に法務省の実施した意見募集手続において、公訴時効制度に対する国民の意識の調査等を行ってきた。そしてこれらの結果等については、法制審議会の会議資料として審議委員に配布するとされた。

⑤　法務省は、この答申等に基づき立案作業を進め、2010年3月12日、第174回国会に法律案を提出した。この法律案は、参議院先議で審議が進められ、両院における審議の結果、2010年4月27日、衆議院本会議において可決、成立した。法律の内容について、法制審議会の骨子案の結論と一致したとみられている。

そして、2010年の公訴時効改正に対する社会意識いわゆる「世論」の情報ルートは、以下の三つに区分けすることができる。第一に、審議の際に提供された「世論」である。その「世論」の表現様式に関しては、被害者団体

のヒアリング、被害者団体委員の発言がみられる。そのような世論は、直接に法制審議会の審議に沿って提供され、審議者と情報提供者とが直接に対話するものである。第二に、メディアにおける「報道世論」によって、公訴時効をめぐる世論の内容を立法審議の参加者以外の社会的構成員にも伝えることができる。「報道世論」は、社会の構成員であれば誰でもメディアを通して接触できる情報であり、その受け手は実際の公訴時効制度と関わっている人に限らない。第三に、情報提供者の世論理解である。そうした「世論」は、立法審議のみならず、司法過程やメディアや個人の会話にまで広く見られるものと推測できる。

　以上の状況を踏まえつつ、本章では法と情報の関係に焦点を合わせることにする。具体的に、「世論」を通じて現れてくる法に関する情報が公訴時効の立法過程においてどのような役割を担ったかについて検討する。2010年の公訴時効改正における世論を、複数の形に分けて、すなわち法制審議会における立法の世論、裁判と立法の世論、メディアと立法の世論という三つの角度から、公訴時効改正の世論形成を検討することで、次の問題を解明してゆく[335]。

　①　（第1節）立法の審議において、どのような「世論」の情報が採用され、またその情報はどのように位置づけられたか。

　②　（第2節）司法において、「世論」の情報は判決に影響したか、またそれと立法過程における「世論」の作用は異なるものか。

　③　（第3節）複数のメディアにおいて「世論」の情報はどのように形成、編集されたか。もしメディアによって「世論」の情報の形成・編集が異なるとしたら、その原因はどこにあるか。

335　以下、本章の内容は旧稿「日本における『世論』と法——公訴時効に関する言説の交錯を中心に」北大法政ジャーナル18号（2012年）149-178頁を改訂したものによる。

188　第2部　ユーザー主導の法情報

第1節　法制審議会における「世論」の役割

第1款　問題の背景

　現在の法制審議会[336]は、法務大臣の諮問に応じて、民事法、刑事法その他法務に関する基本的な事項を調査審議すること等を目的とするものである[337]。1949年に、法務省設置法13条およびその別表2、また法制審議会令（1949年政令134条）に基づき、法制審議会は設置された[338]。法制審議会は、一般的に法務省の所管する法律を審議の対象とする。ただし、戦後国内法整備のニーズに応じて、広く基本法制度の制定を審議した実態もあったことが指摘されている[339]。

　法制審議会の役割は、まず諮問に応じて、法制定に関する情報を収集することにある。少なくとも80年代まで、法制審議会の運営は法技術に精通した専門家によってなされており、世論の傾向や政治活動に対応する議会での審議に対して、将来の裁判活動に適するよう、特に具体的な紛争処理を念頭に制度設計を行っていたように思われる。例えば、元法務省顧問の我妻栄は、法制審議会と議会の関係について「議会での審議を意識する関係官庁の職人があるが、学者／法律家の観点から法制審議会はあくまで中立的な立場から

336　法制審議会の経緯は、大正時代まで遡ることができる。大正8年7月に、内閣臨時法制審議会が設けられ、民法親族編・相続編改正の要綱を審議し、また大正15年に刑法改正の綱領に関しても決議した。昭和4年10月に臨時法制審議会に代わって、「法制審議会」という組織が設置された。戦後は、憲法の改正に伴う多数の法改正を円滑に行うため、内閣に臨時法制調査会が成立された。また、それらとは別に、司法制度改革に関して、司法大臣の諮問機関としての「司法法制審議会」も作られ、上述の臨時法制審議会とともに、終戦後の民法の改正、刑法の改正、裁判所法の制定等に関わった。

337　法務省組織令第58条第1款を参照。

338　当時から、法務総裁（のち法務大臣）を会長とし30人以内の委員により構成される「大臣自ら主催する審議会」として運営されてきたが、2000年の改正において、「法務大臣を会長とする」旨の条項が削除され、委員二十人以内で組織することになった。委員は、「学識経験のある者のうちから、法務大臣が任命する。」（法制審議会令第2条）。

339　我妻栄ほか「（座談会）立法過程における法制審議会の役割」法律時報30巻7号（1958年）45頁を参照。特に、当時内閣法制局長官であった林修三の発言はその点について言及したものであった。

決めて、理想・合理的状態に近いものを提供すべき」、または「法制審議会としてはマハトではなくてレヒトということを中心に考えるべき」ことを強調した[340]。

ただ、近年、法務省の内部機関であるにもかかわらず、法制審議会は、「重要事項に関する調査審議」という「諮問機能」および「不服審査その他の処理」といういわゆる「参与機能」を果たしている[341]。

法制審議会刑事法部会に関する研究では、立法趣旨の解明または立法効果について検討したものがしばしばみられる[342]。近年、市民参加を求める結果、審議枠組みに変化[343]が見られる。そこで問題になったのは、国民に向けた「公開性」と「冷静な議論」である専門的な議論との間でどのようにバランスをとるのかということである[344]。具体的には、利益団体が審議に加わるかどうかに応じて、どのような議論が審議においてなされるのかという点についての分析がある[345]。公訴時効制度についても、論議の参加者である被害者団体と対立する団体が存在しないため、彼らの言説への有力な反論を形成しにくかったという指摘もある[346]。こうした専門家と非専門家の「ギャップ」は公訴時効改正以後の法制審議会でもみられ、一部の法律家もそうした審議のあ

340　同上、56-58頁を参照。

341　ダニエル・H・フット「審議会の参与観察」太田勝造ほか編『法社会学の新世代』（有斐閣、2009年）27頁を参照。フットの論文は、法科大学院いわゆるロースクール制度をめぐる法制審議会の審議、すなわち司法制度改革審議会を素材にしたものであった。その審議を経て、2001年6月司法制度改革審議会意見書が公開された。

342　例えば、中山研一「法定刑の大幅引き上げに関する刑法改正について、法制審議会刑事法部会の議事録の検討」判例時報1917号（2006年）3-15頁は、審議過程の「公開性」を中心に考察する。また、岩田研二郎「刑事訴訟における被害者参加制度の問題点——法制審議会刑事法部会の審議を中心に」法律時報79巻5号（2007年）84-89頁は、審議の特徴に着目し、被害者制度の問題点を指摘した。そして、平成16年の公訴時効改正について、道谷卓は「公訴時効の本質　平成一七年公訴時効規定改正をふまえて」姫路法学45号（2006年）51-122頁において、審議の現実志向が公訴時効の制度趣旨に影響を与えることを論じている。なお、今般の刑事法改正審議の構成また議題の設定に問題があることを指摘したものとして、例えば白取・前注330、3頁を参照。

343　例えば、多様な委員構成、議事録のネット上での公開、ヒアリングの機会を設けることなどである。

344　フット・前注341、29頁。

345　例えば、フットは法科大学院関する法制審議会を観察対象とし、大学院生という利益団体の不在が審議に及ぼす影響を論じた。フット・前注341を参照。

190　第 2 部　ユーザー主導の法情報

り方を問題視している[347]。実際に、法制審議会に参加した非専門家の委員から、法律学の論証方法に対する疑問が呈されている。ジャーナリストである安岡崇志は、法制審議会の議論について、「（対立した論点の）双方とも、定性的的定量的に実証された実状分析に立脚しないので、議論は漂流してしまい」、また「刑訴法の名宛人である司法関係者たちが刑訴法をただ単に職務遂行の準則と捉えるがゆえに、法の解釈運用の実状調査・実証研究が行われないのかもしれない」と法学者が扱う論理に違和感を示した[348]。

　これらの研究を踏まえた上で、本章では審議会で行った審議の進行や審議会委員の発言に注目し、特に各言説の特徴を検討したいと思う。法制度のあり方をめぐる内容が多く含まれているため、本章では、そうした言説を「法情報」の一種として扱う。公訴時効の改正には、一方で社会の関心が集まり、他方で公訴権の消滅をめぐる専門的な知識も必要とされた[349]。公訴時効制度、特に制度の目的については、〈日常経験〉と〈専門性〉の間に異なる解釈が見られる。また、新聞（第 2 章）と雑誌（第 3 章）における法情報の分析から、いずれも、情報類型の変化は立法報道における問題関心の変化と連動していることがわかる。もしこうした法情報論の観点が有効であるならば、複数の法情報の間の相互作用を通して、法改正をめぐる意見衝突の社会的背景を浮き彫りにすることができるかもしれない。

　また、上述のように、近時の立法過程においては、情報公開、情報収集発

346　高見勝利「『より良き立法』へのプロジェクト——ハート・サックス "THE LEGAL PROCESS" 再読」（特集 立法学の新展開）ジュリスト 1369 号（2008 年）20 頁。

347　例えば、2011 年 6 月 29 日から 2014 年 7 月 9 日に渡って行われた法制審議会・新時代の刑事司法特別部会の審議において、「非法律家である有識者の発言を法律「論」を盾にして、ことごとく潰していく一部の「学者」委員」が時には権力の意を代弁して有識者の提示する疑問を論難・排除したこと、例えば有識者の事前全面開示論に対して、学者委員が「いわゆる事前全面開示論については、十分な議論を踏まえた上で、はっきりとその考え方は妥当でない、採らないということで、法律として国会が制定したものだ。」と拒否したと、刑事訴訟法学者である白取祐司が指摘している。白取祐司「法制審特別部会は課題に答えたか」法律時報 86 巻 10 号（2014 年）9 頁を参照。

348　安岡崇志「雪と玫瑰（ハマナス）と——特別部会に明治から未来を見た」法律時報 86 巻 10 号（2014 年）15 頁を参照。

349　社会関心への配慮は、審議会においても一貫して意識されている（法制審議会公訴時効部会議事録第 1 回会議　http://www.moj.go.jp/shingi1/091116-1-1.txt　2015 年 9 月最終閲覧）。

信の拡大により、法制度の正当性を「世論」によって担保させるべく、情報公開やメディア報道のあり方を意識した運営を行う傾向がうまれている[350]。その点、判定者たる「裁判官」のような制御装置を持たないがゆえに、社会資源の調達作用をいかに実現するかという点が、立法過程審議の鍵となる。本章では、立法審議という場を対象に、公訴時効の審議に言及した「世論」の性質を解明していくことにしたい。

(1) 審議の大枠

法制審議会刑事法（公訴時効関係）部会は、諮問第89号の調査審議を行うため、新たに設置されたものである。具体的な議題は、次のように分けられている。

第一に、公訴時効見直しの必要性、妥当性について、以下の三つのテーマで議論がなされた。

① 公訴時効見直しの必要性

② 公訴時効見直しの必要性と公訴時効制度の趣旨との関係

③ 平成16年改正と今回の法改正の関係

それについての議論は、特に第1回会議（平成21年11月16日）の前半そして第3回会議（平成21年12月9日）の冒頭に集中して行われた。

第二に、凶悪・重大犯罪の公訴時効見直しの具体的なあり方についての議論がなされた。

① 公訴時効制度を見直す場合の方策[351]

② 見直しの対象範囲

こうした議題についての議論は、第3回会議以後審議の中心になった[352]。

---

350 議事録とは、審議内容や審議過程での委員の発言の記録として、重要な会議で作成されたものである。ただ、議事録は原則的に会議の発言をそのまま、客観的な記録と位置づけられているが、発言の加工あるいは修正する場合もあることが指摘されている（森田朗『会議の政治学』〔慈学選書、2006年〕133-139頁を参照）。ただ、修正が記録の読み手に便宜を図るものであることから、審議会の発信機能を考察の対象とする本論に与える影響は限定的であると考えている。

351 A案：一定の犯罪について公訴時効を廃止すること；B案：一定の犯罪について公訴時効期間をより長い期間とすること；C案：個別の事件の公訴時効の進行について特別の取扱いをすること。

192 第2部 ユーザー主導の法情報

第三に、現に時効が進行中の事件の取扱いが問題になった。そこでは、特に、憲法39条との関係をめぐる議論が中心に展開され、第3回会議の後半においても議論されることになった。

第四に、刑の時効見直しの必要性・具体的なあり方に関する議論が行われた。事務当局による配布資料によると、この点についての具体的なテーマは提示されていないが、実際には、公訴時効見直しと併せて刑の時効を見直すことの必要があるか無いかについての議論がなされたようである。このことについては、第5回会議以後に集中して行われた[353]。

(2) 審議の構成

刑事法(公訴時効関係)部会に出席したのは、23人の委員と法務省特別顧問である一人であった。その構成は、学者8人、実務関係6人、被害者代表1人、事務関係の8人である。

今回の審議は、部会の構成員の間の意見交換に留めず、議論の公開性を高め、部会内の意見以外の要素も議論の中に導入する姿勢を示した。第一には、ヒアリングの導入である。第2回会議ではヒアリングとして、被害者団体から直接意見を聞く機会が設けられた。そこでは、従来の議題に従って審議を行う方法ではなく、直接被害者団体を会議に招き、被害者側の立場と意見をアピールしてもらうという形がとられた。第二には、配布資料として、意見募集すなわちパブリックコメント(第5回会議)、また世論調査の資料(第8回会議)が配布されたことである。それらは、各会議の冒頭に事務当局から説明され、世論調査の結果を踏まえた審議を行うことが求められた。

一般的に、条文の意味を確認した上で、その意味に沿って事案の分析を行うことは法学の典型的な手法である。例えば、川島武宜は、それを「言葉的技術」と呼び、「概念の明確性」を特性とする法学は「多義的な不明確な日常的な言葉=概念に対して特別の合理的な技術概念を分化しなければならない」と指摘した[354]。こうした考えに従えば、法学の議論において、用語の使

---

352 具体的には、被疑者の人権保障(防御権の問題)、犯人の特定そして見直しの対象範囲(法定刑との調整など)について、議論が行われた。

353 第3回会議の最後には、時効制度における刑罰権の消滅を問題視する姿勢を示していた。

用は、単なる発話者の個人偏向ではなく、専門性の産物でなければならない。それゆえ、審議会において同じ「時効」の言葉を複数の文脈で扱っていたのであれば、そこから専門知識への理解や意味の転換を読み取れるかもしれない。そこで、ここでは、公訴時効法制審議会の議題の中でも最も「世論の変化」と関わるテーマであった公訴時効の存在理由に関する用語の使用状況に着目する。以下では、次の二つの仮説に基づき検討する。

　①　同じ主題をめぐって、法学的な概念を超えて、多様な語彙が使われていた。

　②　仮説①が成立する場合、法学以外の語彙は、「世論」に特有の論理文法（文脈）で法学の概念を置き換えていた。

　この仮説を検証するため、時効の存在理由をめぐる論議において用語の使用状況を分析する。まず、仮説①について、語彙の使用頻度と話題の主題（subject）を特定し、検討を進める。次いで、仮説②について、会話の内容そして表現において、テキストで言及される個々の「主題」がいかに構成されていたのかをみることにしよう。

第2款　審議の言説類型

(1)　語彙としての「処罰感情」

　「時効」の問題点について、最初の3回は公訴時効見直しの必要性および妥当性、という問題に議論が集中した。事務局は、「証拠の散逸」、「処罰感情の希薄化」そして「事実状態の尊重」の3点を、公訴時効制度の主たる存在理由として示した[355]。そこで、これらの語について検索すると、今回の審議におけるそれらの使用頻度は図1の通りである。

354　川島武宜『科学としての法律学』（岩波書店、1987年）53頁を参照。
355　法制審議会公訴時効部会第1回会議議事録第8頁。

(図1) 公訴時効の存在理由についての言語使用

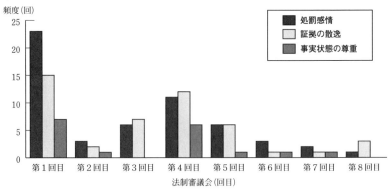

　総計にすると、「処罰感情」が67ヵ所、「証拠の散逸」が49ヵ所または「事実状態の尊重」が31ヵ所という状態になっている。そのうち、表現の使用は、前半の会議、特に第1回会議に集中して、審議会の後半に入ると同時に、上記三つの語の使用も少なくなってきた。その傾向は、上述の議題構成と連動しているようにみえる。法的な物事の存在理由を語る場合には、専門用語以外の表現を使う可能性も考えられる。したがって、公訴時効の存在理由の言説を把握するためには、専門語彙以外の表現（以下関連用語という）の使用状況も検討しなければならない。それゆえ、ここでは、まず、「事実状態の尊重」、「処罰感情」、「証拠の散逸」三つの語彙を分解し、以上の結果を踏まえてまたキーワード検索を行った。

　第一に、「事実状態の尊重」について、「事実状態」と「尊重」を分けて検討したところ、全体会議において「事実状態」は31ヵ所で現れたが、そのすべてが「事実状態の尊重」という形でのものだった。また、「尊重」と「事実状態の尊重」を対比すると、「尊重」の使用回数は34回で「事実状態の尊重」とほぼ一致しているが、3ヵ所では異なる意味で使われていたことがわかった[356]。

　第二に、同じ手法で「証拠の散逸」について検索したところ、まず、「散逸」について[357]、単なる「散逸」という言葉は、法律と無関係の語彙であるが、今回審議において現れた49ヵ所は、全部「証拠の散逸」としてのものだった。

一方、「証拠」という表現は、「証拠の散逸」と異なる場面にも現れているが、346ヵ所のいずれも法律上の証拠状態を指しており、公訴時効における証拠面の議論に関わるものということができる[358]。

第三に、「処罰感情」の使用状態について、まずは、「処罰感情」と関連する「感情」から整理を行ったところ、「感情」をキーワードとした検索結果は、以下のように類型化することができた。総計131ヵ所で現れた「感情」には、複数の意味が含まれており、「処罰感情」が用いられる際には以下のような多様な意味が見られた（図2を参照）。

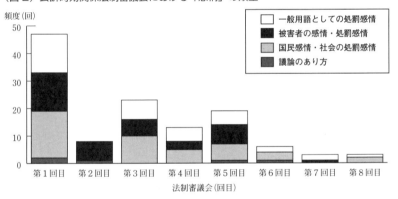

（図2）公訴時効関係法制審議会における「感情」の類型

① 時効理論としての処罰感情　「処罰感情」は公訴時効制度の存在理由を説明するものとして中立的に使われている。例えば、第1回会議で事務

---

356 それは、①第1回会議では、「被害者権利の尊重」という表現が現れた；②第2回会議において「被害者と司法を考える会」の発言では、「法律制度をお互いに尊重して生きていく市民」という表現を用いている。それは、その法律制度とお互い尊重のもとに、公訴時効と憲法39条の関係を慎重に検討すべきという意味で使っている；③第7回会議で、その表現は、公訴時効制度において従来の立法者意思はいかにして受け取られるべきか、という議論で扱われた。
357 もともと「散逸」は書面語であることから日常会話で現れる可能性は低い。そのため、審議において本来の意味ではなく、法律語彙（証拠の散逸）と連動した形で現れる頻度が高い、という仮説の下で考察した。
358 「証拠」の使用頻度は、第1回で52回、第2回では7回、第3回には68回、第4回には91回、第5回には47回、第6回には9回、第7回には60回そして第8回には30回になっていた。

局側は、公訴時効制度の趣旨について説明した際に、「処罰感情の希薄化」をその公訴時効存在理由とした。

② 被害者の処罰感情　　処罰感情が被害者（遺族）の個人感情として使われている場合がある。特に、第2回会議で現れた「処罰感情」の多くはそのカテゴリーに属する。そこでの「処罰感情」とは、被害者（遺族）が処罰を求める心情として理解されている。

③ 社会の処罰感情　　被害者の処罰感情と異なり、社会一般が犯罪に対して抱いている感情を指す。

④ 被害者「感情」　　「被害者感情」と「被害者の処罰感情」は相当程度において共通の意味で使われている。ただ、その用法は、「処罰」に対する態度だけではなく、広い意味での被害者救済に関係している[359]。

⑤ 国民「感情」　　存在理由をめぐる議論の中でこの言葉が使われる場合、具体的な処罰を離れ、法制度に対する一般的な社会通念という意味合いも含めて用いられている。

⑥ 議論のあり方を示すものとして　　「感情的な」論理と「冷静な」論理を分けて議論するといった形で使われていることが認められた。なお、このような意味での「感情的な」と「冷静な」という区別については、また第3節ヒアリングの部分で詳しく分析したい。

図2と図1によって、「感情」の語彙は、存在理由（特に「処罰感情」）と同じように、審議の前半に集中しており、審議が進むに連れて、使用頻度が減少している。また、図2によれば、「感情」の語は、「処罰感情」の意で用いられている例が多数を占めていることがわかる。さらに、「処罰感情」には「被害者」と［社会］、二つの側面がある。審議においては、「被害者」と「社会」という表現を加えて、処罰感情の意味を区別しようという現象も確認される。つまり、そこでの「処罰感情」という語彙は、公訴時効の存在理由としてのそれよりも曖昧かつ多義的に用いられていることがうかがえる。

ところで、図1と一致するが、第2回会議（被害者団体のヒアリング）においては「感情」の使用頻度が相対的に少ない。ヒアリングにおいて、被害者

359　例えば、「……『この国が理不尽そのものを許していることになる。』など、国民の意識や被害者感情を考慮すべきとの意見が見られた」（法制審議会公訴時効部会第5回会議）。

遺族は、「被害者の処罰感情」について、自分の心情で語ることが多く[360]。「社会」を語る場合にも、被害者の体験を背景として議論が展開される傾向がある。すなわち、第2回会議において、被害者の感情は重要な意義をもっているが、「処罰感情」あるいは「感情」だけではなく、「気持ち」など異なる表現もよく使われているのである。

そこで、「気持ち」という語彙の検索を行ったものが図3である。今回の審議において、「気持ち」という語彙の使用回数は総計28回になっている。そこでは、「処罰感情」（特に社会の「処罰感情」）の意味で用いられている例は発見されなかった。「気持ち」の使用が審議の議題と直結する傾向は確認されなかった。そもそも、この語彙が用いられているのは、特に被害者団体のそれとして第2回会議に集中している（11回）。

また、全体的に、「気持ち」は被害者個人の心情に限定されることが多いが、「世論調査の語彙として捉えられる場合もある。そこでは、被害者個人の感情という意味を指している[361]。つまり、感情（処罰感情）と違って、[気持ち]という表現を使った発言者は、個人の体験や思いと直結した議論をしているように思われる[362]。

以上、「処罰感情」を中心として、関連用語の使用状況について整理した。その結果、次のような特徴を見出すことができる。

まず、法制審議会の審議には、専門用語としての「処罰感情」だけではなく、関連する日常用語としての「感情」を混用する現象も現れている。また、執行面の可能性をめぐる議論が中心になった後半では、「処罰感情」への言及は少なくなってきたこともわかる。要するに、当該用語の頻度は議題の設定と連動していたことが見てとれる。

また、用語の類型について、発言者の立場によっては、同じテーマに関す

---

360 「……今年の年末で9年になりますが、処罰感情のみならず、悼む思い、4人への思いはまったく色あせることがありません」（法制審議会公訴時効部会第2回会議）。

361 関連資料として配布された「公訴時効制度に関する世論調査の結果」（http://survey.gov-online.go.jp/h21/h21-houseido/2-3.html　最終閲覧2015年9月）による。

362 例えば、被害者団体の「宙の会」は、次のように述べていた「……被害者遺族といたしまして公訴時効見直しに向けた率直な気持ちを訴えさせていただきたいと存じます。」（法制審議会公訴時効部会第2回会議）。

る議論を行うときであっても、異なる語を用いる場合がある。特に、専門家と非専門家の間に用語の差異が存在する。第2回会議では他の会議を比べると、専門用語ではない、例えば「気持ち」といった語が議論に多く現れる傾向が見られた[363]。

　もちろん、具体的な文脈における「処罰感情」の意味を確認する場合において、出現回数と分布だけは不十分で、会話の文脈を離れる可能性がある[364]。したがって、以上の結果を補足するため、次に具体的な議論の流れに沿って、「処罰感情」の意味を検討してきたい。

(2)　「時効」の世論化

　以下では、具体的な文脈に則して「処罰感情」の意味を確認する。上述の分析が示すように、「処罰感情」に関する議論は主として第1回会議に集中しており、法改正の必要性が最初の議題として扱われている。

　「見直す必要性、妥当性」について、審議では、処罰感情の変化をめぐる見解の相違に、論争の重点が置かれた。上述の用語頻度の変容は、その論争の展開と密接に関わっているものと考えられる。以下で、「処罰感情」への理解の仕方の代表的なものを分析し、いずれも「世論」と結びついていった様子を明らかにする。

　法制審議会公訴時効第1回会議では、「処罰感情」という概念の意味をめぐって、「社会の処罰感情」と「被害者の処罰感情」の関係が議論の焦点となっている。

　従来の法学理論における「処罰感情」は、社会の集合意識であり、個人的な被害者感情と直結するものではない。法制審議会における論争ではその考えを引き継ぐ傾向がみられる。例えば、発言の中では、犯罪被害者等基本法

363　逆に、第1回会議は、被害者団体の代表が欠席し、法律専門家と行政側の委員のみという構成になっている。被害者の処罰感情は、ヒアリングと違い、直接被害者遺族本人から語られたものではなかった。

364　例えば、発言者が「処罰感情」を頻繁に使っても、話の相手が「処罰感情」とまったく別の話を取り上げることによって、実際の議論が「処罰感情」と無関係の方向に向かっていくような場合も考えられる。

の立法を引きつつ、「処罰感情」をめぐる議論は、単なる被害者の心理状態ではなく、社会全体の問題として議論されるべきである、と指摘された（第1会議議事録14頁）。いずれにしても、「感情的」な議論（図2・議論のあり方）を排除するため、審議会では「処罰感情」という概念は、集合意識のレベルで論じられるものであった。ただ、抽象的な概念である「処罰感情」を、どのような形で具体的に捉えているのかが自明なわけではない。

① 被害者感情の社会化

立法趣旨としての「処罰感情」は、公訴時効の社会問題化、つまり社会関心の高まりを通して理解されることとなった。

　「今度の議論の前提として、先ほど〇〇幹事が言われたように、もうすぐ時効が来る、そうなったら大変だというような時効完成が迫っている遺族のつらい立場・状況などの報道があって、そういう背景の中で、海外では公訴時効を廃止している国があるのだというような報道もなされて、公訴時効が完成した場合の不条理さがかなり国民の中に共有されることによって、被害者遺族だけでなくて、国民の間にも本当に公訴時効というのは廃止されなくていいのかというような考えが相当広まってきているなという感じはしております」（第1会議議事録17頁）。

以上の発言では、公訴時効に関し、報道と国民意識の変化との連動が意識されていた。そのため、処罰感情が「被害者の処罰感情」（「遺族のつらい立場・状況」）として具現化されることになった。ただ、報道における「処罰感情」の言説は、「処罰感情」という概念の特徴を説明するのではなく、「被害者の処罰感情」の表現をクローズ・アップすることによって「処罰感情」の実態を発信する。その結果、報道は、被害者に関する取材という意味で「被害者の処罰感情」の受け手であるが、「被害者の処罰感情」を社会問題化させるという意味で処罰感情の送り手でもある。上記の発言者は、まさに報道を素材にして、公訴時効に関する社会認識を確認していたとみられる。

② 「処罰感情」の予防効果

「処罰感情」について、別の角度からその社会的影響を理解しようという主張もみられる。すなわち、「処罰感情の希薄化」を公訴時効の存在理由と

する立場について、予防論は違う観点から時効制度を正当化する。ある委員は、以下のように述べていた。

> 「……刑はもちろん応報だけではなくて一般予防とか特別予防というところがあるわけで、そういうところが見えなくなってしまう。被害者であるがゆえに見えなくなる部分もあると思うのです。そういう被害者の意見が非常に強いと言って、それで立法動機が変わるのかという疑問があります。」

通常、犯人を処罰することによって社会を威嚇するという意味で、刑罰の「一般予防」機能に注目するのであれば、長期間が経過するとともに犯罪が社会の記憶から消えてしまうという観点から、社会の威嚇としての意味をなさず、応報の必要性が消滅すると説明されることがある。また、「特別予防」の点からみると、犯人に刑罰を科すことによって再犯を防ぐという主張もある[365]。いずれにしても、そこで用いられている「予防」とは、伝統的な刑法観に立つものである。その刑法観は、刑罰という害により恐怖や功利的な計算を働かせることで、現実のまたは潜在的な犯罪者の行動をコントロールしようという発想に立つものである。「予防」を今後の犯罪の予防という意味で理解した場合、刑罰とは結果を惹起する行為が生じる前に、そうした犯罪行為を思いとどまらせるよう働くものでなければならないはずだ、ということになる。したがって、「予防」という発想によって、「被害者感情」のような犯罪後の影響を配慮するには、多くの場合で困難が伴うことが予想される。

実際、ある委員は次のように述べていた。

> 「いつまでたっても処罰を免れないとすることは応報目的だけでなく、そうでなくて何年かたったら逃げおおせるというふうな形で一般の人たちがとらえるとすれば、一般予防効果の点について問題があるだろうという感じはいたします」（第1回会議議事録19頁）。

つまり、ここで強調されているのは、未来に向けた犯罪の予防だけでなく、過去の犯罪についても追及せよ、という現時点における社会的効果である。

365　道谷・前注342、56-57頁を参照。

社会にとって好ましくない行為を処罰することで、人々の中にある規範意識、または規範そのものが維持されるとする考え方が、ここに示されている。そして、そこには社会構成員を潜在的犯罪者と見なす、という意味が含まれている。ただ、刑罰の正当化根拠は、法を否定した行為である犯罪に対して刑罰を科すといった「応報」ではなく、「規範の維持」という点に変容されている。処罰の機能とは、事実としての犯罪行為ではなく、規範すなわち社会の正義感覚を維持・共有する観点から定立する必要があると捉えられている。結果的に、犯罪者の「逃げ得」に対する処罰は、犯罪予防の実態によってではなく、集合的な観念・態度等、すなわち「世論」と連動させる「秩序の維持」という機能につながる。

③ 「世論」と「処罰感情」

立法動機と見られる「処罰感情」は、公訴時効制度を設ける理由として形成され、かつその合理性を支える社会状況を指すものでなければならない。今回法制審議会の審議では、その認識は一貫しているが、その社会状況に関する説明は、従来の法学的な議論と離れる傾向がみられる。

法学的に社会状況をみるなら、それは世論調査で反映される調査結果などではなく、具体的な裁判がどのように影響したかという点から判断されることになる。ある発言者は、「量刑判断」をキーワードとして、そのような考えを示していた。

　「そこで言う『感情』という言葉の意味がワードとしてあまり適切でないせいなのかわかりませんが、それが一つの原因となって、被害者の側から見れば被害感情もそうだし、社会の被害感情もちっとも希薄化していないという話になるのですね。だけど、そうではなくて、通常量刑判断でやっているときにどのように考えられているかといいますと、被害者団体からは怒られるかもしれませんが、いわゆる被害感情というものを全面的にまず第一に考えるべきものだとは考えていないのです。」（第3回会議議事録34頁）

つまり、法的な議論における「処罰感情」は、裁判での解釈に委ねられ、被害事実を規範の要件と照らし合わせ、各事件の特性に基づき判断されるものである（以下では要件型処罰感情と呼ぶ）。

〈要件型の処罰感情〉

社会の事実状況 → 量刑の要件 → 社会の処罰感情についての判断

　これに対して、世論化された「処罰感情」は、制度の存在理由だけではなく、国民認識による評価つまり「世論」としての面を持つことになる。「世論」の変化は、対応すべき国民意識の状況として扱われる[366]。そうすると、ここでの処罰感情（以下は〈報道型の処罰感情〉と呼ぶ）は、「被害者の処罰感情」の類似物として判断されることになった。

〈報道型の処罰感情〉

被害者の処罰感情 → 「時効事件」の報道 → 社会の処罰感情

　ある発言者は、ドイツと日本における公訴時効制度の改正の背景を比較し、公訴時効制度の「処罰感情」という言葉に政治的なアピールの意味がある、と指摘していた。ただ、日本には、「ナチス犯罪の追及という非常に大きな、世界史的な物語」というドイツにおける立法背景は存在しない。「新聞などが熱心に報道したために、時効についての議論が盛り上がり、そして、被害感情というのは、決して、刑訴法学者が言っているように、時間によって薄らぐようなものではないということは社会の共通認識になってきた」[367]、というのが実相である。したがって、「公訴時効見直し」の必要性は、公訴時効制度に対する違和感から生じたものだとされた[368]。公訴時効制度の問題点は、具体的な事件の救済ではなく、犯罪への追及という象徴機能を果たすの

366　被害者（遺族）団体の委員は「理解」について次のように述べていた。「その方（被害者遺族）が一生懸命私たちの運動でビラ配りをやってくれたというのは、30年たったから忘れたのではないです。忘れられない、時とともに悔しさが募るから寒い中をビラ配りに協力するのです。昨日もビラ配りに来てくれておりました。そういう心情を是非理解していただきたいのです。一般の人はよく理解してくれます。ところが法律家がどうしても理解してくれない」（法制審議会公訴時効部会第8回会議）。
367　法制審議会公訴時効部会第1回会議議事録30頁。
368　そうした考えは、次の発言にも現れている。「その時点での国民の意識・感覚によっていたということだと思うのですけれども、その評価が変わってきたと考えれば、説明はつくようにも思うのですが。」（法制審議会公訴時効部会第1回会議議事録32頁）。

か、ということになる。その象徴は、上述のように、まさに報道等問題の社会化になる「世論」の言説で大きく取り上げられた。

その結果、公訴時効改正の必要性は、法学的な論理より世論調査や被害者の「共通認識」に求められた。そこには、裁判に即した当事者の救済問題よりも、公訴時効の改正によって、世論が納得できるような解決を立法で現実化させようとした姿勢がうかがえる[369]。

このように、今回の審議において、「処罰感情」は複数の意味で用いられているが、いずれも、犯行の社会的影響や、被害者を中心としながらも国民の間で共有されるに至った認識、すなわち「世論」と深く関係づいて理解されることになった。

「処罰感情」の理解は、発言者によって異なっており、単一の意味に定義されることはできないが、以下のように多数の言説間での媒介機能を果たしている。

①　混同　「処罰感情」には、被害者の処罰感情と社会の処罰感情という対立の構図が見られた。そこでは、報道を通して、被害者の感情が強調されて、国民の間で共有されることになった。したがって、被害者感情は社会の共感になり、社会の処罰感情の中心になっている。つまり、社会の処罰感情といっても、その内容は被害者感情と共通することがある。

②　変換　社会の処罰感情を把握するため、審議会では世論調査を取り扱っている。そこで、「世論」は「処罰感情」の現れとして議論に入り込んできた。ただ、そこで最も重要なのは、単なる世論調査からの情報として世論が理解されたのではなく、公訴時効の存在理由になる世間の評価としての世論をみるべきだ、という論理構造が示されたことである。この論理により、図2と図3で示したように、審議会の後半では「社会の処罰感情」と「被害

369　刑の時効については、公訴時効との間で異なる趣旨が含まれていることや、適用場面の異なる場合がある点で理論上問題だが、国民にはあまり意識されていないため、公訴時効のように国民の意識変化という立法事実があるわけでもない。また、刑の時効の改正は単なる「理念的なバランス」の産物にすぎないという反論も現れた（法制審議会公訴時効部会第1回会議議事録31頁参照）。

者の処罰感情」という表現の対立はほとんどみられなくなり、逆に「国民感情」または「被害者感情」の使用が増えてくる傾向がみられた。「処罰感情」は、量刑判断の因子という司法の解釈から、被害者の感情を意味する「世論」——日常生活の情報に関わりやすいもの——へと傾くことになった。

③　対立　　上述のように、「処罰感情」の定義をめぐって、予防論と被害者感情論には異なる論理構造がある。その差異は、「現実」に関する認識の相違であるのかもしれない。予防論での「処罰感情」における「現実」は具体的な事実と行動の効果にあるが、「世論」に応じた「処罰感情」における「現実」は被害者の心情または「世論」として現れてきた。

以上の整理によって、審議会での議論について、以下の結論を導くことができる。

今回の公訴時効制度改正において、改正の必要性を現実への応答として取り扱う傾向がみられた。その現実は、「処罰感情」＝「世論」の形で現れていた。ただ、その「現実」では、審議参加者における認識図式に相違がみられた。

先述した二つの異なる「現実」観には、専門性（法学）による構造的なズレが現れている。被害者感情論では被害者感情の共感を重視し、社会的な処罰感情は被害者感情の類似物として理解されている。しかし、法的な議論では、犯罪という結果を起こさない条件を設定する（「予防」）、あるいは社会的な処罰感情といった状態の特徴を法律要件の形で加算し（「量刑判断」）、社会的処罰感情の理解を形成しようとする。処罰感情を解明するにあたって、前者は一般的な情報提供機関である報道の役割を強調しているが、後者は裁判の事実認定あるいは法解釈での推定に依存することとなっている。

第3款　ヒアリングの言説

第2款では、「処罰感情」というテーマを中心に、公訴時効部会での審議を追ってきた。そこでも述べたように、「処罰感情」には、学説の理論を超えて、「世論」の論理も大きく働いていた。法制審議会は、「被害者団体の方から直接この場で御意見を拝聴する機会」（法制審議会第1回会議議事録、38頁）を設けるために被害者団体のヒアリングが行われたことを承けて、「被害者

感情」を「世論」として捉えていた。そこで以下では、「世論」と法学の専門的知識とをすり合わせるという立法過程での課題が、議論の参与者たち自身によってどのように果たされたのか、という点を検討する。

ヒアリングは、各被害者団体からのプレゼンテーションとその後の質疑応答、からなる。よって、第2回会議は、自然の会話ではなく、予め計画された枠組みに従って委員と被害者団体との間で交わされた対話という形で行われた。前節での分析から、第2回の会議において、法律用語の使用回数が相対的に少なかったことは明らかである。そこで以下、公訴時効について、被害者団体がいかに自分の言葉で語ったかということ、また法学専門家といかに対話したかを検討する。

(1) プレゼンテーションの発話

今回の審議において、ヒアリングを実施した被害者団体は七つある。その中で、実際にプレゼンテーションを行ったのは、殺人事件被害者遺族の会（宙の会）、被害者と司法を考える会、犯罪被害者家族の会 Poena、全国交通事故遺族の会、TAV（交通死被害者の会）、交通事故被害者遺族の声を届ける会である。また、地下鉄サリン事件被害者の会が、ヒアリングに代えて意見書を提出している[370]。

公訴時効改正に対する態度によって、以下では各被害者団体の意見を「賛成側」と「反対側」に分けて考察する。

① 賛成側

ヒアリングにおいて、公訴時効改正を促進していた被害者（遺族）団体は宙の会（法制審議会第2回会議議事録2-5頁。以下、法制審議会第2回会議議事録を引用する場合、「同〇〇頁」に省略する）、犯罪被害者家族の会 poena（同12-16頁）、全国交通事故遺族の会、交通死被害者の会、交通事故被害者遺族の声を届ける会（同16-28頁）である。その特徴を以下に整理しておく。

---

[370] 地下鉄サリン事件被害者の会については会場で意見書が読み上げられたものの、質疑と応答は行われなかった。委員がいかに反応したのかという本書にとって重要な点を確認することができないので、検討の対象外とする。

(a) 「私」の事件と処罰感情

発話者は全員被害者遺族であり、冒頭に自分が経験した事件を紹介しつつ、その体験を語りながら議論を展開していた。そこで用いられた「逃げ得を許さない」という発言は「処罰感情」を意味し、自身の心情を語っていることが多い。例えば、以下のような発言がある。

> 「私は時効になった遺族として心情を申し上げますと、私たちはこうして母の死、その死に方について一生悔しい思いをして、こうやって暮らさなければなりません。死ぬまでこの気持ちは続くと思います。しかし、時効になって犯人は、もう何事もなく平和に暮らしていると思うと、悔しくてなりません。こんな不公平が世の中にあっていいのでしょうか。」（同20頁）

(b) 公訴時効の改正

改正の目的について、被害者団体は公訴時効制度の「不条理」を強調してきた。「不条理」については、特に被害者（遺族）心情への無神経という点から説明されていた。

> 「その心の区切りを法によって区切られるというのは、納得がいかないことではないかと思います。」（同5頁）

さらに、「無くなった命の権利の問題」という表現を用いて、時効制度は「法の下の平等」という大きな主題と繋がることがある[371]。失われた「命」を等しく尊重するなら、時効が関わる事件には、異なる時効期間ではなく、被害者の苦痛を解消するため広汎な配慮が必要であるという主張である。

(c) 社会との連帯

例えば、宙の会は、署名活動を通じて、「時効制度撤廃」を求めるイベントを開催した。その活動の目的は、公訴時効に包含されている「不条理」が「（社会の）深い共感から生じる産物である」ことを示すことである（同2頁）。

---

[371] 「法はもともと私から言わせると、犯罪防止のために本来存在すべきもので、残念ながら被害者も更生を願ってはいけないのだろうけれども、再犯を防ぐためにはそれも考えざるを得ないだろう」（法制審議会公訴時効部会第2回会議議事録15頁）。

また、公訴時効改正の動きに対して、自らの出発点が被害者感情からの願望（これ以上被害者遺族を増やさない）だけではなく、「凶悪犯罪を未然に抑止し、安心・安全な国家の実現に近づくもの」という「社会的使命」によるものだということである。

ただ、全国交通事故遺族の会、交通死被害者の会、交通事故被害者遺族の声を届ける会などは、公訴時効見直しの妥当性について、社会的な処罰感情の変化を強調することによるのではなく、実際的に被害予防の手段として必要になるとの見解を示した[372]。特に論点になったのは、捜査についてである。

② 反対側（被害者と司法を考える会[373]）

「被害者と司法を考える会」の意見は、「改善」と裁判とを繋げて語っていたのが特徴である。裁判に対する期待は、事件をめぐる現実の問題をすべて解決することではなく、刑事裁判という場を通して自分の苦しみを他人に伝えることにある[374]。被害者は、裁判で「このような被害者を出さないような社会に近づけていく」といった感覚を身に付け、個人の救済が社会の改善に繋がっていくことを望んでいる。それに対して、被害者（遺族）の不安状態は、捜査により生み出され、継続されていくという面もあるとする[375]。

以上要するに、被害者団体のプレゼンテーションには以下のような特徴がある。

(a) 被害者団体の言説は、個人的な体験に基づく議論という形を取っていた。それは、制度の妥当性を語る場合に、被害者の言葉、行動またエピソードを論拠として取り上げ、受け手の共感を求める傾向を有している。

(b) 被害者団体の言説は、個人的な経験を一般化する傾向がある。被害者団体の発言における処罰感情は、個人の体験にもかかわらず、「社会の処罰感情」と直結している。

(c) 「被害者間のバランス」の問題に関心が集まっている。「被害者間のバランス」の問題とは、事件類型による法定刑の相違が、被害者（遺族）の間

---

372 法制審議会公訴時効部会第2回会議議事録第22頁。

373 法制審議会公訴時効部会第2回会議議事録第7-12頁。

374 法制審議会公訴時効部会第2回会議議事録第9頁。

375 法制審議会公訴時効部会第2回会議議事録第8頁。

208　第2部　ユーザー主導の法情報

に異なる法的効果の帰結をもたらすことと関わっている。もっとも、被害者
は法による救済に対して、形式的な統一性を求めてもいる。例えば、交通事
故被害者の遺族は、「法の下の平等」などの表現を用いて、異なる性質の犯
罪についても「同じ命」という観点に基づき、時効の廃止を求めた。

(2)　質問と応答

　ヒアリングの第2回会議においては、各被害者団体のプレゼンテーション
をメインとして議論が進められているが、質問と応答の機会も設けられてい
る。だが、議事録によると、質問と応答の時間はかなり限られていたようで
ある[376]。

　質問と応答は、基本的には両者の「問い─答え」のシークエンスから構成
されるが、「趣旨の確認」が主目的となる以上、そこには日常会話と異なっ
た特徴も見られた。ヒアリングを行うに足りる「価値がある」情報が含まれ
ていることを、その質問と応答から明らかにする必要もあった。したがって、
質問者は、意見交換というより、基本的に「聞き役」として意見確認する例
が多く見られた。

　すなわち、それは会話の流れに一定の影響を及ぼしたと思われる。第2回
会議における質疑応答には、以下のような傾向が見られる。

　一つには、単純な事実の確認にしても、質問者が会話の流れをコントロー
ルし、応答者の情報を選別する傾向がみられた。

　事実の確認について、特に各被害者団体の沿革、メンバーの構成またはイ
ベントの状況に関する質問は頻繁になされる。また、質問する側によって想
定される事柄を問うていることが普通である。その特徴は、例えば以下の「被
害者と司法を考える会」に対しての質問に現れていた。「被害者と司法を考
える会」は、当日のヒアリングの中で唯一公訴時効の改正に対して反対意見
を示した団体である。

　Cは質問者、Aは応答者

376　各被害者団体の質問と応答に当たる議事録の内容は、2500字以内に収められているが、少な
　　い場合では（「全国交通事故遺族の会」）、1000字以内に収まっているものもある。

1C インターネットで見た38人の運営委員の中では、あなたとあなた以外に
　　もう一人しか被害者はいないのかなと思うのですが。

2A いや、そんなことはございません。

3C この公表された運営委員の中に、いますか。

4A 御自身が犯罪被害者であるということを言いたいというお考えと、会に参
　　加をして活動をされたいということとは、全く一致をしないと考えております。

5C いやいや、数をインターネットで見るとあなたと小林美佳さんと二人だけ
　　かなと思ったので。

6A いや、そのようなことはございません。

7C ほかにもいらっしゃる。

8A はい。

9C それでは、殺人の被害者の遺族とか、そういう方は会員にいますか。

10A ちょっとこの今回の趣旨とは一致するとは思えないのですけれども、ど
　　のような趣旨でお尋ねになっているかよくわからないのですが、その辺の統
　　計は取っておりません。

11C 統計は取らなくても、未解決事件の殺人の被害者の意見を聞いた上で、会
　　員の中にそんな人がいらっしゃって、今おっしゃったような意見を言われた
　　のか、ちょっと聞きたいので。

12A 先ほど御説明させていただいたように、未解決事件、殺人事件の被害者
　　の支援を数多くやってまいりましたので。

13C いや、会員の中にいらっしゃるかということを聞いているのですが。

14A 統計を取っておりませんので、お答えはできかねます。

15C では、致死事件の被害者はいらっしゃいますか。あなたは交通事故の過失
　　傷害致死。それ以外の致死事件の被害者はいらっしゃいますか。

16A かなりおられると思います。

17C ああ、そうですか。終わります。（第2回会議10-11頁）

　まず、質問者の内容を整理すると、1C、3C、9C、15C などの問いかけは、
被害者の人数または被害者の事情に関する確認のためのものである。特に、
11C の問いかけは、A からの反発に対し、C が質問の趣旨を説明しようとし
ている発話のようである。その趣旨は、一体どのような人の関心を集約して
反対意見を出しているかという点にある。「被害者と司法を考える会」の会
員状況についての確認（1C と 9C）を通して、「応答者の発言＝被害者意見」
という理解を、会員状況に基づいて確かめるという志向が表示されていた（「未

210 第2部 ユーザー主導の法情報

解決事件の殺人の被害者の意見を聞いたい」)。後に、その論理を一貫して、質問者は応答者Aの反発にもかかわらず（12A）、また被害者の類型をより詳しく確認する作業を続けていることを明らかにした（15C）。

その問いかけに対して、受け手の側の反応は次のように展開されている。まず、受け手側は、質問者と同じく、「被害者の身分」を重視する姿勢を示してきた。それは、2A、6A、16Aにおいて、被害者身分の疑いに関するCの質問に対して、Aは断固否定したことがわかる。また、A自身が、質問者と違って、別の手段で（被害者支援の活動）被害者意見を収集することを示していた（4A、12A）。たが、質問者(C)の発話（「いやいや」5C、15C）は、その説明を排除し、再び会員状況の確認（15C）に戻って、やりとりの結末をつけることになった。そこでは、応答者の論理が切断され、全体の会話の流れが質問者の意向に従う傾向がみられる。

さらに、質問者は、発言の再構成を通して、応答者の意図を読み取ることにした。いわゆる、「定式化（formulating）」という作業がここで行われている。定式化とは、「情報提供者のこれまでの話を要約したり、別な言葉で置き換えたり、要点をさらに展開させたりする作業」を指す[377]。

以上と同様の傾向は、以下にみる二つの質疑応答にも表れている。

①プレゼンテーションの発話に関する内容の確認として、「TAV（交通死被害者の会）」に対して、部会長は、次のような質問を出していた。

　　……最後のところでは、公訴時効期間の延長を主張されておられるわけですが、この御趣旨は、撤廃が望ましいのだけれども、現実的に考えて、まずせめて公訴時効期間を延長してほしいと、そういう御趣旨でしょうか。（25頁）

上記の発言では、被害者遺族の発言に対して、内容の「趣旨」を読み取ろうとしたことがわかる。「趣旨」の確認では、発言者が、被害者遺族のプレゼンテーションを法改正の提案として扱っていた。プレゼンテーションの内容は、「撤廃」と「延長」という審議の論点の枠にそったものであった。そ

377　山田富秋「会話分析の方法」『岩波講座現代社会学第3巻　他者.関係.コミュニケーション』（岩波書店、1995年）129頁を参照。

こでは、発言者は被害者遺族の個人的な被害体験を、専門家委員の解釈の枠に収める工夫がみられた。

②プレゼンテーションの発言の流れから、質問者自らの関心による問いかけがある。例えば、量刑判断については、以下のような質問がなされていた。

> 「1点だけよろしいですか。お話の途中で、そもそも交通事故に対する法定刑の上限、これが軽過ぎるという話がありまして、どのくらいというのは難しいと思うのですが、要望としてはどのようなことを考えておられるのかというのをお聞きしたいのですが。」（同25頁）

上記質問者の発話は、被害者に対する量刑判断と私的見解（「要望」）という二重構造になっている。量刑判断について、「どのくらいというのは難しいと思うのですが」という表現を使って、質問者は、被害者の発言と規範の構成とが直結した討論に展開していくのを抑える。そして、被害者の立場は、専門的な意見と区別された、私見（「要望」）という位置づけに固定されている。

「私見」と専門意見との非対称性は、被害者（遺族）団体の応答で量刑判断に対する配慮を通し、顕在化された。応答者は、具体的な提案を出しているが、「素人の意見」という表現で、法定刑に関する審議と距離を置くことにした。

以上のように、プレゼンテーションの発話によると、ほとんどの発言者は、公訴時効制度に対して、制度の妥当性いわゆる存在理由を中心に議論を展開していることがわかる。そこで、被害者団体は、「命」「魂」など自らの経験によって、改正の必要性を強調する姿勢を示しているが、具体的な法制度のあり方について、被害者団体の発言は曖昧である。それと同じように、質疑応答の部分は、内容的に質問が制度の妥当性に集中し、また被害者自身の経験を重視する姿勢も現れていた。

ただ、被害者団体の意見・主張については、それを具体的な制度の構成と直結するのではなく、審議委員である質問者の解釈枠組みに収まるような形式によって対処されている。そこでは、発言の内容は被害者団体の文脈から切り離されて、専門家の「翻訳」により法的な提案に転換する、という作業

がみられる。興味深いのは、被害者団体自身も、私的なトークとの区別を意識しつつ、法規制のあり方への直接的な言及に距離を置いていたことである。

第2節　裁判的言説と世論——足立区女性教員殺害事件を素材として

第1款　問題の背景

　司法裁判における「現実」とは、具体的な事件・紛争でありながら、証拠などを踏まえた裁判所の解釈と判断を通して姿を現わすものである。つまり、それは、一定の時間的・空間的制約の下に、法律家集団（裁判官、検察官または法学者などの専門家）が一定の基準に従って発見したものともいえる。したがって、裁判所の「事実」認定には、客観的現象に関する描写のみではなく、学者や法実務家の主観的な判断も反映される。

　また、裁判における法的言説の対象は、単なる具体的な当事者の状況にとどまらず、政策形成にも関わっている。これについて、現代型訴訟といった法運動を代表格として挙げることができる。こうした社会運動や権利運動は、裁判を、市民みずから法制度の変更をもたらす有効なプロセスとして、つまり社会運動の目的を達成する重要な資源として捉えるものである[378]。こうした法律の改正を狙う政策形成の裁判を通じて、訴訟当事者を含めた裁判内外の紛争関係者は、結果として勝訴であれ敗訴であれ、当該訴訟に対する社会の関心の喚起と行政の対応を狙っているとされる。

378　1970年代後半以降の薬害・公害に関わる団体訴訟を指す。そこで現れた政策形成志向は、従来の訴訟が目的とした当事者の救済や紛争処理と一線を画している。法運動は、日本戦後法社会学の研究活動の中に重要な研究対象の一つとして位置づけられてきた。高度経済成長を通じて日本社会の近代化はもたらされたが、一方で自動的に日本社会に権利が根付くということにならないことが運動の背景となる。吉田克己『現代市民社会と民法学』（日本評論社、1999年）267頁を参照。ここでいう新しい訴訟とは、政策型訴訟や現代型訴訟と呼ばれ、訴訟による当事者の救済のみ（いわゆる「紛争型訴訟」）ではなく関連政策の改正など訴訟外の目的を求めるものである。現代型訴訟については、すでに膨大な研究が蓄積されているが、例えば田中成明『現代社会と裁判——民事訴訟の位置と役割』（弘文堂、1996年）を参照。また、研究の概要を理解するには、高橋裕「現代型訴訟のインパクト」和田仁孝＝太田勝造＝阿部昌樹編『交渉と紛争処理』（日本評論社、2002年）174-195頁を参照。

ここでの法をめぐる「議論」は、社会運動の中に「社会的実在感」を求め、まず訴訟のプロセスで当事者自身が、個別の紛争に応じて具体的・個別的な規範について話し合う場を創出するという「フォーラム・セッティング機能」を持っている[379]。言い換えれば、それは裁判を「世論の表出」手段として扱うことになる。同時に政策・制度形成である以上、法制度をめぐるコミュニケーションが専門家の枠を超え、流動的に様々な資源——例えばマスコミの言説——を調達する必要性が現れてくる。司法の手段を通して、当事者側の主張を社会に受け入れさせるかどうかはこのような現代型訴訟の要である。

本節では、まず公訴時効改正において注目された事件——足立区女性教員殺害事件——の裁判を取り上げ、判決文の特徴を分析する。その上で、同じ事件をめぐる法制審議会での議論と比較しながら、世論への応答という観点から裁判的言説の可能性と限界を指摘する。いうまでもなく、そうした考察は、活発な法改正が継続している現在、司法と立法それぞれの対応の違いを理解する際にも有用である。

第2款　足立区女性教員殺害事件の裁判

足立区女性教員殺害事件（以下は本件と呼ぶ）は、時効が関わる事件の特質とされる「逃げ得」の点で、社会的関心、特に遺族への同情を集めてきた。また、その裁判は、不法行為に基づく損害賠償請求権と除斥期間のあり方（民法724条後段）に、疑問[380]を投げかけることにもなった。本件に関しては、主要な判例雑誌および法律雑誌に評釈が掲載され、法学者の間での関心も高まっていた[381]。他方で、本件の判決は「国民感情」に応える側面もあり[382]、世論の風潮を意識したものでもあった。

379　和田仁孝『民事紛争処理論』（信山社、1994年）165-167頁を参照。

380　要するに、除斥期間の適用による利益を得られるような、加害者の不当な先行行為の存在は、除斥期間の適用にいかなる影響を及ぼすか、という問題である。結果として、最高裁は、前記のような特殊な事情の下で、時効停止である民法160条の趣旨等を考慮して、除斥期間の例外を認めたものと解される（最三小判平成21年4月28日民集63巻4号853頁）。

381　本件判決の評釈として、中村肇「民法160条の法意による民法724条後段の効果の制限」法学セミナー（以下法セ）656号（2009年）136頁以下、松本克美「民法160条の法意に照らし民法724条後段の20年の除斥期間の効果を制限するとした事例〔民事判例研究〕」法律時報（以下法時）81巻（2009年）13号379頁以下、齋藤由起「民法160条の法意による民法724条後段の効果の制限」判例セレクト353号（2009年）22頁以下、久須本かおり「民法724条後段の適用制限について：最高裁平成21年4月28日第三小法廷判決平成20年（受）第804号損害賠償請求事件」愛知大学法学部法経論集183号（2009年）63頁以下、吉村良一「被害者を殺害した加害者が被害者の相続人において被害者の死亡の事実を知り得ない状況を殊更に作出したため相続人がその事実を知ることができなかった場合における上記殺害に係る不法行為に基づく損害賠償請求権と民法724条後段の除斥期間〈判例批評〉」民商法雑誌141巻（2009年）4-5号466頁以下、辻伸行「被害者を殺害した加害者が被害者の相続人において被害者の死亡の事実を知り得ない状況を殊更に作出したため相続人がその事実を知ることができなかった場合における上記殺害に係る不法行為に基づく損害賠償請求権と民法724条後段の除斥期間〈判例評論615／最新判例批評27〉」判時（以下判時）2069号（2010年）191頁以下、大坂恵里「民法160条の法意に照らし民法724条後段の除斥期間の効果は生じないとされた事例〈日本法律家協会民事法判例研究会判例研究〉」法の支配157号（2014年）77頁以下、松久三四彦「〔平成21年度重要判例解説〕民法160条の法意に照らした同法724条後段の効果の制限」ジュリスト臨時増刊1398号103頁以下、仮屋篤子「殺人事件に係る損害賠償請求権について、民法724条後段の適用が制限された事例」速報判例解説（法セ増刊）6号（2010年）87頁、石綿はる美「被害者を殺害した加害者が被害者の相続人において被害者の死亡の事実を知り得ない状況を殊更に作出したため相続人がその事実を知ることができなかった場合における右殺害に係る不法行為に基づく損害賠償請求権と民法724条後段の除斥期間〈最高裁判所民事判例研究17〉法学協会雑誌（以下法協）127巻3号（2010年）268頁以下および「最高裁判所民事判例研究（民集六三巻四号）一七　被害者を殺害した加害者が被害者の相続人において被害者の死亡の事実を知り得ない状況を殊更に作出したため相続人がその事実を知ることができなかった場合における右殺害に係る不法行為に基づく損害賠償請求権と民法七二四条後段の除斥期間」法協128巻3号（2012年）826頁以下、橋本佳幸「殺人事件の加害者が被害者の相続人において死亡の事実を知り得ない状況を殊更に作出した場合における不法行為に基づく損害賠償請求権と民法七二四条後段の除斥期間」私法判例リマークス41号（2010年）66頁以下、飯田恭示「被害者を殺害した加害者が、被害者の相続人において被害者の死亡の事実を知り得ない状況を殊更に作出したため、被害者の相続人がその事実を知り得ないまま20年以上が経過した後の損害賠償請求につき、民法724条後段の除斥期間の適用はないとされた事例」別冊判タ29号（2010年）128頁（平成21年度主要民事判例解説）以下、中村心「被害者を殺害した加害者が被害者の相続人において被害者の死亡の事実を知り得ない状況を殊更に作出したため相続人がその事実を知ることができなかった場合における上記殺害に係る不法行為に基づく損害賠償請求権と民法724条後段の除斥期間〈最高裁判所判例解説／民事関係17〉」法曹時報64巻1号（2012年）145頁以下。

382　本件の2審判決については、「国民感情」に応えるものとして高く評価されるべきであろう。最判についてこれを指摘するものとして、田中広治「殺害され、隠匿されて二〇年以上経過しても、その間に相続人が確定せず、相続人が確定した時から六か月内に損害賠償請求権を行使したときは、民法724条後段の効果は生じないとされた事例」判時2030号（2009年）162頁以下を参照。

第5章 立法と法情報 215

(1) 事案の概要

1978 年 8 月 14 日、東京足立区の小学校の警備員（以下 A という）が、同じ小学校に勤めている女性教師（以下 Y という）を殺害した[383]。裁判の認定事実をもとに、加害者 A と被害者遺族の行動を分けて、事件から裁判までの経過を紹介する[384]。

まず、A の行動を整理する。A は、事件当日午後 4 時半頃、小学校の廊下において、Y の首を絞めて殺害した。その殺害に至る経緯、動機については、それを認定すべき客観的な証拠はないと、裁判所は判示している。

殺害後に、A は、Y の死体を自宅の床下に穴を掘って埋めた。また、死体を隠匿した自宅の周囲は、高いブロックで囲まれ、監視カメラやサーチライトが設置されている。そのため、A の自宅は「容易に人が近付き難い状況」になっていると 1 審は認めている。

1994 年 A の自宅は道路拡張のための土地区画整理事業の対象となった。A は「年寄りの不便」を理由として、用地買収の求めに応じなかったが、周囲が立ち退くなかで自身も立ち退きを余儀なくされ、平成 16 年に転居することになった。事業で自宅を解体される際に Y の遺体が発見されることもやむなしと考えた A は、2004 年 Y の殺害と隠匿行為につき警察に自首したが、自首時点ですでに刑事の公訴時効が成立しており、刑事責任を免れる状態になっていたのである。

殺害後の被害者遺族の行動を追ってみよう。事件後の 8 月 23 日に、学校が失踪した Y の実家に連絡した。同月 24 日、遺族は学校側から経過に関する説明を受けて、その後（同年 9 月 11 日、16 日）、Y の父親が警察に捜索を依頼し、自宅住所の周辺を探索した。

---

383 被害者と加害者について、A は、会社勤務、自衛隊入隊、刑務所の看守、タクシー運転手等を経て、事件を起こした小学校の学校警備主事として勤務していた。A は、小学校の教職員と言い合いとなるけんかをしたこと等、職務上円滑ではなかったことが裁判所によって認められている。ただ、A より他の職員の生命、身体への具体的な危険性については必ずしも認められない、と判示している。Y は、同じ小学校の図工科専科教諭であり、殺害される前の 8 月12 日には、ヨーロッパ研修旅行から帰国した。

384 東京地判平成 18 年 9 月 26 日判タ 1222 号 90 頁（1 審）、東京高判平成 20 年 1 月 31 日判タ1268 号 208 頁（2 審）または最三小判平成 21 年 4 月 28 日判時 2046 号 70 頁を参照。

216　第2部　ユーザー主導の法情報

　さらに、10年後の1987年の大韓航空機爆破事件において、北朝鮮工作員の日本語教師がYに似ていると特定失踪者問題調査会から指摘を受け、遺族は北朝鮮に拉致された日本人を救出するための全国協議会に参加することになった。

　なお、2006年に、地方公務員災害補償基金東京都支部は女性教諭Yについて公務上の労働災害であることを認定し、遺族補償を支給すると通知した。新聞報道によれば、2007年、1審判決で棄却された足立区に対する請求は、2審の約1ヶ月前に和解へと至った。それは、東京高裁において区が遺族に2500万円を支払うことを条件に成立し、また遺族に哀悼の意を表すことや、再発防止への努力も和解条項に盛り込まれた[385]。また、犯罪被害者家族の会（公訴時効のヒアリングにも参加）が、みずから「時効の壁に挑戦する」ため、本件をめぐる社会運動にも参加していた[386]。

(2)　裁判所の判断

　本件は、死亡したYの両親から損害賠償請求権を相続した2人の子が原告となり、AとAを雇用していた足立区に対し、総計1億8千万円余の損害賠償を請求したものである[387]。

　1審は、原告の足立区に対する請求は認めなかったが、Aに対する請求のみを一部認容した（東京地判平成18年9月26日判タ1222号90頁）。判決で、Aの殺害行為は不法行為としたが、それに基づく損害賠償請求は、民法724条後段の適用により、すでに20年の除斥期間が経過していることで認められないとした。ただ、Yの遺体を隠匿し続ける行為は死者を弔いまたは遺骨を祀る機会を奪い、遺族の感情を害するという別個の不法行為であり、遺体

385　毎日新聞夕刊2007年12月19日9頁、同じく夕刊2007年12月20日13頁。

386　本件に関して犯罪被害者家族の会がとった行動は、主に裁判所などへの要望書の提出と、報道関係者を交えた論議をするよう要求することであった。また、東京都労災基金と接触し、ホームページ上において署名活動を行った。本件を通じて、犯罪被害者家族の会は足立区や裁判所と交渉し、「弁護士にすべてを任せるだけではなく、人として家族として積極的な戦い」を展開してきた（http://www.ll.em-net.ne.jp/~deguchi/　2015年9月最終閲覧）。

387　請求された損害額は、Yの死亡による逸失利益と慰謝料の相続分に原告らの固有の慰謝料などを加えて加算したものである。

発見時を除斥期間の起算点とすべきであるとして、原告らの請求を各自110万円の限度で認容した。

2審の判決（東京高判平成20年1月31日判タ1268号208頁）は、その遺体の隠匿を続けた行為が別個の不法行為を構成するものではないとした上で、原告らは、遺体が確認された日から3ヶ月を経てその相続人が確定した時から6ヶ月以内に訴えを提起したため、「相続財産に関しては、相続人が確定した時……から六ヶ月を経過するまでの間は、時効は完成しない」という民法160条の法意に照らし、Yの損害賠償請求権が除斥期間の経過によって消滅したということはできないと認定した[388]。

除斥期間の適用[389]について、原告らは、民法724条後段に対し、信義則違反ないし権利濫用法理の適用があると主張した。これに対して、1審は「民法724条後段の20年の期間」は、被害者側の認識のいかんを問わず、一定の時の経過によって法律関係を確定させるため請求権の存在期間を画一的に定めたものであり、除斥期間の性質を有するものと判示した。したがって、裁判所は当事者の主張がなくとも、除斥期間が経過している場合は、請求権が消滅したものと判断すべきであり、除斥期間を適用することが信義則に反するとか権利の濫用であるなどの主張は、主張自体失当となるものと解され、「これに反する原告らの主張は採用しない」と最一小判平成元年12月21日民集43巻12号2209頁（以下「平成元年判決」という）の論理を維持しつつ判示した。2審、最高裁とも、本件殺害行為に基づく損害賠償請求権は、20年の除斥期間の経過によって消滅しており、また、そこに信義則違反ないし権利濫用の法理を適用する余地はない、という点においては、1審の判断をそのまま維持している。

388　最高裁は、2審の判断を是認し、要旨は、次のように判示した（本判決には意見もある）。「被害者を殺害した加害者が、被害者の相続人において被害者の死亡の事実を知り得ない状況を殊更に作出し、そのために相続人はその事実を知ることができず、相続人が確定しないまま上記殺害の時から20年が経過した場合において、その後相続人が確定した時から六ヶ月内に相続人が上記殺害に係る不法行為に基づく損害賠償請求権を行使したなど特段の事情があるときは、民法160条の法意に照らし、同法724条後段の効果は生じないものと解するのが相当である。」（最三小判平成21年4月28日判時2046号70頁）。

389　本件の争点は、除斥期間の適用と不法行為の起算点に分かれる。起算点についての分析は、松本・前注381、379頁による評釈を参照。

218　第2部　ユーザー主導の法情報

　2審と最高裁で問題になったのは、相続された損害賠償請求権に対する除斥期間の適用についてである。2審は、本件に「正義・公正の理念」から、除斥期間の適用例外を認めた平成10年判決[390]を前提としつつ、民法160条に則して適用することとした。すなわち、殺害されたYが自分の死亡について有する損害賠償請求は、相続人が確定してから6ヶ月を経過するまで除斥期間が満了しないということになったことで、被害者の救済が可能になるのは6ヶ月以内に限定される。ともあれ、2審と最高裁の判決は、平成元年判決の枠組みに従い、本件の特異性を考量して、除斥期間の例外を認めたものであるといえよう[391]。

　本件の判決で、公訴時効制度の是非に関する検討はなされなかった。それは、民事事件の性質に鑑みて当然ともいえるだろう。ただし、田原判事の少数意見において、「現在、法務省において債権法の改正作業が開始されているところ、時効制度の見直しに当たっては、かかる観点を踏まえた見直しがなされることを望む」とあり、当時の債権法改正における時効制度の見直しについて言及したところがある。なお、本件は、公訴時効の経過によって刑事訴訟を起こすことができず、代わりに被害者遺族が民事訴訟を起こしたという経緯があったことから、被害者遺族さらには一般報道の観点[392]では民事的救済と刑事的救済とを連続的に捉えている面もあった。そういう意味で、本件の司法判断は、公訴時効改正をめぐる世論の形成にも一定の影響を与え

390　民法160条は、相続財産に属する権利や相続財産に対する権利が、相続人不確定ないし相続財産の管理体制不備の間には、消滅時効が完成しないことを定めた「時効の停止」についての規定である。ただ、時効の停止を消滅時効のみならず、除斥期間についても適用を認めたのは、ここで「平成10年判決」と呼ぶ判例である。その内容は、予防接種を原因として事理弁識能力を欠く被害者が、不法行為のときから20年を経過する6ヶ月内において法定代理人を有していなかった場合に民法158条1項を実質的に準用であると最高裁が判示したものである（最二小判平成10年6月12日民集52巻4号1087頁）。

391　ただ、最高裁では、民法724条後段の法的性質について、田原睦夫判事から、除斥期間ではなく、時効と解すべき、との少数意見も表明された。その狙いは、除斥期間より柔軟な運用のある時効制度を用いて、「損害賠償請求権という個別性の強い事案において、当該事案に応じた社会的に妥当な解決を導くことができる」というところにある。

392　主要紙である朝日新聞、毎日新聞や読売新聞を調べたところ、2004年から2009年まででは訴訟経過も含め本件についての報道は、複数回掲載されている。それぞれの記事数は、朝日新聞12件、読売新聞20件、毎日新聞20件である。記事の特徴については改めて次節で検討する。

第5章　立法と法情報　219

たものと考えられる。

(3)　本件についての評釈

　本件は、民法724条後段の除斥期間に二つ目の例外を認めたものであることから、理論上も実務上も重要な意義を有しており、これまでの判例評釈などにおいては、除斥期間のあり方についての細かな法解釈学上の議論が展開されている。本節では、民法上の問題として除斥期間を構成するのではなく、本件事案の特質とみられる「逃げ得」——本件で除斥期間の適用による利益を得られるような、加害者の不当な先行行為の存在——という問題がいかに位置づけられるのかを検討する。つまり、本件のような場合において、「逃げ得」のような問題を法学はどのように扱うのかをみる。

　上述の判決のように、1審では平成元年判決の枠組み[393]のもとで、法的安定性を維持しようとする意図がうかがえる。本件の特異性について、原告は信義則違反ないし権利の濫用、あるいは正義・衡平の原理に当たる事情として、除斥期間の適用を主張していたが。結局、裁判所は、平成元年判決の変更という解釈を採用しなかった。そして2審以後は、民法160条を用いて、除斥期間の硬直的な適用を回避し、実質的な解決に導いた。評釈では、「最判平元・12・21の硬直的解決が妥当でない場面の存在を認め、当事者の権利行使可能性に焦点を当てるなど実質的な例外規範を構築することが要請されるように思われる」という理解が通説である[394]。2審判決の評釈は、確かに同判決が実際の解決策として有力であることは認めつつも、法理論（除斥期間の一般論）の構想として議論の余地が残ると考えるものが多い。すなわち、2審判決は、事件の特異性を捉え、実際に解決を見るに導いた点を見る限りかなりの説得力を持つが、「東京高等裁判所は、平成元年判例の除斥期間に

---

[393]　平成元年判決の一般枠組みは、①民法724条後段の法的性質は、除斥期間と解する②除斥期間の適用は、当事者の主張を待つことなく、裁判所がなしうるものである。したがって、③一般に、除斥期間の適用につき、権利濫用や信義則違反は問題とならないものである。この点に言及したものとして、加藤雅信「殺人後、26年間遺体を自宅の床下に隠匿し続けた者に対する、不法行為による損害賠償請求権の除斥期間の経過を認めなかった事例」判タ1284号（2009年）83頁以下を参照。

[394]　中村肇・前注381、136頁。

220 第 2 部　ユーザー主導の法情報

ついての一般論の枠組みを崩さないために、『民法 160 条の法意』を、巧妙に、
かつ多少無理して技巧的に使っている、との感を個人的に免れない」という
指摘がある[395]。他方、「『国民感情』に応えたもの」と 2 審判決を肯定しつつ、
「『国民感情』は被害者側に大きく傾く」という背景の下、和解の金額も加え
て考えれば、本件における賠償の金額は実際の損害とやや離れており、「被
害者の権利は期間制限には掛からない」ということになるおそれがあるとの
指摘もなされている[396]。

　本判決では、本件事案の特質と考えられる「逃げ得」の問題が意識された
ものの、実際には、具体的な問題の解決の方に目を向けている傾向が認めら
れる。「逃げ得」に対しては、判決も、その行為自体が著しく正義と公平に
反するものであることを認めるが、2 審または最高裁の判決では、「国民感情」
に応じるため、相続人の不確定という本案の事情を考慮し、除斥期間停止と
いう法的構成によって、加害者の不当な先行行為（逃げ得）に対する被害者
遺族の救済を導いた。その論理には、二つの視点が含まれている。一つは、
法の安定である。裁判所は除斥期間の一般論を修正して解釈することに対し
て非常に慎重な構えをみせた。もう一つは、衡平への配慮である。本件にお
いて、裁判所は除斥期間の一般論を修正するより、正義感情（国民感情）の
ため個別の手当が必要であると考えていた。要するに、「逃げ得」に対応す
るに際して、裁判所は個別の事案に則した特殊的措置を取ることで対応した
わけである。

　ただ、被疑者が特定できない未解決事件に対し、そのように対応できる場
合は極めて限られることになるだろう。その論理構造に従えば、被疑者が特
定できたとしても、具体的な事案によって処理の手法も変わってくると推測
できる。ヒアリングで言及された「不平等」、いわゆる各被害者（遺族）の
間の事案から生まれる差異は残ると言わざるを得ない。

　さらにいうと、ヒアリングで主張された「魂」あるいは「人」といった論
理においては、被害者の個別利益を超える、救済策の普遍性を重視されてい
る。上述のように、被害者にとって、裁判は実際の解決だけではなく、他人

395　加藤・前注 393、87 頁。
396　田中・前注 382、163 頁

あるいは社会との繋がりを構築することも重要な目的である。その繋がりは、本件の原告の要請に現れている。原告は、民法724条後段の除斥期間に対し、信義則違反ないし権利濫用法理の適用を要求した。そうすることで、原告は、除斥期間について一般論の解釈を修正すること（平成元年判決の変更）を求め、実際の損害の補償以上に、「正義」などの条理に従った解釈を望んだわけである。そこでの正義とはまさに「逃げ得を許さない」という社会のあるべき姿を意味する。ただ、本件に関する裁判所の判断は、ヒアリングによる「被害者のバランス」に基づいた「平等」の実現というよりは、あくまでも例外という形で行う当事者に対する救済措置である。

　被害者遺族と判決の言説とも「逃げ得」という不道徳を問題視している。除斥期間は、消滅時効のように権利の不行使の状態に意味を付与するのではなく、権利の性質や公益上の必要から権利関係の速やかな確定のために権利の期間を制限したものである[397]、と考えられる。つまり、除斥期間は固定的であり、公的な性質を持っている。被害者（遺族）は、具体的な勝利や救済よりも、正義感覚と一致する公的評価、普遍性を重視する姿勢を示していた。それを踏まえながら、民法724条後段を時効ではなく、除斥期間に準用した本件の判決は、文言解釈としての評価はともかくとしても[398]、被害者（遺族）の感覚と一致する点があると評価することができる。

　しかし、個人の救済を実現するため、法解釈の技術によって「国民感情」に応えようとした本判決は、皮肉な効果を招くことになった。「逃げ得」に対して、裁判所は世論の批判を無視したわけではない。ただ、判断の枠組みとして、信義則違反・権利濫用の不問を維持しつつ、特段の事情による具体的正義・公正の理念から除斥期間の適用を否定するという手法によった射程の狭さは、倫理的視点から「逃げ得」に対してなされる共通の社会批判（世論）からは距離がある。前述の通り、被害者遺族が期待したのは、個人への

---

[397]　消滅時効と除斥期間の法的性質に関しては、四宮和夫『民法総則〔第4補正版〕』（有斐閣、1996年）287頁を参照。

[398]　本件に引用された平成元年判決も平成10年判決もいずれ被告は国であり、被告と原告との間にある地位の格差は、本件とは異なる。本件の被告人は確かに殺害事実の隠蔽作業を実施したが、国による証拠の偽装・隠蔽と相当するものかについては議論の余地があると思われる。類似した論点を述べているものとして、久須本・前注381、89頁を参照。

222　第2部　ユーザー主導の法情報

救済のみではなく、自分らの被害感情に対する社会全体あるいは共同体の理解である。つまり。問題の解決にシンボリックな効果を求めていた。懸命に具体的な救済の実現を努める裁判所は、判例との整合性・法的安定性に縛られるあまり、被害者（遺族）や「国民感情」たる世論の意図を十分反映することができなかったと思われる。こうした点は、本件と思われる事例に関する立法審議の状況をみることで一層明らかになると思われる。そこで次に、そうした法制審議会の議論状況を整理してみることにしたい。

第3款　「世論」の判断

　第1節で述べたように、法制審議会公訴時効部会の審議は、基本的には事前に設定された議題に従って、議論の流れが進む形を取っている。そこで、現実の事件についての意見交換が行われることはかなり少ない。上述の「逃げ得」事案（以下では本件と呼ぶ）は唯一の例である。今回の審議において、本件は2ヵ所で論じられている。

　まず、本件については、事務局から「近年における凶悪・重大犯罪をめぐる諸事情」の説明がなされた[399]。

　そこでは、本件が「逃げ得」——特に殺人事件について犯人が明らかになったのに公訴時効の完成により処罰し得ない事態——の典型例になったことについて、事務局から裁判の内容が紹介された。特に、本件に則して議論がなされたり、具体的な事情について言及されたりすることはなかった。そして、判決については、「民事上も時の経過による法律効果について特別の取扱いがなされる例」（第1回会議11頁）という表現を用いているが、当該裁判について、後の審議で触れられることはなかった[400]。

　また、既存の制度の下での事件の「解決」を導くものであったかどうか、

399　法制審議会公訴時効部会第1回会議議事録、10-11頁。

400　また、配分資料の「意見募集」においては、現に時効が進行中の事件の取扱いについて、「自己の行為は25年隠し通せば処罰を免れるという信頼は保護する必要ない」など意見がある。その言説の背後には、話題になっている本件をイメージしているかもしれないが。意見の提供者に関する情報が少ないため、その関連性を確認できない。「凶悪・重大犯罪の公訴時効の在り方等について（意見募集）」（平成21年12月22日から平成22年1月17日まで実施）の結果（http://www.moj.go.jp/content/000023352.pdf　2015年9月最終閲覧）。

という観点から本件が扱われたこともある。本裁判では、まさに公訴時効になった殺人行為から生じる「不都合」を解消し、結果的に裁判所は個別的案件として問題の解決（原告の主張）を実現することもできた。だが、法制審議会において問題になったのは、公訴時効制度の妥当性ではなく、公訴時効と関わる事件の解決方法である。その点については、第4回会議で意見交換が行われた[401]。

　まず、そこで、問題視されたのは、公訴時効の完成により犯人が名乗り出るという点である。具体的にいうと、時効完成の効果には、二つの可能性があるという。まず、犯人と思われる人物が判明しても訴追し処罰することができない可能性、そして、真犯人が名乗り出ることによって真相が明らかになる可能性である。実際に、ある委員は、公訴時効制度には真相解明の機能がある、と主張していた（第5回会議12頁）。これに対し、ある被害者委員は以下のように述べていた。

　　今おっしゃったように、名乗り出た方がいいではありませんかということになったら、その場合でもやはり犯人を知ったから、犯人が分かったから、分からないよりはいいと言ったので、それは追いかけてもらう方がずっといいのです。（第5回会議12頁）

　この発言に見られるように、被害者側は、議論を「真相の解明」に限定せず、「追いかけ」という別な側面についても触れている。つまり、公訴時効には真相解明の機能を認めるが、その論点について、二段階に分けて論じている。そして、被害者遺族は、「名乗り出る」というメリットより、「追いかけ」る方を重視する姿勢を示している。

　　遺族としては真相を知りたい、しかし時効が完成することによって捜査してもらえなくなる、したがって真相も明らかにならなくなる、そういうことについてのやるせなさというのを述べる意見が多くあると思っております。（第5回会議12頁）

401　法制審議会公訴時効部会第5回会議議事録、11-14頁。

このように、「追いかけ」ることの重視には、現実に問題が解決することだけではなく、「やるせなさ」という心情が伴っていることがうかがえる。また、真相解明されるかどうかは捜査の進展に依存せざるを得ない、といった被害者遺族が置かれている状況を垣間みることもできる。

制度趣旨の観点からも、真相解明という論点には問題がある。それは、公訴時効制度は、時効の完成によって犯人が名乗り出るようなインセンティブを与えることを求めていないということである。そのため、公訴時効制度の必要性という議論の論点になり得ないといった指摘もある（第5回会議13頁）。他方、論点の提供者は、真相解明が公訴時効制度の「積極的な目的ではない」ことを認めつつも、「消極的な理由」として現実的にその機能を果たすことが重視されるべきだという。

こうした議論を承けて、議論の争点は、真相解明の実現可能性に移った。そこでは、被害者遺族と制度運用、という二つの視点が現れた。

①　被害者遺族は、真相解明は論理的な仮説に過ぎない、と主張した。

余り捜査を続けると真犯人が出てこないから捜査をやめてくれ、こう思っている人は一人もいません、私の知っている範囲内では。もしそういうふうに思う方がいらっしゃるとすると、これは全く頭の中で被害者と関係なくつくられた議論だと私は思います。（第5回会議13頁）

この反論を支えるのは個人の情報である。被害者（遺族）は、理論的な構造（「頭の中」）ではなく、被害者全体の状況と直結する自分の経験に応じることを求めている。逆に、経験に現れていない仮説に対して、その正当性を疑っている。

②　制度運用の面では、真相解明という機能は非現実的であると批判された。まず、本件のような事件は、実際問題として稀である。また、本件は、公訴時効制度からのインセンティブより、周辺建設工事によって遺骨が先に発見されてしまうおそれがあるから自ら名乗り出てくるというケースであった。そうすると、真相解明を検証する素材として本件は不適切なのではないか、ということになった（第5回会議13頁）。

真相解明という公訴時効のメリットを論じた言説と、断固としてそれを否

定する言説の論争には、求められている利益の相違が反映している。

　①　被害者委員は、本件で現れた公訴時効のメリットとしての「真相解明」に対して違和感を示している。被害者（遺族）側は、真相解明以外のものを求めている。これまでにみた上記の発言によって、彼は「捜査をしてもらいたい」と主張した。捜査では、真実の追究ではなくて、加害者への「追いかけ」という意味が含まれていた。同様に、事務局の説明は「やるせなさ」という表現を用いていた。両者とも、真実より、被害者遺族の苦しみを解消する志向を示していたことがわかる。

　また、それに対する警察側の委員は、現状改善として公訴時効改正の無力さを指摘していた。いずれ公訴時効が改正されたとしても、捜査をする側にとって、被疑者を特定することに伴う困難が解消されるわけではない。したがって、「追いかけ」は、実際の事件解決ではなく、解決へのイメージを求めているにすぎない。また、被害者遺族が否定したのは、「真相解明」という点だけではなく、真相解明によってもたらされることが期待される癒しの効用である。

　このような「追いかけてもらいたい」という被害者において共有される願望と、捜査が難航するという現実には乖離がある。ただ、「追いかけ」ることによって、法の要件が揃えば、評価としての裁判によって効果を得られることが期待されるのに対し、真相解明が実現したとしても、それは、過去の事件に対するある種の追認以上のものではない。

　「被害」という現実はいかに社会的に構成されるか。この点について、近年の研究では「被害の心理学化」といった現象が取り上げられている。「被害の心理学化」とは、「被害を構成する上で『感情』がより重要な言語的資源となり、被害とは何よりも心理的なものであるという了解がドミナントになりつつある」[402] ということである。その傾向は、以上の審議にも現れている。つまり、被害者言説における被害の「現実」については、被害者が置かれた社会環境より、本人の心理的側面が有力となり、制度の解釈を紡いでいく。そこで被害者（遺族）は、問題の解決を「真相解明」ではなく、国家による

402　野口祐二「被害と克服へのナラティヴ・アプローチ」法社会学 60 号（2004 年）140 頁を参照。

処罰権の行使という形で求めることになる。いうまでもなく、国家の処罰権は、捜査または裁判など特定の国家機関によって具現化される。裁判による救済には、国家といういわば公的な場に問題を置くことで個人の外部で解決を求めるという面がある。したがって、被害者が捜査または裁判で求めているのは、国家機関や制度の運用を通じて投影された社会からの理解であると考えられる。仮に、公訴時効によって処罰されないにもかかわらず、事件の真相が明らかになるような場合には、裁判のような自己の外部からの作用がもたらされないので、被害者が抱えた精神的重荷は被害者自身にしか解き放つことはできない。その場合、被害者（遺族）の苦悩は、単なる個人の私的問題として語られ、社会や国家による介入が想定されていないわけである。これに対して、「追いかけ」ることの目的は、公的制裁の象徴である法システムの判断、すなわち裁判を通じての処罰である。また、法システムを通じて、被害者は事件の解決を目指すだけではなく、社会へ苦しみを語る空間も手に入れる。逆に、「真相解明」では、被害者がみずからの体験を外へ語る機会が与えられるわけではない。したがって、仮に「真相解明」をもって被害の救済であるとするならば、そのような救済には感情という「被害現実」が置き去りにされることになる。

　②　制度趣旨また法実務においては、「真相解明」という論点には問題がある。そもそも真相解明は公訴時効制度の趣旨ではないことを指摘できるだろう。また、真相解明のインセンティブとしての効果も希薄である。それゆえ、「真相解明」を主張することに対して、「現実的にはない」というリアクションはごく自然的である（第5回会議13頁）。そこでいう現実とは公訴時効における「真相解明」の具体化である。言い換えると、これは制度として個別事件の「真相解明」を求めることの困難さを意味する。

　法制審議会においては、「処罰感情」あるいは「感情」という用語に「世論」という側面も含まれていた。「世論」を導入しているのは、議論の立て方として公訴時効部会での特徴であるといえる[403]。第1節では、議事録の解読を

403　白取祐司、岩村智文など「座談会　公訴時効廃止法批判──こんな拙速な立法でよいのか」世界805号（2010年）71頁を参照。

通じて、議論の立て方を検討した。そこでは、「世論」が「処罰感情」を媒介にして、法改正の必要性をめぐる論争へと浸透していったことを明らかにした。本節では、「逃げ得」といわれる事案類型に関する裁判と法制審議会での議論を介して、被害者感情と被害事実に関する議論の立て方を考察してきた。そこでは、法実務の言説と被害者遺族の言説の間に論理構造の差異が確認された。被害者遺族には、個人の心情が処罰感情と一体化されている。ただ、その心情は「私」のものに限られるのではなく、直接的に「社会の現実」として取り上げられていた。したがって、被害者遺族は、一般化された「私」の苦しみへの報いとして法システム側が採るべき対応ということで、いわゆる処罰を求めることになった。それに対して、法学者または法実務の言説は、事件の案件ごとに個別的に解決することであるとみる傾向が強い。

第3節　公訴時効をめぐる各メディアの報道

　　遺族らは「(被害者の) 無念が晴らせた」と涙を見せながら喜びを語り、「何より世論の力が大きかった」と感謝の言葉を繰り返した。[404]

　　　　　　　　　　　　　　　　　　　　——「毎日新聞」2010 年 4 月 28 日

　これまでみてきたように、法制審議会における「世論」は、「処罰感情」など概念の再構成を通じて立法審議の進行に影響を与えてきた。そこでは、(被害者の) 処罰感情に同調する「世論」の背後に、マスコミ報道の影響を指摘する場面もあった[405]。その理解は、果たして正しいだろうか。本節では、複数のメディアの報道過程に照らしてこの点を検証する。

　上述で言及した公訴時効に関わる議論と違って、報道は、もっぱら第三者としての報道機関によってなされるものである。したがって、報道言説は、法制度の利害関係者 (被害者あるいは被害者遺族) または法専門家の言説より

404　第 2 章と同じように、本章ではメディア記事に関する引用部分をイタリック体 (斜字) にする。それは、言説分析 (ツイーターも含め) の対象である記事を他の引用と区別するための工夫でもある。

405　法制審議会公訴時効部会第 1 回会議議事録、30-31 頁を参照。

228　第 2 部　ユーザー主導の法情報

も、社会構成員一般を読者にしている点において、内容的に「世論」と近い
ものがあると考えられる。本節は、各メディアの報道特性を重視しながら、
「処罰感情」という概念が持つ社会効果を検討する。世論と公訴時効制度と
の関係を検証するには、長期間に渡って関連データの処理が必要となる。本
章での分析は、主に 2009 ～ 2010 年の間に公刊された公訴時効改正に関わる
複数のメディアの報道や議論を対象とする。その狙いは、複数のメディアに
おける報道の関心や作法を整理し検討することで、具体的な時効報道の例に
沿って解釈レパートリーを図式化し、審議会における「世論」と比較をする
点にある。

第 1 款　時効報道の背景

(1)　報道の定義

　本款では「時効報道」とは、情報伝達の意図を有するか否かにかかわらず、
公訴時効という公共的関心事項に関する出来事を記述し、効果的に不特定多
数の人に対して発信することとする。すなわち、伝統的な報道機関の規則的
な報道活動だけではなく、非組織的または非継続的な情報発信活動（インタ
ーネット上の言説）も「報道」に含めて考えることになる。

　第 2 章の冒頭で説明した通り、近代の報道は、基本的に事実を基礎にして
発信する行為と捉えられている。報道に対する読者の信頼は、「精密な情報
交換」から生み出す中立、客観という感覚に基づいている[406]。しかし、実際
には、送り手の立場から情報を鮮明に受け手に伝えるため、各自情報の選択
と処理という編集の活動も報道活動においては不可欠となっている。要する
に、「基本事実」は、報道の技術によって発信されることになる。したがって、
法律学において解釈が核心的な技術であるのと同様に、解釈という作業は少
なくとも報道の活動においても生じている。

　報道が社会の出来事を機械的に集積したものではないということは、読者・
視聴者の反応からも確かめられる。例えば、本章の検討時期である 2009 年
の「全国メディア接触. 評価調査」によると、各メディアに対するイメージ

406　ジャーナリズムの「中立客観」という理念と記事の言語構造との関係については、玉木明『言
　　語としてのニュージャーナリズム』（学芸書林、1992 年）15-17 頁を参照。

は、情報伝達の側面に基づく評価に限らない。「物事の全体像を把握することができる」、「情報の重要度がよくわかる」、「わかりやすい」、「親しみやすい」といった編集手法と関連する項目への重視もみられる[407]。

　その中に、「情報の重要度」、「わかりやすさ」、「親しみやすさ」はまさに情報内容自体の特徴ではなく、伝達過程への評価である。第2章で述べたように、本節においても新聞などのマス・メディアは、透明な情報発信の手段ではなく、独自のニュアンスに基づき情報の意味を形成するという立場を取っている。こうした報道における事実志向の弱体化は、特に公訴時効をめぐるマス・メディアの報道でより深刻な問題となっている。その点を示すため、まず犯罪報道自体の特性、とりわけ日本の報道事情について敷衍する。

(2)　犯罪報道

　公訴時効制度は、「犯罪」という行為を追及する際の、起訴条件に関する制度のことである。多くの場合、時効に関する報道（以下は「時効報道」とする）には、犯罪事件とその捜査や裁判の経過など関連の情報が含まれている。その意味で、「犯罪報道」の有り様は時効報道のあり方にも影響を及ぼしている。そこで現在の「犯罪報道」研究の到達点を簡単に確認しておこう。

　「犯罪報道」には、司法などでみられる個別的な案件の解決ではなく、道徳的評価の点から非難を加える「Gonzo Justice」と呼ばれるレトリックが多くみられる。アメリカのメディア論者 Altheide は、犯罪・非行に関する報道内容を分析し、そこでは、行政・司法手続や法的権利に関する知識ではなく、道徳的基準やそうした行為に対する規制の見直しなど、価値言説を優先させる傾向があるとの指摘をした[408]。また、こうした手法を使った報道は、

407　『2009年全国メディア接触・評価調査』26-27頁または51頁を参照。この調査は、NHK放送文化研究所がテレビ視聴行動や視聴意識の長期的な変化をとらえるため1985年から5年ごとに実施している調査である。調査対象は全国の16歳以上の国民である。調査方法について、配付回収法と個人面接法の二つを使用している。配付回収法の場合には、調査相手が3,600人（住民基本台帳から層化無作為二段抽出（300地点×12人）そして有効回答数（率）が2,710人（75.3％）になっている。時系列比較のため実施した個人面接法では調査相手が1,800人（住民基本台帳から層化無作為二段抽出（150地点×12人）そして有効数（率）が1,046人（58.1％）であった。なお、以上のデータについては、http://www.pressnet.or.jp/adarc/data/research/media.html を参照（2015年9月最終閲覧）。

230 第2部 ユーザー主導の法情報

現代社会における犯罪行為を統制する文化的な装置であり[409]、読者・視聴者個人の共感を喚起するものが多いこともわかる[410]。このような犯罪報道に関わる知見は、序章で検討した Pratt による厳罰化のポピュラリズム理論と親和性がある。文化的なコントロールとして社会統制の機能を果たした現代メディアこそ、近時の刑事政策過程に強い影響を与えることができたと考えられる。

日本の犯罪報道にも類似した点がいくつかみられる。その類似点について、次のように整理することができる。

①　報道機関における報道の懲罰言説化の傾向を指摘できる。特に人権と報道の研究においてそのことが多く指摘されている。早期の研究として、日弁連『人権と報道』（明石書店、1976 年）と浅野健一『犯罪報道の犯罪』（新風舎、1984 年に初版、2004 年に再版）が報道により事件当事者が受ける被害を指摘していた。加害者とその家族も含む、犯罪報道による侵害の実態およびその救済と匿名報道の必要性について、数多くの報告や分析が行われた[411]。編集により、「歴史的な観点からのニュース判断力が衰弱している」こと[412]や、具体的な現実感に乏しい「なれなれしさ」が氾濫していることが指摘された[413]。

②　犯罪報道の構造について、「事実報道」重視から「情緒的アイテム」重視への報道モデルの変容が指摘された。五十嵐二葉は、1991 年に出版し

408　David L.Altheide（1992),"Gonzo Justice", Symbolic Interaction, 15（1）: 69-86.

409　R.J.Maratea=Brian A.Monahan（2013),"Crime Control as Mediated Spectacle : The Institutionalization of Gonzo Rhetoric in Modern Media and Politics", Symbolic Interaction, 36（3）: 271-272.

410　Steven A. Kohm（2009),"Naming, shaming and criminal justice: Mass-mediated humiliation as entertainment and punishment", Crime Media Culture 2009（5）: 190-192.

411　横山晃一郎は「裁判以前に確かな手続きも踏まないで勝手に制裁を加える」と報道側を批判した（横山晃一郎「シンポジウム、人権と報道を考える㊤」法セ 370 号（1985）における発言。その他、横山には「人権と報道連絡会」から出版された、本人訴訟の経験を踏まえて報道の諸問題について論じた『報道の人権侵害と闘う本』（三一書房、1995 年）もある。

412　喜田村洋一『報道被害者と報道の自由』（白水社、1999）125-172 頁を参照。公訴時効部会の審議においても、報道機関の事前判断に対して慎重な姿勢が見られる（法制審議会公訴時効部会第5回会議議事録、6頁）。

413　佐藤雅美「犯罪報道を支えるもの」『市民社会と刑事法の交錯——横山晃一郎先生追悼論文集』（成文堂、1997 年）130 頁を参照。

た『犯罪報道』で日本とアメリカの犯罪報道における記事構造の比較研究を行った。そこでは、「情緒的アイテム」と「事実報道」の区別が提示されていた。「情緒的アイテム」とは、被害者また遺族の苦しみや悲しみという情緒をクローズ・アップして、逮捕または判決の際に大きく取り上げることである。それに対して、事実報道とは、事件の解決に関係する情報を重視することである[414]。

③　情報収集について、警察側情報のバイアスや被害者遺族と新聞記者との間の認識のギャップがある。それは、公的機関の情報に依存する従来の日本の報道スタイルが引き継がれている結果でもある。前者のバイアスとは、記者クラブを介した、警察とマスコミとの恒常的な接触が偏った「引きづき報道」や「情報操作」を生み出す、ということである[415]。後者の現象が発生する原因については、私人間の付き合いを重視し、被害心情への理解を求める被害者遺族側と、記事の評判に関心を持つ記者側の間にズレが生じる、と指摘される[416]。近年、上記のような問題点を念頭に、報道機関や関連研究では新犯罪報道のあり方を追求する動きが進んでいる。それは、人権保護を鍵理念とした上で、被害者の意見を重視する情報の扱い方につながる[417]。

以上のような先行研究が示すように、情報源とその構成に関する分析は、報道言説を解読する際に重要な切り口となる。この点を踏まえ、以下ではマス・メディアのような伝統的な報道とソーシャルメディアのような新たな言説とに分けて、公訴時効改正をめぐる報道の特徴を考察する。

第2款　マス・メディアの時効報道

これまでの研究は、伝統的な報道を想定し、特に事件報道を中心として犯罪報道の構造を検討してきた。管見の限り、時効事件および法改正の報道を直接対象とした研究は見当たらなかった。

414　五十嵐二葉『犯罪報道』（岩波ブックレット 192、1991 年）4-14 頁を参照。

415　同上、10-14 頁を参照。

416　青山真由美＝白井明美＝小西聖子「被害者遺族が受ける報道被害と新聞記者の認識――配慮ある取材関係の構築に向けて」被害者学研究 19 号（2009 年）44-45 頁を参照。

417　富田信穂「犯罪報道と被害者保護」『宮澤浩一先生古稀祝賀論文集第 1 巻：犯罪被害者論の新動向』（成文堂、2000 年）294-295 頁を参照。

232　第2部　ユーザー主導の法情報

(1)　新聞報道——活字記事を中心に

　第2章の朝日新聞に関する事例研究で明らかになったのは、公訴時効改正をめぐる報道活動が2009〜2011年の間、特に法改正審議の間にピークを迎えていたことであった[418]。また、そうした報道の集中傾向は、他の新聞にも見られた[419]。そして、記事においては、法務省・国会の審議ではなく、具体的な事件および被害者（遺族）の言説が多く取り上げられている[420]。また。今回の法改正審議（国会）においては、野党と与党の意見がほぼ一致しており、大きな争点が存在しない。そうした点が、以上のような報道構成に拍車をかけたかもしれない[421]。

　①　「乏しい情報」

　伝統的な報道は、情報を正確、かつ即時に受け手へ伝える機能を持ち、現時点の出来事をめぐる情報収集と整理作業をベースとして成り立っている。しかし、時効報道の場合、報道の時点で事件捜査の進行はほとんど止まっている。事件当時の報道と比べて、事件自体に関する新しい情報の入手はかなり困難ともいえるだろう。

　時効報道においては、被害者遺族の情報が大きな役割を果たしている。例えば、「忘れない『未解決』を歩く」という毎日新聞の時効事件特集[422]には、ア）「捜査が続く主な最近の未解決事件」、イ）「忘れない『未解決』を歩くアーカイブ」、ウ）「忘れない『時効』よ止まれ」といった三つの項目が設け

418　「公訴時効」と「法改正」をキーワードに、朝日新聞のデータベース（聞蔵II）で検索を行った結果、2008年に4件、2009年に14件、2010年に41件、2011年に10件の記事が抽出された。

419　他の新聞を対象に前注と同じの検索を行った。毎日新聞の場合、2008年に1件、2009年に27件、2010年に44件と2011年に7件の記事が、読売新聞の場合、2008年に2件、2009年に14件、2010年に36件と2011年に15件の記事が掲載された。そして、経済分野に報道の重点を置く日本経済新聞でさえ、2010年に公訴時効改正関連の記事を29件掲載した。

420　前注418のキーワード検索結果を元に、その時期の記事類型を簡単に整理したところ、社会面の記事には事件や裁判を題材としたものが多く掲載され、立法審議に参加する人ではなく、事件当事者の言説を通して法改正への意見を示そうとする形式がみられた。また、法改正後の記事（2010年4月以後）は全国版ではなく、地方面での報道が中心となっている。

421　政治動向と報道言説の関係は重要な論点だが、本論の主な問題関心とは離れるため、ここでは省略する。ただ、利益集団間の調整が法制審議会の議論で行われたことはあったし、世論に適合的であろうとする動機が当時の国会にはあったと思われる。

422　公訴時効部会で言及された毎日新聞の世論調査は、この特集の中のものである（http://mainichi.jp/feature/wasurenai/　2015年9月最終閲覧）。

られている。ア）は主に警察による情報、イ）は被害者遺族の生活ぶりと捜査活動、ウ）は制度の改正に関する動きと各方面の反応が取り上げられている。ただ、捜査難航のため、警察側は、事件の実態よりも、捜査の決意あるいは努力を語ることが多かった。被害者の情報では、法制審議会でみられた被害者遺族の発言のように、みずからの心理的な体験が強調される傾向にある。つまり、時効報道では、警察側と被害者遺族側の双方の発話を客観的に伝えるというよりも、取材対象の心理状態に関する記述が多くみられる。心理状態については、被害者（遺族）の意見の引用を通して表現される場合が多い。一方、被害者（遺族）の生活ぶりを追跡し、現在の日常生活における事件の影響を表現するという手法が採用されることも珍しくはない[423]。

　さらに、一般の犯罪報道は、逮捕あるいは裁判のような明確な時系列に沿って事件を伝えていくが、「未解決事件」の場合、事件の区切りとなる分節がみえないため、事件の情報における時間的な区分も曖昧となっている。そして、心理状態の情報とともに、事件の情報が、現在という時間次元で語られてしまう。したがって、報道において、時効を表現するには、かなりリソースが限られていることになる。

　② 「薄れる関心」

　公訴時効制度の存在理由である「処罰感情の鎮静化」には、事件に対する特定の被害者遺族の苦痛の希薄化ではなく、社会における裁判救済への関心の希薄化という予測が含まれている。つまり、法学の言説では、公訴時効が「薄れる関心」という論理で正当化されている。しかし、時効報道では、「薄れる関心」に言及される場合は少ない。ある記者は、時効事件の記事の最後に、以下のように語っている。

　…親族は古傷をかばうように戸を閉めた。癒えない悲しみの深さを物語っていた。記者の胸にこみ上げたのは今も息を潜めて時効の瞬間を待つ犯人への怒りだった。[424]

---

423 「乏しい情報　月命日現場に線香」毎日新聞の西部朝刊 12 版（2008 年 4 月 26 日）。
424 「薄れる関心　捜査 14 年迫る時効」毎日新聞の西部朝刊 12 版（2008 年 4 月 26 日）。

234　第2部　ユーザー主導の法情報

　ここには、被害者の「癒えない悲しみ」から記者の個人的な「怒り」へ、という感情の連鎖が表れている。「時効か捜査か」といった二項対立的パラダイムは、被害者自身の語りで構成されたものではなく、被害者の語りと遭遇した記者の問題関心であった。そこでの記者は、報道の生産者と、被害者言説の読者という二重の身分をもって、また新聞の読者の体験とも重なり合うことになった。

　上記のような時効報道は、時間の経過による「薄れる関心」という事実状態に無関心である。報道における処罰への「関心」は、事実の記述ではなく、積極的に関心を惹起させようとする側面を持っている。

(2) 映像報道

　以上の分析が示すように、時間の経過をめぐる問題は、活字による報道では構造的に表現しにくい。それゆえ、別の報道手法である「映像」についても考察の視野に入れることにしたい。ここでの映像とは、写真（still image）やビデオ（moving image）等事実や感情を収集、記録する視覚的（visual）道具のことを指す[425]。

　まず、新聞写真についてである。時効報道には、しばしば写真が掲載されるが、その対象は主に被害者（遺族）とその取材の様子、捜査員や捜査活動に関わるものであった。法改正以前の2010年1月20日付の日本経済新聞には「95年、西成の看護師殺人未遂　迫る時効『逃げ得許さぬ』」の記事が掲載され、事件現場で時効廃止について語る被害者の夫の様子や、警察が公開した容疑者とみられる写真が用いられている。縦に配置した被害者遺族の写真と容疑者の写真の間に「25日期限　夫、撤廃訴え続け」の見出しが挿入

425　1990年以後、日本も含め先進国では、テレビや映画等視覚メディアに加え、カメラ付きの携帯が社会に普及し、写真やビデオ等の使用が日常的になった。そうした背景の下、社会学、心理学、人類学による視覚的な経験の研究が進んできたが、法律学においては、法と文学といった批判法学の一部として、内容分析を中心に流行文化の映像の意味を考察するものもあった。映像研究の経緯に関しては、石田佐恵子「ムービング・イメージと社会」社会学評論60号（2009年）7-12頁を参照。また、法学における映像研究の性質について、拙稿「映像（image）と法——日本法における映像資料とその意義」（影像与法——日本司法的相関影像資料以其意義）清華法律評論9巻1号（2017年）159-178頁を参照。

されている。記事の内容を読まずとも、画像と見出しの組み合わせのみを通じて、「公訴時効の廃止こそ当事者の望みである」といった記事のメッセージを表現するような工夫が施されているものであることがわかるだろう。また、捜査活動について、例えば法改正成立後の記事として、朝日新聞 2010 年 9 月 25 日朝刊で掲載された「湯浅スポーツ店主殺害 15 年　時効廃止『情報を』」は、時効廃止以後警察の取り組みを取り上げるものであった。そこでは事件現場近くの現場で買い者客に情報提供を呼び掛けた警察官の姿が写真によって描写されている。

　また、文字ではなく、画像を中心に構成した時効報道もある。2010 年 4 月 12 日読売新聞東京夕刊は「『ズームアップ』遺族に時効はない」と題した五つの写真を含む記事を一面で掲載した（次頁参照）。具体的には、①京成線柴又駅までの道をひとり歩く被害者遺族、写真には「被害者の娘と一緒に歩いた思い出が詰まっている」との説明が付されている（左上）、②捜査活動と思われる捜査員の姿。説明では「1995 年 7 月、東京都八王子市のスーパー『ナンペイ』でアルバイトの女子高生ら 3 人が射殺された事件。時効が 3 か月後に迫る中、現場付近では今も捜査が続けられている」との記述がある（右上）、③息子一家 4 人が殺害された被害者遺族。居間には遺影、本棚に孫の遺品などが残されている（右下）、④放火され、全焼した自宅で焼け残った被害者の写真とパスポートが写されて（左中）、⑤仏壇に供えた料理の写真（左下）。説明には、「『唯一の功徳だから……』と○○さんは毎日、作った料理を夫の仏壇に供えてから食事をしている」とある。

　最も大きな①は被害者遺族の父親の写真であり、被害者への思いが現在まで日常生活（公的交通機関としての駅を使用）の中に漂っていることを表現している。その他の被害者遺族に関する写真③④⑤は人物ではなく、物を中心とした構成になっている。そこには、もちろん被害者の情報が記されているわけだが、前述したように、時の経過によって事件の調査が困難になり、社会の記憶が薄れていくという公訴時効制度の存在理由を意識すると、被害者（遺族）個人ではなく、客観的な物を通して「被害者の情報」を記録する写真の手法は興味深いものといえる。要するに、社会の記憶はこうした物を「みる」ということによって喚起できるのだ、という主張をそこに読み取ること

(2010年4月12日　読売新聞社)

ができるだろう。②の写真は捜査活動に関するものの、人物の顔が映っていないことに注意すべきである。もし特定の事件ではなく、捜査活動の一般性を意図的に描写していたとすれば、法制審議会で検討した被害者（遺族）言説が求めている「社会の理解」や「普遍性」等の主張に応じる公的機関の姿勢をそこに読み取ることができるかもしれない[426]。

また、映像情報が中心となるテレビの報道特集について、報道の解説方法をみてみたい。以下は、日本テレビのニュース番組「ZERO」[427]で2009年4月15日（水）に放送された「科学捜査の進歩が、「時効」を止める」の特集についてである。

---

[426] 映像資料を分析する際に、読み手の主観性をいかに排除するかは難題である。これまでの研究で客観性を担保した技法は未だ開発されていない。ここでは、映像人類学の知見（例えば、伊藤俊治＝港千尋編『映像人類学の冒険』〔せりか書房、1999年〕）を参考に、記事の文字部分、当時の読売新聞の公訴時効報道の方針、公訴時効改正の内容と争点など複数の視点を突合し、映像による報道の効果を分析した。もちろん、この方法によって主観性の問題を完全に排除できたわけではなく、引き続き今後の課題である。

この特集は、総計9分35秒のVTRにおいて、妻を失ってから10年間、犯行現場についた犯人の血痕を残し続ける遺族の物語を中心に収められたものである。報道の枠組みは、以下の通りである。

---

① 事件の概要（03′03）

証拠に関する被害者の語り（血痕が残っている現場映像、または現場でのインタビュー）

事件のあらすじ（当時のニュース映像）

被害者の情報（個人撮影の家族映像）

生活ぶり（事件後1年の取材映像）

② 人的証拠（01′17）

法務省関係者の語り（室内でのインタビュー）

解説（イメージ図）

③ 物的証拠（03′41）

DNAの証拠能力（番組自ら行ったDNA鑑定）

物的証拠の保存（警視庁科学捜査研究所の取材映像）

科学捜査の進歩（警視庁科学捜査研究所研究員のコメントとイメージ図）

公訴時効改正におけるDNA証拠の位置づけ[428]（イメージ図）

④ 解決への願望（01′27）

時間の経過（被害者子供のインタビュー）

被害者遺族の願い（被害者遺族のインタビュー）

---

427 ニュース番組「ZERO」は、2006年9月29日に「日テレ・きょうの出来事」が52年間の放送を終了し、それに代わる日本テレビの最終版ニュース番組として放送が開始された。代表的な夜のニュースとして「ZERO」の視聴率は同時間帯で夜のニュース枠首位となり、週平均の視聴率が10%を超えることもある。番組のコンセプトは「ゼロから始める、革命的ニュースショー」で、「全ての情報を、ZEROから考えなおす」ニュースのわかりやすさを重視している番組でもあるとされる。その特集を例として、情報処理という報道の機能に立脚し、時効報道の分析を試みたいと思う。テレビ局主導のインターネット動画配信サービス第2日本テレビで公開される映像を分析に用いた。その映像は、報道のみで、キャスターのコメントが含まれていないものもある。映像データについて、番組の公式サイト http://www.ntv.co.jp/zero/feature/2009/04/post-43.html を参照（2015年9月最終閲覧）。

238　第2部　ユーザー主導の法情報

　報道では、「証拠の散逸」を二つのテーマに分けて紹介している。いわゆる、「人的証拠」と「物的証拠」の二つである。

　報道において、「人的証拠」については、「証拠の散逸」が可能とされ、公訴時効の必要性を認めるが、「物的証拠」については、科学捜査の進歩により「証拠の散逸」はあり得ない、との主張がなされた。表現の形式を比較すると、①時間面について、「物的証拠」については「人的証拠」の2倍以上の時間が割かれている。②解説の手法として、「人的証拠」では、〈有識者＋図式〉の形を採用しているのに対して、「物的証拠」では番組自らDNA鑑定などの実験過程を提示している。③映像と内容の関連性について、「人的証拠」での解説は音声を中心に、インタビューの内容を説明する。したがって、インタビューを行う場所、刑務所の建物など流れされた映像には、情報内容と関連ないバックグラウンドにすぎない。それに対して、「物的証拠」では、実験の経過そして結果は映像を通じて表現されている。

　また、科学の発展と証拠の保存との関係以外に、被害者の事情の紹介もその特集におけるもう一つ重要な情報源となっている。その際に採用されているのは主にインタビューの手法であり、事件や捜査上の取り調べに加えて、遺族の生活（子育てのシーン）までもが取り上げられていた。ここでは、特に映像表現の特徴に注目したい。

　第一に、映像全体の色を状況や場面に応じて変更することにより、報道として生活における時間の経過を客観的に確認することができる。具体的に、最初「事件の概要」を紹介する際に、当番組は取材映像ではなく当時の家庭用ビデオの映像を使用し、被害者や遺族の状況を説明するのに対して、最後の「被害者の願い」において、番組の取材映像を入れることによって、同じ被害者遺族の容貌変化を確認することができる。

428　それは、公訴時効制度見直しにおいて、法制審議会刑事法（公訴時効関係）部会第5回会議で配布されたイメージ案Cのことを指す（「凶悪・重大犯罪の公訴時効見直しの具体的在り方に関するイメージ案」（http://www.moj.go.jp/content/000023352.pdf　2015年9月最終閲覧）。このことについて、番組では「事件から一定時間を済む時効を迎える。しかし、DNAが現場に残っていた事件に限っては犯人がわからなくてもDNA自体を犯人を見出し、起訴するという案だ。そうすると、事実上時効が停止され何時までも続けられる」との表現が与えられている。

第5章　立法と法情報　239

　第二に、映像の中では、事実の確認に加えて、叙情的な表現も用いられている。例えば、①の事件後1年を経た取材映像の中に、3歳になる被害者の子どもがカメラに向かって、「ママ…ママ…ママなぜ死んじゃった…ママが死んだ。ママが死んじゃった…」と部屋を一人走り回るシーンのクローズアップが10秒前後の時間を割いて挿入されている。一般の事実に関わる報道では最大限の情報量をカバーしようとするため、画面のカットオーバーは概して短いものとなるが、この比較的長時間のクローズ・アップの使用は、単に事実を確認し伝えること以上の意味を持たされていることがわかる。

　先行研究で問題視された「情緒的アイテム」は、本来的に出来事の事実を中心に展開するはずの報道が、事実の進行と直接関連の薄い人物の生活ぶりに重点を移した報道を指す。先にみた新聞もテレビも、公訴時効を報道する際には、事件の基本的な推移よりも捜査の難航に伴う苦労や苦しみ、不満が強調されていた。また、報道時点での被害者（遺族）の生活や捜査関係者の仕事ぶりなどが描かれていた。それは、まさに相手の共感を呼び起こしやすい素材を用いた、「情緒的アイテム」重視の報道と重なる。

　さらに、テレビの報道においては特に明らかであったが、時間の経過に拘わらず、処罰感情が維持されていることが、映像の演出によって強く表現されていた。

第3款　ソーシャルメディアの時効報道

　日常生活ではインターネットが重要な情報収集のツールとなっている[429]。近時、政治参加に関してインターネットによる情報形成・伝達が注目されている[430]。ただ、インターネットにおいては、非組織的で非継続的な発信活動が極めて活発になるため、報道の専門性が薄れ、時効報道に関するテキストも膨大なものとなる。インターネット言説の全体像を把握するのはほぼ不可

429　本論で言及するインターネットの使用状況については、公的な調査を参照している。例えば、総務省の「平成23年情報通信白書」（インターネットの利用動向 http://www.soumu.go.jp/johotsusintokei/whitepaper/ja/h23/pdf/n4010000.pdf　2016年1月31日最終閲覧）。また、ニュース報道とネット利用の変動について、日本新聞協会の「全国メディア接触・評価調査2009」を参照する。その中で、情報収集ためのネット利用が増えていることが言及されていた（http://www.pressnet.or.jp/adarc/data/research/pdf/2009.pdf　2016年1月31日最終閲覧）。

能ともいえるが、本款は、ネット空間で活発な発信活動を行うソーシャルメディアに注目し、その代表格である Twitter（ツイッター）[431] を事例として取り上げ、公訴時効をめぐる情報の交換・交流がどのように行われているか考察する。Twitter というサービスは、その利用者がフォロイーとフォロワーの関係となり、お互いに 140 字までの書き込みを発信・閲覧・コメントすることによって、ユーザー間の情報伝達・拡散を実現するものである。

　本款では、2010 年 4 月〜 6 月、主な刑事法改正法案（公訴時効改正）が成立した約 2 ヶ月半の間に、Twitter のキーワード検索機能を利用し、主に「時効」という用語を使用した Tweet、いわゆる「つぶやき」を継続的に観察した[432]。

(1) 情報の伝達

　Twitter においては、専門の報道機関からの情報や一般のユーザーからの情報を、組織または専門性の境界を超えて収集、引用することができる。また、情報の再発信やコメントを ReTweet という形で行える[433]。それにより、

430　2013 年 4 月 19 日に公職選挙法の改正案が可決・成立し、同年 7 月の参議院議員選挙または国政選挙において、政党や候補者が Facebook（フェイスブック）などネットサービスを活用して政治広告および PR 活動を行うことができるようになった。そうした社会背景を意識しながら、ネットでの情報発信による政治参加への促進効果とその限界を論じたものとして、山腰修三「『ネット選挙』の捉え方——政治コミュニケーション論から批判的に考える」三田評論 1171 号（2013 年）151-165 頁、同じく「デジタルメディアと政治参加をめぐる理論的考察」マス・コミュニケーション研究 85 号（2014 年）7-13 頁を参照。

431　Twitter とは、2006 年 7 月に Obvious 社（現 Twitter 社）が開発したネット上のコミュニケーションサービスである。Twitter の日本語訳に関して、「ツイッター」といった訳語があるものの、Twitter 社が運営する日本語版の公式サイトでは英語表記（twitter）をそのまま使っている。（https://twitter.com/?lang=ja　2016 年 1 月 31 日）。もともと「twitter」という単語には、小鳥の囀りや人々の雑談など複数の意味が含まれている。それらの意味を総合しながら、人々のつぶやきを「twitter」で表現したわけである。したがって、日本語に直すのが困難である上にその必要性も考えにくい。そのため、本節は英語表記「Twitter」を読者の理解を害しない限り尊重する。したがって、Twitter を言及する際に、日本語訳の「ツイッター」を避け、時には twitter を使う人々の行動を「Tweet」と表現する。Twitter の定義について、参照「時代を読む新語辞典」　日経 BP ネット http://www.nikkeibp.co.jp/style/biz/abc/newword/070521_2nd/（2016 年 1 月最終閲覧）。日本を含めアジアの Twitter ユーザーの状況について、http://www.emarketer.com/Article/Asia-Pacific-Grabs-Largest-Twitter-User-Share-Worldwide/1010905（2016 年 1 月 31 日最終閲覧）を参照。

第5章 立法と法情報　241

元の情報が加工され、新たなコンテンツとして流通することになる。これは、法情報の伝達過程としても注目に値する。公訴時効改正に関わる Twitter 上の情報伝達において、この立法が象徴した「被害者感情への配慮」が重視されていたか検証する。

　第一に、時間性と話題の分散についてである。2010 年 4 月 27 日に公訴時効改正の法案が通過した当日から 5 月 1 日にかけて、「公訴時効」に関する Tweet が集中した。それらの多くは、一般の生活情報に関する Tweet でよく見られる写真やビデオ付きのものではなく、ほとんどが大手新聞社または法律系メディアの引用とそれに関するコメントであった[434]。その発信時期については、2010 年 4 月 24 日に 3 件、4 月 26 日に 1 件だったのに対し、4 月 27 日の法案成立当日には 129 件まで増加した。翌 28 日は、法学研究者のアカウントが発信した Tweet が多かったが、総計数は 75 件にとどまった。その後も、発信数は減少を続け、5 月 8 日になると「公訴時効」に関する投稿

[432]　関連する話題の範囲を把握ため、「公訴時効」と「時効」という二つのキーワードで検索を行った。膨大な量のため、Tweet の内容を省略する。ただ、Twitter のホームページで提供された検索機能を活用することによって、本節の対象データを辿り着くことができる。具体的な抽出法について、「公訴時効 or 時効　since:2010-4-1 until:2010-6-30」（2010 年 4 月から 2010 年 6 月まで投稿された Tweet に「公訴時効」あるいは「時効」が含まれるものを検索するという意味する）をキーワードに設定し、検索する。
　　Twitter という現象について、計量的なネットワーク研究や情報処理の観点から検討するものが多いが、本章の研究の先行研究は少ない。その中では、産業とマスコミ論の観点からツイッターの社会機能を論じた津田大介『Twitter 社会論——新たなリアルタイム・ウェブの潮流』（洋泉社、2009 年）は本章との立場が近い。海外の文献として、H. Kwak, C. Lee, H. Park & S. Moon, What is Twitter, a social network or a newsmedia?, In Proceedings of the19th international conference on World wide web (2010), pp.591-600（http://dl.acm.org/citation.cfm?id=1772751&CFID=549215411&CFTOKEN=21422347）（2016 年 1 月 31 日最終閲覧）にも類似する視点が見られる。
[433]　ReTweet（以下では RT と省略する）とは誰かのポストを自分のアカウントで再配信することである。興味深いポストを自分のフォロワーに読んでもらいたいというシンプルな思いが RT のベースにあるが、客観的に情報に注目させ、ユーザー側の認識を拡げる効果もある。
[434]　言及した Tweet の情報源は twitter 社にあるが、ユーザーの検索サービスを利用し、「公訴時効　since:2010-4-1 until:2010-6-30」で検索をすれば、オンラインでデータの内容を見ることができる。RT 数が高いのは、朝日新聞東京報道編成局（RT 数 4 回、2010 年 4 月 27 日午後 1 時 27 分）や法なび @hounavi（RT 数 6 回、4 月 27 日午後 5 時 36 分）が発信した速報である。前者は国会審議の報道、後者は公訴時効改正に対する日弁連の会長声明である。そこで見られる Tweet は、公訴時効の話題に関する一般利用者の弱い発信力を示す現象かもしれない。

242 第2部 ユーザー主導の法情報

は1件のみであった[435]。他方、「時効」は、公訴時効改正の話題以外に、他のテーマでも使用されていることがわかった。例えば、「時効」を、公訴権の消滅と関わる本来の意味ではなく、時間制限を表現する言葉として使うケースである。以下の、@yubitter が @kai0831 に向けて発した Tweet が、この使い方の典型例である。

> @kai0831 昔話的でもう時効だよ～（^O^）笑い話だよね今となっては…あの頃はリアルに売ってる子たくさんまわりにいたけど今もあるのかね～顔写真付きとかだったよね…あ、私はやってませんから！（2010年6月27日 14:05:31 by @yubitter）

また、刑事ではなく、民事法の時効に関する Tweet もある。特に、法学部あるいは法科大学院に所属する学生と教員が発した Tweet で用いられる「時効」は、知識としての時効概念に言及することが多く、実際の事件や訴訟を紹介するものは少ない。これに対し、「公訴時効」の検索結果では、そのような区別は見られなかった。

第二に、「公訴時効」という表現を使った Tweet（以下公訴時効の Tweet という）には、様々な情報源が認められる。すなわち、新聞、テレビすなわち専門的な報道機関による Tweet[436] が見られるほか、関連研究会やイベントの情報、関連資料の紹介なども Tweet されている。「公訴時効」に関連する研究会やイベントについては、当該活動の参加者が、現場の進行を記録し、Tweet するケースも多い。例えば次のような Tweet である。

> @crusing21 まず、桐蔭横浜大学の河合幹雄さんから、「議論と熟考がほしかった公訴時効廃止」と題して報告がありました。現在、質疑応答中です。2010年

435　李光鎬「ツイッター（Twitter）上におけるニュースをめぐるコミュニケーション」成城大学社会イノベーション研究9巻（2014年）では「金正日総書記の死去」をめぐるニュースを素材に、ツイッターでのコミュニケーションを検討した。その研究は、当該ニュースが伝えられた当日を中心に、2～3日という短期間で爆発的に発生し、急速に収束していくコミュニケーションのパターンを明らかにした。本研究と同じく、ツイッターというメディアの持つ速報性と分散性が確認された。

436　@asshuku（圧縮新聞）公訴時効（7年）が半年後に迫っていた500億ドルの赤字　2010年5月6日 12:15:04　from EasyBotter。

5月1日 13:28:19　from Twitbird iPhone[437]

　第三に、Twitter における公訴時効関連の言説には、発信者とフォロワー
との間で行われたコミュニケーションだけではなく、法学論文など専門資料
に関する紹介も含まれている[438]。その場合、引用リンクの使用が頻繁に行わ
れている。すなわち、ユーザーたちの情報行動によって、個々のコンテンツ
が流動的かつ相互干渉的に形成されている。例えば、「ブログ更新：公訴時
効廃止に何を見るべきか http://bit.ly/a9BBYY」という Tweet は、政治学
者の松尾龍佑が、5月10日 12：41：44 に Tweet したものであるが、その
情報は、同日の 12：57：15 と 13：27：12 に「BLOGOS 編集部」と「＠
Blog_Rss_New」に転載されていた。「＠ Blog_Rss_New」は、「公訴時効廃
止に何を見るべきか http://bit.ly/a9BBYY」として松尾の原文をそのまま引
用している。

　上記の引用手法では、発信者が情報を 140 字以内にまとめる作業を行うと
同時に、情報の引用を通して情報源が明らかにされる。ゆえに、引用された
情報は、引用者の解釈ではなく、情報リンクを通じて本来の構成で提示され
ることになる。そうすることで、ツィッター上の公訴時効情報には、短い表
現に込められた臨場感という特性が備わることになる。他方、一つのメディ
アで情報をカバーしているわけではなく、多数の情報源が無変換で組み合わ
されているという形になる。

⑵　意見の交換
　Twitter には、一方的発言ではなく、コミュニケーションを促すような機
能もある。公訴時効に関する Tweet の多くが一方的な情報提示のみで終わ
っており、発言者が相互に話し合うことは相対的に少なかった。ただし、質
疑応答の形で直接に法律の専門家と交流する場合も見られる。

437　2010 年 5 月 1 日に、青山学院大学で行われた公訴時効に関するシンポジウムで発信された
　　　Tweet である。
438　例えば、次の Tweet：＠ dabitur おもしろかった＆勉強になった。道谷卓（2009）「公訴時効
　　　をめぐる最近の動向」姫路法学 vol.50 2010 年 4 月 29 日 20:48:52　from dabitur mobile web。

@Nomurashuya[439] @fujii_haru 鋭いご指摘ありがとうございます。時効は撤廃されて捜査せずでは無意味ですからね。考えてみます。RT@fujii_haru 素朴な疑問なのですが、警察官の数を増やさないのに、公訴時効が撤廃されると、最近起きた事件に対する捜査が手薄になり、逆に社会に対してマイナス要因があるのではないかと思うのですがどうでしょうか？　それともあくまで精神的予防防犯効果を狙ったものでしょう　（2010年5月6日 07:17:01 from web)

　上記の会話は、公訴時効改正の効果に関する専門家と素人のやり取りと思われる。応答者は、Twitterを通じ、自分の活動を発信している法律研究者である。専門家は丁寧語の使用により聞き手に関する配慮を示している。すなわち、友人など親密な社交関係における会話ではなく、フォーマルな意見交換の形式でやりとりがなされている。

　他方で、質問者は専門性への一定の配慮をしている。質問の冒頭で「素朴な疑問」と控えめに述べているほか、「公訴時効が撤廃されると……」と公訴時効撤廃の効果についての一般的な議論を「と思うのです」「でしょう」という表現によって提示している。つまり、質問があくまで質問者の個人的意見、つまり「私見」に基づくことを示唆している。逆に、専門家である応答者は、「時効は……無意味です」というように、「私見」ではなく、法学的な専門知識に基づいた客観的判断と読み取れる形で発言している。

　以上をまとめると、インターネットのソーシャルメディア上では、「時効」に関して、日常生活の領域と法の領域とで異なる用法がそれぞれ使われていること、また、引用や「RT」によって、研究者や弁護士など法律学の専門家による意見が編集されずに伝達されている場合もあること、がわかる。そして、公訴時効改正については、一般のユーザーが法律専門家の言説に従う傾向も見られた。つまり、ソーシャルメディアは、個人による情報発信を促進し専門家への柔軟な接触を容易にさせる効果を持つものの、「公訴時効」に関しては、個人の情報よりはむしろ法律学の専門的知見による啓蒙に寄与

439　中央大学法科大学院教授の野村修也のアカウントである。2010年5月6日に、「公訴時効の見直し」をテーマとした「野村修也の木曜政経塾」（News24 木曜日）が20時20分から生放送された。引用は、野村が、ツイッター上で自身が出演する番組の宣伝をした直後のやり取りである。

した面があったことに注目すべきであろう。

結び──報道の構造と審議

　以上のように、伝統的な報道とソーシャルメディアの「時効」言説には情報源、表現から立場まで異なる点が多くみられる。その原因は、両者の情報と表現にある構造的な相違と関わる。

　まず、新聞やテレビは、被害者の経験を鮮明に表現することができるが、公訴時効という制度の解説を志向していないことが明らかになった。公訴時効制度そのものに関する情報は、有識者コメントのような第三者の記述という形で、理論的かつ抽象的な活字表現にならざるをえないのに対し、被害者遺族に関する情報は、取材対象となる人物の体験など日常生活に接したものとして、ビジュアル情報も多く含む形で、メディア自身が編集できるからである。

　これに対して、ソーシャルメディアでは、人々が自ら情報を整理するので、マス・メディアなどの報道への依存度が小さくなる。また、インターネットでは、無限の情報へのアクセス可能性はもちろん、自分の意見をより容易に発信できることによって発信者と受信者の境界が消えがちになる。Twitterを通じて公訴時効の情報を収集する場合、個々の発言者の発言内容もさることながら、情報の共有・改変が柔軟にできるのも特徴である。それを受容するユーザーは、「場当たり的」なものでありながら、法学に関わる様々な専門家とのコミュニケーションによって法律学の観点に触れることもできる。

　本章でみた立法審議過程でしばしば参照された「世論」は、被害者情報を中心としたメディア報道を通じて「処罰感情」に共感した声であった。上に述べたような構造において、マス・メディアの時効報道は、「共感モデル」を通じて、被害者の処罰感情への共感（sympathy）を、社会の処罰感情と混同する傾向があった。それは、本章で指摘した、審議会の〈報道型処罰感情〉、すなわち報道の伝達による〈被害者処罰感情＝社会の処罰感情〉の構図と合致している。〈報道型処罰感情〉のメカニズムである「共感」についてはこれまであまり議論がなされていない。

他方で、公訴時効についてみたように、ソーシャルメディア上のコミュニケーションでは、かえって法律学の知識を重視する傾向もみられた。新聞やテレビが流す情報が、社会構成員の間の共通理解とは限らないのである。つまり、法改正という話題をめぐる情報の提供・伝達から考えれば、社会の一般構成員は法律学のような専門的情報にアクセス・理解できないわけではない。だとすると、感情の体験が法改正に関する議論で頻出するようになった意味はどこにあるか、それは法律学のような専門知識の提供不足でも、情報・コミュニケーションのレトリックの問題だけでもないかもしれない。体感的に「法」を語ることは、現代社会において法律家以外の個人と法律学が提唱した議論の作法との間に存在するギャップを示していると思われる。第1章で述べた通り、かつて、日本の法律家はそれを法意識つまり法（とりわけ西洋法）の理念や運用に対する認知の問題として扱ってきたが、本章の経験的考察で明らかにしたそうした言説のコミュニケーションは、単なる司法運用の促進だけではなく、市民の社会参加などある社会の公共空間のあり方にも関わるものであることが示された。

終 章

法情報の変容

　本書では、日本の刑事法改正をめぐる情報環境を素材に、通時的な考察と事例研究を組み合わせ、実験的に新たな分析の試みを行った。その狙いは、専門性のいかんを問わず日本社会に存在する「法情報」の位置づけを解明することにあった。この章では、いくつかの総論的な問題に光を当てる。第1節では、これまでに明らかになった法情報をまとめる。第2節は、法情報の変容の背景を踏まえた上で、法情報の伝達効果を提示する。最後に、本書の射程と意義を検討し、今後の課題を指摘する。

　情報コミュニケーションは単なる法規制の対象であるだけではない。立法などの法現象自体もまた情報コミュニケーションの一種である。そうしたコミュニケーションを通じて、「法がいかに表現されたか」という情報流通の面から、社会における法の社会的位置の変化を追跡する可能性を示したい。

第1節　法情報の類型

　第1部の考察では、新聞と雑誌という二つのメディアを中心に、情報の様式、情報の主題、内容の構成から、明治期以来の日本における法情報の変化は一時的な現象ではなく、構造的な因子に影響されたものであることを明らかにした。そして、第2部ではそうした情報構造の変化が実際の立法過程に与える影響を検証した。そこでは、第1部で述べた法情報の変化が、受信環境から改めて確認された。

　日本においては、明治期の法制度導入から平成期の法改正まで一貫して、新聞および雑誌という紙媒体が、法律の公示、立法審議、条文の解説という

多様な形の法情報を掲載してきた。当初の法情報には外来語および漢字が多く、読者には教育背景や、学習能力が要求された。また、法制度の運営および法学に関する知識の伝達範囲が狭いため、メディアの情報源は法律専門家および議員に限定されていた。第2章の考察では、その時期において、記事の主要な作業が立法関係者の行動と意見の収集にあり、制度設計などの法変動に関する評価への言及が少ないことが示された。法情報の難解さに対する不満は、大正時代までに雑誌および書籍を含む法律情報の「大衆化」ブームにある程度反映され、第3章で紹介した『法律時報』の誕生も大衆向けの法律書物のニーズに関わる現象であった。

だが、その後、法情報の大衆化という理念は、必ずしも維持されたわけではない。雑誌メディアにおいては、例えば1930年以後の『法律時報』の編集方針は、法情報の大衆化、つまりわかりやすさに対する関心よりも、逆に法学教育または裁判官や立法過程への情報提供に転向し、専門性への追求をより高めることになった。情報面における専門性への追求は、法律専門家や法学教育に向けた情報の増加から検証された。

他方、新聞メディアも同様の状況であった。第2章で検証したように、朝日新聞の1950年代から1970年代の報道においては、公式的な立法審議以外に法律専門家を代表する弁護士や法学研究者の言説が法改正報道の方向性に大きな影響力をもった。その時期の立法情報については、新聞のような一般メディアが主に議員および会議参加者個人への取材を通じて議会・法制審議会の活動を把握したのに対して、専門家の言説を代表する法律雑誌は条文の解説や海外法制との比較を通じて立法審議の内容を詳しく紹介した。ただし、基本的な報道スタイルの違いにもかかわらず、両者の間で情報が共用される場合もあった。その時期の新聞は、法律専門家への取材や投稿を活かし、法制度の趣旨や効果に関する説明を行った。それに対して、専門雑誌は、新聞が整理した立法の動向や社説を参照し、立法の背景資料として引用するようになった。したがって、1950年代から1970年代までは、法律専門家とマス・メディアとの情報は相互補完的な関係にあり、法学の専門情報と法情報の社会発信が一致した方向性を持っていたように見られる。

そのような法情報スタイルは、1990年以後大きく崩れることになった。

法情報学の出現に象徴されるように、デジタルデータの普及によって、法情報は書籍の活字のみならず、様々なコンテンツと連携するようになった。情報公開制度の影響もあり、条文や立法審議の資料のような立法情報は法務省のホームページなどインターネット上に公開され、一般的に誰でもアクセスできる状況になっている。その一方で、『法律時報』のような雑誌は、従来の情報資源を活かし、情報技術の発展に合わせて法情報の総合的なデータベースを提供することもある。同様に、立法をめぐる情報の様式においても多様化が進んできた。第5章で示したように、公訴時効をめぐる情報は、これまでの新聞・雑誌といった活字媒体以外の、テレビ・ネットのような新たな情報空間においても扱われた。形式面では、活字情報のほかに、音や映像など法情報が、専門家向けのメディアにも一般人向けのメディアにも浸透してきた。情報の主題に関しては、その時期の刑事法改正では、法制審議会や議会の伝統的な立法活動以外に、特に被害者（家族）、警察、弁護士会や被害者団体などの情報が重視される傾向がある。したがって、法情報の範囲は、裁判所、法務省、議会、法曹、法学研究者など伝統的な法学の関係分野を超え、治安に関する情報という意味で日常の生活圏まで拡大してきた。また、内容の構成に関しては、1990年以降、マス・メディアでは、立法議題をめぐる社会団体の活動および意見が立法報道の一部として扱われるようになった。そうした情報は、公式の立法審議や法学の専門知識に縛られず、法制度に関する態度調査や科学的検証、当事者インタビューなどの手法により、法律専門家以外の人によっても提供される。

　以上のような立法報道の変化を、本書では、概ね1990年以前の「普及型」法情報モデル、1990年以降の「議論型」法情報モデルと呼び、類型化し整理する。

　「普及型」法情報モデルの特徴は、次のようにまとめることができる。すなわち、①法情報の多くは法律専門家の言説であり、法に関する一般人の言説はほとんど発信されない。②新聞のようなマス・メディアでは、法情報は主に事実報道という単一の形式であるが、法律情報誌では評論エッセーから学術論文まで多様な形式が目立つ。③法情報は、活字メディアを中心としており、具体的には雑誌や新聞での投稿または書籍が主流である。④法情報の

内容については、制度の実施に関連するものが多くみられる。

　これに対して、「議論型」法情報モデルの特徴は、次の通りである。①法に関する一般人の発信が著しくなり、いわゆる「法意識」が一般メディアの法情報において一定の地位を占める。②新聞のようなマス・メディアにおいては、一般人の意見や、現状の検証などを含む多様な記事が見られる。他方、法律情報誌では、法学教育への需要に応じた専門知識の解説がますます強調される。③法情報の様式については、活字情報以外にも、テレビやネットのように、音声、映像などの表現形式を組み込むような発信の様式がみられる。④法情報の内容については、公式的な制度の実施過程を超えて、法利用者による法の理解、評価などの心理的な側面にも言及されるようになった。

　1990年までの専門家と一体化した法の情報環境という状況が打破される契機として、メディアが専門家のネットワークの外から法情報を入手し、法に対して従来無関心でコンテキストやネットワークへの統合度の低い日常生活の情報面を、法情報の一部として扱うようになったことを指摘できる。こうした情報モデルの変容は、各メディアの報道姿勢の変化を説明し得るものであり、各立法期における世論の効果の違いにも同調するものである。「感情立法」における言説の相互作用は、このような法情報の類型から説明できる。つまり、治安の重視という立法傾向の増進や、治安活動の一環として身近な警察の行動や非法律専門家情報の導入の促進と、連動していることがうかがえる。したがって、「議論型」の法情報モデルの意義は、単なる情報発信の形式面での変化にとどまらず、法制度の是非をめぐる議論を促し、実際に立法過程まで影響を及ぼしているのである。

　本書の分析が示した結果は、公的機構の情報公開が、法情報への理解を促進し、法制度に関わる公的議論（「世論」）の質を向上させる、という従来の考えを必ずしも支持していない[440]。ただし、「普及型」から「議論型」への法情報モデルの変化は、すべてのメディアで同時に起こっていることではない。新聞やテレビでは、法情報が日常生活の情報に接近していく傾向が著しいが、『法律雑誌』のような専門雑誌では司法実務および法学教育のニーズに応じた細分化が進んでいる。また、例えばTwitterなど個人発信をしやすいソーシャルメディアでは法律専門家の発信が重視される傾向があり、逆に

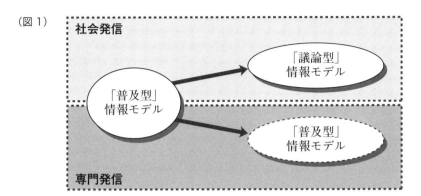

(図1)

発信者優位の「普及型」に傾いているように見える。その結果は、現時点の日本社会において、法情報モデルが完全に「普及型」から「議論型」へ移行したわけではないことを意味する。ここでは、こうした状況を以下のように図示する。次節では、情報の編集、伝達過程の構造を踏まえて、以上の両モデルの相互作用についてさらに検討する。

第2節　法情報の構造とその効果

近代日本における「普及型」法情報モデルから「議論型」法情報モデルへの変化は、一見情報環境の変化に応じたものであるようにも思われる。他方、興味深いのは、少なくとも「普及型」法情報モデルにおいては、必ずしも法の象徴と法の実態との間にねじれが生じていたわけではないという点である。また、こうした情報構造の変容を背景に、公訴時効改正過程に見られた「世論」と「専門家」との間に生じている法理解の相違は、従来の法的象徴機能

440　ここでの指摘は、アメリカの政治環境における市民像と情報との関係を分析するSchudsonの議論と共通している面がある。情報環境の変化による市民と政治システムの新たなコミュニケーションを問題視した彼は、有識的な市民（informed citizen）から監視的な市民（monitorial citizen）へという政治参加者の変化を指摘した。Schudsonは、監視的な市民は、情報重視（watchful）でありながら、他方、消極的（defensive）で、情報の利用に不器用であるという診断を下した。Michael Schudson (2003),"Click Here for Democracy: A History and Critique of an Information-Based Model of Citizenship", Henry Jenkins & David Thorburn"Democracy and New Media", Cambridge.: MIT Press, p.55 を参照。

論が主張したように法システムの安定性を保つのではなく、逆に制度の変更を促した。日本における法情報の構造を通した通時的な法的イメージの変化や、法改正における法的言説の効果に関しては、先行研究では言及されてこなかった。そのような点で、近代日本の法情報に関する考察は、従来の法的象徴機能論の射程を再考する契機となるように思われる。

第1款 「対立」の背後

第2部で検討した公訴時効改正での「世論」と「専門」の対立は、審議における立法趣旨である処罰感情をめぐる議論、裁判所と世論の立場の違い、異なるメディアの言説など、様々な場面で確認できる。本書での検討は、断片的な個別事例の研究であり、その現象を支える基本のメカニズムを把握するには不十分なものであることは否定できない。しかし、法情報の変容という観点から、そうした現象に関連する以下の変化を確認することができた。

(1) 情報公開の拡大

新聞も法律雑誌も、大きな影響力を持つ法情報の発信源である。例えば、『法律時報』における60年代の刑法改正特集は、会議当事者の体験談、および法制審議会の内部資料が報道の目玉であった。しかしながら、情報公開制度によって、法学者が立法情報を独占するのではなく、立法の審議行動および当事者の発言などを他のメディアも手に入れることができるようになった。これによって、法律雑誌の立法領域における優位がなくなった。現在、法制審議会の議事録は公開されており、当事者（団体）によるネットでの自主発信さえ可能である。したがって、法律雑誌のような専門誌に対する立法情報提供への期待が低下するようになっても不思議ではない。90年代に立法報道の規模が小さくなり、批判的な評論に力を入れる報道が増えたのもその推測を裏付ける。末弘厳太郎は、『法律時報』の創刊時に社会に対する法情報の発信機能を設定したが、現在では、情報制度の変化によって、法律雑誌はより細分化され、社会に対する法制度の発信機能は他の媒体に分流したことが考えられる。

また、法情報空間の拡大は法専門家情報と他の情報との間の形式的区別を

促進する効果がある。立法情報と司法情報では、異なる情報の規制が課せられていた。立法をめぐる情報の取材・編集および報道活動はより政治の状況に影響されやすいが、司法に関する情報は未だに司法現場の判断に委ねる傾向が強い。それに対して、メディアは、紛争処理過程や当事者の状況に関連する情報の公開を強く主張するが、専門性の強い司法データに関してはあまり言及していないことが本書の分析からわかる。また、裁判情報および法情報の様式は、被害者遺族、科学的検証などの別の情報源と比べた場合に単一で活字的な空間にとどまる。そのことには、情報公開に対する法規制の影響がうかがえる。

(2) 情報構成の多様化

メディア技術の変化は、情報構造の変容を説明する際によく用いられている。このことは、法情報の構造変容においても例外ではない。新聞・雑誌のような活字メディアから、ラジオ・テレビからネットまで、映像などを含む総合的な表現を有するメディアへの変化は、すでに「議論型」法情報モデルの特徴に反映されている。活字を中心とした専門家情報とメディアの法情報との間では、発信の量、頻度、読者数および様式、つまり発信効果において差があることを認めなければならない。

ただし、注意すべきなのは、法情報モデルと発信様式の変化は、必ずしも同調しているわけではないということである。70年代以降、写真、特集など報道形式が著しく変化したが、法情報源は依然として立法関係者・専門家の提供に依存していた。だからこそ、新聞も法律雑誌も、憲法との整合性など刑事法改正の条文解説を中心的内容としていた。また、朝日新聞の例によれば、1998年以降の報道方法の変化は、被害者遺族情報を強調することによるものである。第5章のテレビ報道分析からわかるように、表現の形式が異なる複数のメディアでも同様な現象が確認できた。日常生活に関する被害者遺族情報は、従来の法学的知識の変容・相対化を促し、一見バラバラな法分野をも同様の「感情」変化に包摂しうる結果を導く。

情報技術の発展によって、法情報の様式が多様化しつつある。ただし、それは法律専門家とマスコミの衝突をもたらすという結論までには至らないが、

多様なメディア空間の出現が、同じ法情報を異なる形式で語る機会を促進する効果を有すると理解することもできる。情報公開など情報制度の緩和に拍車をかけた情報技術の発展に従って、従来の法の情報媒体（活字）に対する依存度は低下した。その結果、法（情報）のコンテンツ化が進み、法制度を素材にしつつも法制度に詳しくない視聴者も楽しむことができる、社会系報道が多く見られるようになった[441]。

第2款　法情報の特徴とその意義

　本款では、情報発信と使用の側面から、日本で発信された法情報の特徴とその意義を検討する。

　(1)　法情報の主題分布

　同一の立法という社会現象について、新聞、テレビのようなマス・メディアでは、社会の一般的な情報を扱うために、社会の各分野の情報の意義および一般読者の法関心を重視する「法的統合の評価」の姿勢が顕著である。したがって、政治過程や日常生活における当事者の行動や発言が立法報道のメインとなった。そこでは、読者に法律知識の背景を求めない代わりに、専門用語や論証の回避やコンテンツの一般化傾向（わかりやすさ）がメディアの編集戦略となった。その一方、『法律時報』のような専門的メディアでは、法律学に基づく「法解釈の原理」を強調する傾向がある。第3章でみたように、法情報雑誌においては、立法の背景として、新聞の世論調査や法制審議会の資料などの第二次資料を掲載する。また、世論に関しては、通時的に観察しても、具体的な内容よりも、むしろ世論の形成すなわち情報収集のプロセスの正統性を論じる傾向がある。そこで「世論」と呼ばれるものは、法律専門家の選別を経た社会に関する情報になる。その選別は、ジャーナリスト的な取材や、社会調査法によるものというより、法の適用（司法あるいは行政）という前提の下に行われている。第2部でみたような公訴時効改正の基礎となる被害者（遺族）の言説に関しては、従来の「法的統合の評価」アプロー

441　西田亮介の『ネット選挙とデジタル・デモクラシー』（NHK 出版、2013 年）48-62 頁における政治情報の変化の考察は、ここでの議論に重要なヒントを与えた。

終章　法情報の変容　255

チから発展したものであり、法と社会の関係を重視するマス・メディアの方
に迅速かつ詳細に議論を展開する条件が揃っていた。

(2)　法情報の作成過程

「法的統合の評価」を強調する一般向けの法情報では、受け手（メディアの
読者、視聴者）が一般の社会構成員であり、情報収集の目的または法制度に
対する認知の水準は多様である。したがって、概念の扱い方および情報の表
現方法もまた相対的に多様である。一方、「法解釈の原理」を特徴とした法
律家の発信では、法知識を正確に把握することを求められており、法学の用
語や論理にこだわる傾向がある。それ故、テキスは厳格な形式、一定の文体
に限定される傾向がある。法律家発信の法情報では、マス・メディアではな
く、専門性による細分化した読者層を持つ雑誌メディアが主流であった。第
3章の法律雑誌研究からわかるように、法に関する情報が日本に伝わってき
た当時から雑誌が法情報の発信にとって重要なメディアであったことは、情
報環境の発展にもかかわらず、現在まで広く認められている。法情報への社
会関心が高まった昭和初期、『法律時報』は、「法的統合の評価」を目指して、
エッセーなどの多様な文体を多く取り入れたが、「法解釈の原理」を強化し
た時期には、それに応じて、学術的な論説や判例など司法データが増える一
方、直接に社会問題に言及する論評が減少するようになった。

また、70〜80年代の（刑事）法改正に関して、執筆陣や報道のフォーカ
スが異なりながらも、新聞も法律専門雑誌も法改正に対してほぼ共通した態
度を示していた。新聞の場合、議会や専門家の言論をメインに法に関わる情
報が構成される、「普及型」の法情報モデルを継続していた。他方、『法律時
報』のような専門メディアでは、「法解釈の原理」に関する情報が中心であ
りながら、審議の様子や立法関係者（法制審議会の委員など）の発言つまり「法
的統合の評価」を意識した解説も、法情報の一部として扱うようになっ
た[442]。このように、情報の構成において「法的統合の評価」と「法解釈の原
理」の区分が見られつつも、法律雑誌のような専門メディアは、その両者と
も意識する編集の原理が見られる。

⑶　法情報の伝達効果──当事者感情の受け皿としての新たな「法」

　法律雑誌と新聞における法報道の社会史を総合的に考えれば、明治期から現在まで法律家の言説には、法律学や司法実践の情報提供以外、知的啓蒙といった機能も備わっていたことが指摘できる[443]。情報発信の観点から見れば、それは上述の「普及型」法情報モデルにつながるのではないかと思われる。

　第2部で示したように、マス・メディアを典型とした「世論」の言説モデルは「処罰感情は時間の経過によって変化しない」という立法の根拠と、「公訴時効の廃止」という具体的な制度設計から構成されていた。立法審議に関する考察により示されたように、法律専門家の発言は、立法の趣旨と条文の設計とを分けて考える傾向がある。しかし、「裁判の社会効果を強調すべき」とする裁判所の考えと時効報道は、いずれ「普及型」法情報モデルの発想と構造的に一致するものであるように見える。よって、マス・メディアにおける法改正の報道には、法情報の射程が拡大したものの、「普及型」法情報モデルから脱却しているとも言い難い。

　また、「普及型」法情報モデルと「議論型」法情報モデルの相違は内容以外に情報編集の基準に反映されている。かつて、法律専門家は「法の社会的意義」を主導的に論じていた。しかし、近時の刑事法改正では、共感・感情の形で現れた法理解の台頭と共に、当事者は自らの文脈や手法で法的問題を定義することができるようになった。個人の私的感情や共感にコミットできる法情報を通じて、ユーザーは「自分」が抱懐する共同体のイメージを再認識することができる。そこでのユーザーには、具体的な事案の当事者だけではなく、情報の形で「法」を消費する社会構成員も含まれるだろう。ユーザーの観点から日常生活と法の関係を再考しなければ、刑事法のみではなく、

442　歴史的に見れば、確かに「法的統合の評価」を中心にした記事の割合が低下していく傾向があるが、その原因が、著者・編集者がその区分を明確にしたことにあるか、「ミクロ正当化」いわゆる法技術に対するニーズの向上にあるか、さらに緻密な分析のアプローチが必要と思われる。

443　その点について、平井宜雄が批判した戦後の日本法解釈論に現れた「心理主義」や「社会学主義」などの非「法」的な部分は、ある意味法情報発信が寄与した「社会」のとの関係から説明できる面がある。「心理主義」と「社会学主義」について、平井宜雄「戦後法解釈論の批判的考察⑴──法律学基礎論覚書⑸」ジュリスト921号（1988年）33-36頁を参照。

終章　法情報の変容　257

家族法、消費者法など日常生活の論理に影響されやすい領域の立法過程において、法律家言説と「世論」の衝突が再現することになるだろう。その解決策について、規制の形にこだわらず、日常空間に最も接触しやすい「法」の形、法情報とそれをめぐるコミュニケーションの活用は重要な意味をもつと思われる。

第3節　「情報としての法」に向けて

　上述のように、「感情立法」に現れた法専門家への批判姿勢については、単なる法システムに対する信頼の低下——あるいはメディアの特定の報道方法の副作用——という面だけでは説明しきれない。情報公開の制度設計、立法の社会動員の発達および法情報メディアの普及によって、法律専門家だけが法を語ることは自明な前提ではなくなってきた。それにもかかわらず、法情報メディアの機能分化が進んでないため、法専門家も一般の発言者も、情報編集を通して、制度への期待と具体的な制度設計という異なる次元の議論を混同しがちな状況が依然として続いている。

　情報論の視点からすれば、法律（学）の知識は制度に関わる中立的な解説ではなく、一種の情報に過ぎない。法情報における専門家言説の相対化はこの結論を支持しているともいえる。この相対化とは、社会の公的空間において法に関わる討論がおきた場合、法務に詳しい法律専門家が法に関する情報をコントロールできないという現象である。法専門雑誌の情報発信では、法的議論の技術化と細分化が進んでおり、法の社会的意義に関する論述が縮減しつつある。他方で、社会発信においては、政策的議論と専門的議論とが混在する傾向がある。とりわけ立法の活発化を背景に法に対して社会が求めているのは、司法過程が重視する具体的な紛争の処理や行政過程が目的とする現状の改善を超えた、社会の問題共有である。その新たな側面は、「感情」や「実証」の情報類型を通じて可視化され、「世論」言説への強化に繋がると本書は考えている。

　本書の考察は、法情報の作成という実践面においても一定の意義を有するものと考える。それは、法情報の伝達効果をいかに促進するか、つまり法の

わかりやすさなどレトリックの問題に関わる。本書の結論によれば、近時の
法情報発信は以前の情報普及モデルの時期よりもむしろわかりにくいものと
なっていることがわかる。その原因は、まず映像や音声、マルチメディアな
ど感覚的かつ短期的なメディアへの接触が増えたことで、かえって発信者が
多層的な法議論を表現するのが極めて困難になっているからである。したが
って、法的問題の提起、条文整合性の議論、施行効果の検証などの異なる性
質を有する法情報の内容を選別するには様々な知識背景が不可欠であり、以
前よりも学習のコストがかかるようになっているように思われる。

　こうした法情報の理解を促進するのに、発信者側がレトリック面において
工夫することはもちろん重要である。ただ、平準的な理解を意味するレトリ
ック的なわかりやすさは専門家情報の影響力を低下させる効果がある、と認
識しなければならない。また、法をめぐる議論は、法制度に関する合意達成
にとってむろん重要ではあるが、他の効果も視野に入れなければならない。
例えば、法制度に「犯罪防止」「治安維持」という共通の期待がこめられた
としても、規制すべき事項は何か、それをいかに実現していくか、といった
具体的な問題に関する合意の達成は現実的に不可能に近い。そうした専門領
域の作業を単に日常会話に変換するのではなく、むしろどのような情報類型
が法情報の中に含まれているかという情報内容の属性を明確化することが重
要である。Twitter の例で見たように、法的議題を語るとき、一般人のユー
ザーは情報内容のわかりやすさよりも当該法分野の背景を有する情報源（専
門家のアカウント）を探し出す行動を取ることがあることからも、それはわ
かる。

　本書においては、方法論および素材の条件に限りがあるため、十分に検討
仕切れていない問題を残している。それらを今後の課題として以下に提示し
て、本書を結びたい。

　① 法情報メディア間の相互作用については、まだ検討する余地がある。
本書では、社会発信を代表する『朝日新聞』と専門発信を代表する『法律時
報』を中心にメディア組織間の比較、また新聞、テレビやソーシャルメディ
アとの報道比較を行った。だが、各新聞社間、また各法律雑誌間の法情報の
比較は今回の検討では省略された。細分化された読者層を代表するメディア

の相互作用の検討は今後の課題である。その上で、本書の成果を、制度改革による社会効果の測定だけではなく、弁護士などの広報活動など法律専門職の活動に応用する可能性も追求されねばならない。

②　本書は国際的な比較研究を行っていない。本書の実証的部分は、広い意味で日本の刑事法立法をめぐる情報環境の事例研究である。ただし、法情報発信のメカニズムは、法制度運営の一環として法制度を有するあらゆる社会で行われているはずである。将来、法情報の社会学的研究を発展させるためには、他国との比較を進める必要がある。

著者紹介

郭 薇（カク ビ）　北海道大学法学部専任講師

[略歴]
2007 年南京大学法学部卒業。日本学術振興会特別研究員（DC2）を経て、
2014 年北海道大学大学院法学研究科博士課程修了。博士（法学政治学）。
専攻は法社会学、メディア法。

[主な著作]
「法と情報空間——近代日本における法情報の構築と変容(1)〜(5 完)」北大
法学論集 66・67 巻（2015 〜 2016 年）。
『日本文化法治』（共著、社会科学文献出版社、2016 年）。

法・情報・公共空間——近代日本における法情報の構築と変容

2017 年 12 月 20 日　第 1 版第 1 刷発行

著　者　郭　薇

発行者　串崎　浩

発行所　株式会社日本評論社
　　　　〒 170-8474　東京都豊島区南大塚 3-12-4
　　　　電話　03-3987-8621（販売）　　-8592（編集）
　　　　FAX　03-3987-8590（販売）　　-8596（編集）
　　　　振替　00100-3-16　https://www.nippyo.co.jp/
印刷所　平文社
製本所　松岳社
装　幀　神田程史
検印省略　ⓒ KAKU BI 2017
ISBN978-4-535-52307-4　Printed in Japan

JCOPY 〈（社）出版者著作権管理機構　委託出版物〉
本書の無断複写は著作権法上での例外を除き禁じられています。複写される場合は、そのつど事前に、
（社）出版者著作権管理機構（電話　03-3513-6969、FAX　03-3513-6979、e-mail: info@jcopy.or.jp）の
許諾を得てください。また、本書を代行業者等の第三者に依頼してスキャニング等の行為によりデジ
タル化することは、個人の家庭内の利用であっても、一切認められておりません。